CRIMINOLOGIA E NEOLIBERALISMO

GÊNERO, RELIGIÃO E PUNITIVISMO NAS REFORMAS LEGISLATIVAS BRASILEIRAS

JACKSON SILVA LEAL
PRISCILA FERNANDES BORGES
JÉSSICA DOMICIANO JEREMIAS
ALEX DA ROSA

Copyright © 2019 by Editora Letramento

Diretor Editorial | **Gustavo Abreu**
Diretor Administrativo | **Júnior Gaudereto**
Diretor Financeiro | **Cláudio Macedo**
Logística | **Vinícius Santiago**
Designer Editorial | **Luís Otávio Ferreira**
Assistente Editorial | **Giulia Staar e Laura Brand**
Diagramação | **Isabela Brandão**
Revisão | **LiteraturaBr Editorial**
Ilustração da Capa | **Igor Pereira (ArtofIgor)**
Conselho Editorial | **Alessandra Mara de Freitas Silva; Alexandre Morais da Rosa; Bruno Miragem; Carlos María Cárcova; Cássio Augusto de Barros Brant; Cristian Kiefer da Silva; Cristiane Dupret; Edson Nakata Jr; Georges Abboud; Henderson Fürst; Henrique Garbellini Carnio; Henrique Júdice Magalhães; Leonardo Isaac Yarochewsky; Lucas Moraes Martins; Luiz Fernando do Vale de Almeida Guilherme; Nuno Miguel Branco de Sá Viana Rebelo; Renata de Lima Rodrigues; Rubens Casara; Salah H. Khaled Jr; Willis Santiago Guerra Filho.**

Todos os direitos reservados.
Não é permitida a reprodução desta obra sem aprovação do Grupo Editorial Letramento.

Dados Internacionais de Catalogação na Publicação (CIP) de acordo com ISBD

C929	Criminologia e neoliberalismo: gênero, religião e punitivismo nas reformas legislativas brasileiras / Jackson da Silva Leal ... [et al.]. - Belo Horizonte : Letramento ; Casa do Direito, 2019. 208 p. ; 15,5cm x 22,5cm. Inclui bibliografia. ISBN: 978-85-9530-320-1 1. Direito. 2. Criminologia. 3. Neoliberalismo. 4. Gênero. 5. Religião. 6. Punitivismo. 7. Reformas legislativas brasileiras. I. Leal, Jackson da Silva. II. Jeremias, Jéssica Domiciano. III. Borges, Priscila Fernandes. IV. Rosa, Alex da. V. Título.
2019-1969	CDD 345 CDU 343

Elaborado por Vagner Rodolfo da Silva - CRB-8/9410

Índice para catálogo sistemático:
1. Direito penal 345
2. Direito penal 343

Belo Horizonte - MG
Rua Magnólia, 1086
Bairro Caiçara
CEP 30770-020
Fone 31 3327-5771
contato@editoraletramento.com.br
editoraletramento.com.br
casadodireito.com

Casa do Direito é o selo jurídico do Grupo Editorial Letramento

PREFÁCIO 7

INTRODUÇÃO GERAL 11

CAPÍTULO 1   CRIMINOLOGIA (CRÍTICA)
E A PENA DIANTE DO NEOLIBERALISMO 17

1.1.   AS POLÍTICAS SOCIAIS E A PUNIÇÃO ASSISTENCIAL 18

1.2.   SISTEMA PENAL E ENCARCERAMENTO
COMO SUPLEMENTAÇÃO DA ASSISTÊNCIA 27

1.3.   RETOMADA DAS FUNÇÕES DA PENA NA ESTRUTURA
SOCIAL CAPITALISTA DESDE A ECONOMIA POLÍTICA DA PENA 34

1.3.1.   O NEOLIBERALISMO ENQUANTO CONSTRUÇÃO
SOCIO-POLÍTICA E A MUDANÇA NOS PENSAMENTOS CRIMINOLÓGICOS 38

1.3.2.   RECONFIGURAÇÃO E COMPLEXIFICAÇÃO DAS
INSTITUIÇÕES DE CONTROLE SOCIAL NA
MODERNIDADE NEOLIBERAL: O BIB GOVERNMENT CARCERÁRIO 43

CAPÍTULO 2   O PUNITIVISMO NOS
DISCURSOS PARLAMENTARES: REFORMAS
PENAIS E AGIGANTAMENTO DA VIOLENCIA PENAL 51

2.1.   ATIVIDADE LEGISLATIVA ENQUANTO
REPRESENTAÇÃO POPULAR NO REGIME
DEMOCRÁTICO E A POLÍTICA CRIMINAL 52

2.1.1.   POPULISMO PUNITIVO E OPINIÃO POPULAR 55

2.2.   A ATIVIDADE LEGISLATIVA NO CONGRESSO
NACIONAL NOS ANOS DE 2003 A 2015 70

2.2.1.   AS ALTERAÇÕES NO CÓDIGO PENAL
PROPOSTAS PELA CÂMARA DOS DEPUTADOS 70

2.2.2.   AS ALTERAÇÕES NO CÓDIGO PENAL
PROPOSTAS PELO SENADO FEDERAL 78

2.3. A ATUAÇÃO LEGISLATIVA NO CONGRESSO
NACIONAL NOS ANOS DE 2003 A 2015
E SEU REFLEXO NA POLÍTICA CRIMINAL — 87

2.3.1. ANÁLISE DAS ALTERAÇÕES PROMOVIDAS NO CÓDIGO PENAL — 87

2.3.1.1. Leis aprovadas quanto ao partido de filiação do parlamentar autor — 87

2.3.1.2. Recorrência de temas e bens jurídicos
tutelados nas leis propostas pelos parlamentares — 90

2.3.1.3. Análise das leis aprovadas quanto aos seus efeitos — 92

2.3.2. O PERFIL DO LEGISLADOR QUE ATUOU
EM PROL DA ALTERAÇÃO DO CÓDIGO PENAL — 95

2.3.3. POPULISMO PUNITIVO E A POLÍTICA CRIMINAL:
AS JUSTIFICATIVAS PARA O AUMENTO DA PUNIÇÃO — 101

**CAPÍTULO 3 ALGOZ E PRETENSO PROTETOR:
A QUESTÃO DE GÊNERO E O ENDURECIMENTO
PENAL NAS REFORMAS LEGISLATIVAS — 111**

3.1. MOVIMENTOS FEMINISTAS NO BRASIL –
FRAGMENTOS HISTÓRICOS DA LUTA DAS
MULHERES CONTRA A VIOLÊNCIA DE GÊNERO — 112

3.2. QUEM É MERECEDORA DA TUTELA PENAL? –
A VÍTIMA ENTRE A CRIMINOLOGIA E O(S) FEMINISMO(S) — 128

3.3. CRIMINALIZAÇÃO DA VIOLÊNCIA CONTRA
A MULHER A PARTIR DA LEI 11.340/06 — 138

3.3.1. A LEI 11.340/06 NAS CASAS LEGISLATIVAS — 139

3.3.2. A LEI 13.104/15 NAS CASAS LEGISLATIVAS — 149

CAPÍTULO 4 A ESPIRITUALIZAÇÃO DO PODER PUNITIVO: A RELIGIÃO COMO PALANQUE POLÍTICO 159

4.1. PENTECOSTAIS E NEOPENTECOSTAIS NO BRASIL 160

4.2. FORMAS DE DOMINAÇÃO: IURD E RCC 163

4.3. REPRESENTAÇÃO EVANGÉLICA NA CÂMARA DOS DEPUTADOS: 2002 – 2010 167

4.4. ATIVIDADE LEGISLATIVA EM 2002-2010: DA INÉRCIA AO DESPERTAR EVANGÉLICO 168

4.5. ATIVIDADE LEGISLATIVA CATÓLICA ENTRE 2002-2010 173

4.6. REPRESENTATIVIDADE EVANGÉLICA ENTRE 2010-2015 177

4.7. CRUZADA CRISTÃ: CATÓLICOS E EVANGÉLICOS "EM DEFESA DA FAMÍLIA" 182

4.8. NEOPENTECOSTAIS: POPULISMO E CONSERVADORISMO 185

CONCLUSÃO GERAL 189

REFERÊNCIAS BIBLIOGRÁFICAS 193

PREFÁCIO

Jackson da Silva Leal e o Grupo Andradiano de Criminologia me convidaram a prefaciar o livro "Criminologia e Neoliberalismo: Gênero, Religião e Punitivismo nas reformas legislativas brasileiras", fruto de reflexões do grupo de pesquisa em torno da atuação do Parlamento brasileiro em tempos de encarceramento em massa. O desafio é tão grande quanto o prazer de cumprir a tarefa, já que os textos que integram o livro são instigantes e provocadores de uma temática que é objeto de minhas pesquisas há um tempo: a influência do populismo punitivo nas reformas penais brasileiras.

No Congresso Nacional, quando se trata de alterar o Código Penal, o Código de Processo Penal ou qualquer lei penal especial, constata-se, por pesquisas já realizadas sobre o campo legislativo, que as agências informais de controle exercem intensa influência sobre as decisões dos/ das parlamentares: na última década, a "Bancada BBB – da Bala, do Boi e da Bíblia" tem intensificado sua atuação. Redes sociais e mídias de grande alcance têm reforçado a lógica punitivista, o aumento das penas, o "combate imediato ao crime" e a mitigação dos "direitos humanos". A implementação de um Estudo de Impacto Legislativo prévio, racional e amplamente discutido entre os *stakeholders* se aproxima mais de uma distopia do que de uma necessidade premente a um processo legislativo que tenha compromisso com a realização dos princípios e das garantias constitucionais.

Neoliberalismo, política criminal e encarceramento em massa possuem íntima relação: enquanto o sistema de justiça criminal for considerado o espaço de contenção dos "não aproveitáveis" pelo mercado de trabalho, toda a lógica punitivista é importante para manter o sistema capitalista em curso. No Brasil, a Criminologia Crítica compreendeu, desde o trabalho seminal de Ana Luiza Flauzina (2006), que o racismo é categoria de análise essencial para a leitura do campo criminológico. Associando-se esse mecanismo à necropolítica, tão bem explicada por Achille Mbembe, percebem-se cor e classe da população carcerária, expostas sucessivamente, a cada novo diagnóstico do sistema de justiça criminal. O Estado escolhe entre os corpos matáveis e não-matáveis, cabendo-lhe discutir o "estado de injúria" a que devem ser submetida determinada parcela da população.

Assim, qualquer decisão tomada por um Poder Legislativo que cada vez mais se afasta do sentido de legitimidade que dele se espera – quando se orienta pelas pautas da mídia, pelos acordos entre bancadas sobre assuntos legislativos que não se ligam diretamente à questão criminal ou quando quer, simplesmente, "celebrar certa data comemorativa com um Projeto de Lei" – gera impactos desesperadores ao sistema de justiça criminal e, sobretudo, à execução penal. Mas, seguindo a delirante concepção de que "bandido bom é bandido morto", o senso comum punitivo vai ocupando corações e mentes em todo o Brasil, tornando a situação carcerária, a cada dia, mais insuportável.

Nesse cenário de sucessivas violações a direitos humanos, importante resgatar o que Lola Aniyar de Castro nos disse, em suas últimas falas no Brasil, em 2008: considerando-se os retrocessos sentidos em diversos países da América do Sul, em relação à excessiva produção legislativa e a aposta primeira no sistema penal como solucionador de políticas públicas, os Direitos Humanos se tornam nossa última trincheira: são o limite e o conteúdo da própria Criminologia.

As Criminologias Críticas, no Brasil, se influenciaram muito pelos pensamentos teóricos europeus, afastando-se de suas matrizes latino-americanas. O pensamento de Vera Andrade e de toda a sua escola, da qual o Grupo Andradiano de Pesquisa orgulhosamente faz parte, caminha no sentido de reencontrar a matriz latino-americana e, com ela, dialogar sobre estratégias de contenção do poder punitivo. Nessa linha, os três textos apresentados neste livro conseguem estabelecer relações teóricas e empíricas muito relevantes para seguirmos neste mesmo caminho, dando sentido e potência a um pensamento criminológico crítico em tempos de ascensão do autoritarismo no Brasil.

O primeiro capítulo do livro situa o debate, nos sentidos teórico, econômico, criminológico e político. O conceito de neoliberalismo e suas relações com a pena, o sistema de justiça criminal e o próprio conceito de Criminologia Crítica é importante para orientar o momento em que vivemos, e a contradição entre as respostas penais dadas pelos Poderes Legislativo, Executivo e Judiciário, especialmente em relação às reformas penais atualmente em andamento.

O segundo capítulo, seguindo o fio do primeiro, aprofunda-se na questão da política criminal no campo do Legislativo, apontando a disfunção entre os processos de criminalização primária e secundária e elaborando um cenário da produção legislativa, especialmente em relação aos projetos propostos entre 2003 e 2015, mostrando como a pauta legislativa é orientada por interesses quase instantâneos da mídia ou de outra agência informal de controle – como a igreja, por exemplo. Neste levantamento, também é possível perceber a atuação do que chamei de "parlamentares juristas" (FERREIRA, 2017), que são aqueles que se utilizam de atuações anteriores como integrantes do sistema de justiça – sobretudo juízes e membros do Ministério Público – para tentar um reforço de legitimação de suas opiniões, indicando que são "opiniões técnicas". Tais manifestações – em pareceres ou discursos -, quando analisadas, não demonstram ou demonstram muito pouco conhecimento sobre as normas penais ou sobre como o sistema penal, de fato, atua sobre o assunto.

O terceiro e último capítulo apresenta uma discussão relevantíssima para o atual debate criminológico crítico, que é a perspectiva feminista para a Criminologia Crítica. Mais uma vez, a análise se volta à produção legislativa, no campo político-criminal, para a "proteção à mulher". A Exposição de Motivos que orienta o Projeto de Lei que viria a ser aprovado como Lei Maria da Penha demonstra a importância de dados e de manifestações de organizações feministas no debate legislativo. Importante dizer que todo esse espaço, organizado pelo Consórcio Feminista de Organizações Não Governamentais de defesa dos direitos das mulheres, em parceria com a Secretaria de Políticas para as Mulheres, foi fundamental para um desenho de uma lei que desenhava políticas públicas de proteção, muito mais do que nomeava um crime. O ponto, nesse sentido, foi a aposta do Executivo em traduzir a questão da violência de gênero a uma questão (quase apenas) penal, quando muitas outras políticas e respostas poderiam e deveriam ser organizadas em torno do tema. O resultado é a redução do debate à questão, mais uma vez, do populismo penal, que, aliado aos discursos autoritários sobre gênero e religião, deslocam a questão para um moralismo que revitimiza e para uma perspectiva neoliberal que tem demonstrado os direcionamentos das políticas públicas a mulheres brancas e o aumento dos índices de mortalidade por feminicídios em relação a mulheres negras. Assim, o artigo nos desperta para a necessidade de uma visão interseccional da política criminal nos casos de produção legislativa voltada à proteção das mulheres no Brasil.

Ao longo dos três capítulos, o livro se utiliza de um recurso muito importante ao desenvolvimento das Criminologias Críticas no Brasil do século XXI: a associação entre teoria e dados empíricos. Os mais diversos levantamentos e análises que perpassam os textos, especialmente sobre a atuação do Parlamento brasileiro em torno de questões penais, consistem no futuro teórico de uma Criminologia Crítica militante, nas palavras de Eugenio Raúl Zaffaroni. Militante porque ultrapassa o espaço do diagnóstico para aliar a crítica teórica à intervenção orientada; militante, também, porque apaixonada, envolvida diretamente com os temas, numa relação com as palavras que aproxima a quem as lê.

Talvez seja esse o grande desafio atual das Criminologias Críticas brasileiras: em tempos de obscurantismo e autoritarismo, enxergar caminhos possíveis, entre palavras e atos, para uma mudança no sentido da redução do encarceramento massivo no Brasil. Nesse sentido, as Criminologias Críticas precisam encontrar o seu espaço nas discussões legislativas, por meio da atuação de criminólogas e criminólogos como "especialistas" no tema, como agentes de *advocacy*, como aqueles que, segundo Pierre Bourdieu (2014, p. 432), imporão "a representação, que é impor a realidade quando se trata de fazê-la". Assim, mantenho a esperança de que é possível mudar a realidade, impondo-a por meio da inserção dos discursos e das pesquisas criminológicas no Legislativo, quer em pareceres, em audiências, em entrevistas. A Criminologia Crítica precisa assumir o espaço público que merece e com o qual pode contribuir como poucas ciências o conseguem.

O livro, então, reúne esperanças e dados; teorias e paixões (esta, no melhor sentido da palavra, no sentido de quem integra um grupo de pesquisa e em relação a ele possui um sentimento de pertencimento). Talvez seja exatamente dessa mistura que o Grupo Andradiano de Criminologia tem, de que estejamos precisando no Brasil: afeto, força e vontade de estudar para intervir nas matrizes do poder punitivo.

Por fim, apenas cabe agradecer ao convite que me permitiu ler, em primeira mão, reflexões tão importantes e instigantes sobre o controle penal no Brasil, no século XXI. As críticas ao punitivismo, presentes em toda a publicação, estimularão, certamente, leitoras e leitores a contribuir para o fortalecimento de estudos criminológicos críticos sobre o processo legislativo, ao reforço da crítica teórica à punição.

Brasília, setembro de 2019.

Carolina Costa Ferreira

Doutora em Direito, Estado e Constituição (UnB)
Professora do Programa de Pós-Graduação em Direito
Constitucional do Instituto Brasiliense de Direito Público (IDP)
Diretora de Estudos e Projetos Legislativos do Instituto
Brasileiro de Ciências Criminais (IBCCrim)

INTRODUÇÃO GERAL

Esse trabalho se insere na agenda de pesquisa do Grupo Andradiano de Criminologia, que iniciou suas atividades em 2014, junto ao curso de Direito da Universidade do extremo-Sul Catarinense (UNESC), e que a partir de 2017 está vinculado ao programa de pós-graduação em direito (mestrado) da mesma universidade (PPGD-UNESC).

Agenda de pesquisa que foi desenvolvida entre os anos de 2017 e 2018, como esforço conjunto e também como resultante de diversas pesquisas individuais em nível de graduação e mestrado e que convergiam em termos de marco teórico, como indica a própria denominação do grupo que é uma homenagem a professora Vera Regina Pereira de Andrade e seu legado para a criminologia brasileira e latino-americana. Assim, parte-se da criminologia crítica e sua herança materialista, não ortodoxa, deixando em aberto o diálogo com contribuições e ferramentas analíticas de outras matrizes, como se encontrará nesse trabalho, tais como a contribuição de Foucault ou mesmo Max Weber, para ajudar a compreender o processo de transformação da realidade jurídico-penal brasileira toma-se como objeto de trabalho a produção legislativa e seus discursos parlamentares, especialmente no marco (recorte temporal) do início do século XXI.

Mais especificamente o tema que se coloca como elemento central a congregar essas pesquisas, é a confluência de um processo reformador da legislação penal brasileira, desde uma perspectiva de acirramento das práticas punitivas e orientado pelo que Maximo Sozzo (2012) tem chamado de populismo punitivo. Ainda, que esse processo se dá em um contexto sócio-histórico marcado pelo neoliberalismo e como esse pano de fundo tem influenciado nos pensamentos penais (como denominou Gabriel Anitua, 2008) – compreensão acerca da violência –, assim como no processo de conformação do próprio sistema penal, desde a produção normativa, até a efetiva aplicação na norma penal (criminalização primária e secundária.

Nesse sentido, o objeto dessa pesquisa pode ser colocado como uma investigação acerca das reformas penais brasileiras aprovadas entre os anos de 2000 e 2015, e como esse processo de reforma tem intensificado o processo de agudização da violência institucional e estrutural como define Rosa Del Olmo (1979) e desde o caldo cultural do populismo punitivo como sendo uma face (fundamental) que demarca a nova racionalidade neoliberal, e que é de fundamental importância para compreender as sociedades modernas, sobretudo de capitalismo marginal, em que conforme avança o projeto econômico neoliberal, se faz cada vez mais presente o sistema penal e as estruturas formais, estatais e oficiais de controle social como dinâmica de garantia da manutenção de sua estrutura desigual e dentro de um projeto societário marginalizante.

Nesta linha convergiram três distintas pesquisas empíricas realizadas junto ao Congresso Nacional (Câmara dos Deputados e Senado Federal) em seus sítios oficiais, mediante uso da técnica de pesquisa da análise de discurso para identificar como tem se processado a implantação e difusão de um populismo punitivo identificados nas mais variadas áreas de atuação e abrangência da questão criminal.

Com isso, parte-se de uma abordagem teórica que buscou resgatar a questão da política social como manifestação da assistência pública, uma vez que desde a origem da prisão e do controle social em sentido mais amplo, estes foram tratados/percebidos como manifestação de assistência desde a Inglaterra do século XVI e XVII como bem demonstram Melossi e Pavarini (2006) e Rusche e Kirchheimmer (2004); bem como no decorrer do século XX, mediante o ideário reabilitador (ideologias *re*) esta servia de complemento à assistência, e no período neoliberal a prisão em grande medida serve a substituir as políticas de assistência, em um processo de suplementação entre o *Welfare State* e o *Welfare Prison* (WACQUANT, 2007; GARLAND, 2008).

Ainda no primeiro capítulo, continuando com uma abordagem mais teórica, busca-se aclarar teórica conceitual e contextualmente a questão do neoliberalismo e sua importância para a questão criminal e para o encarceramento, desde uma perspectiva de atualização da economia política da pena, tendo em vista que se está diante de uma dinâmica de transformação das dinâmicas de punição, e também a complexificação das mesmas. Com isso visa-se fornecer elementos que agreguem ao identificado na pesquisa dos discursos e conformação discursivo parlamentar em torno da questão penal no brasil contemporâneo.

No segundo capítulo, primeiro momento de pesquisa, busca-se apresentar o avanço do punitivismo entre os parlamentares, mediante uma pesquisa empírica nas atas, memoriais, e discursos proferidos no congresso nacional para aprovação das leis que de alguma forma alteram o funcionamento do sistema penal, sejam leis alteradoras do código penal, inserindo tratamento diverso a algumas condutas, ou mesmo criando definições de condutas criminalizadas, ou ainda as leis que alteraram a dinâmica da persecução criminal (processo penal), ou mesmo da execução da pena, atribuindo regimes mais gravosos.

Não obstante se tenha o encarceramento como manifestação de um problema que já é presente, o que se verifica é que as alterações, quase que sem restrição, caminham no sentido do acirramento da atuação do sistema penal, agigantamento do mesmo, e portanto, em grande medida o discurso parlamentar está pari passu com o encarceramento em massa. O que se pôde verificar e sistematizar para demonstrar na materialidade representativa o discurso do populismo punitivo atuando.

De maneira geral com base em apelo popular, em sentimentos (difusos) de insegurança, em supostos crescimento (não verificável) de criminalidade – ou seja, em every day theories, ou mesmo como Zaffaroni (2013, p. 206) chama de pensamento mágico, em que se acredita efetivamente no que quer e no que é mais conveniente para que se possa dar encaminhamentos políticos, e que permitem que a propagação do encarceramento se torne a única solução para a questão criminal.

Zaffaroni (2013, p. 54) ainda apontaria que, mesmo em momentos mais conservadores política e intelectualmente, as leis eram feitas por cientistas, por penalistas, após muitas discussões pela verdade (cientifica), uma verdadeira disputa pelo saber; enquanto que atualmente "as leis penais são feitas hoje em dia pelos assessores dos legisladores, de acordo com a agenda definida pelos meios de comunicação de massa" (ZAFFARONI, 2013, p. 54), de acordo com o que escreve Rubens Casara, o neoliberalismo teria levado à pós-democracia (2017), a era da pós-verdade, ou como se poderia dizer, para efeito desse trabalho, da pós-racionalidade, em que o conhecimento cientifico se apresentaria dispensável, em troca da satisfação imediata dos anseios (construídos) e da aclamação de massa.

Da mesma forma, o segundo momento de pesquisa (terceiro capítulo) se volta para a questão de gênero e o processo de aprovação parlamentar das leis que dizem respeito a violência contra a mulher, desde a aprovação da lei maria da penha (Lei 11.340/2006) e suas posteriores alterações, chegando até a lei do feminicídio (Lei 13.104/2015).

Ainda que se trate de um segmento progressista como os movimentos feministas e também uma pauta atinente a movimentos populares, se identificou postura exigida dos parlamentares voltada para o enrijecimento da persecução penal, assim como do endurecimento de penas, e a partir de justificativas como a impunidade; que são comuns também a movimentos de lei e ordem, e que se apresentam como populismo punitivo, creditando ao sistema penal e a atuação das instituições penais a transformação da realidade de dominação sobre a mulher na sociedade burguês capitalista.

Nesse sentido que se pôde identificar a demanda penal e punitiva por parlamentares ditos de "esquerda". Como Vera Malaguti Batista (2012) já havia escrito e chamado de adesão subjetiva à barbárie, o fato de governos de esquerda e direita aderirem ao discurso punitivo e agigantamento do sistema penal neoliberal, atribuindo à prisão e ao controle social a organização social. Ao mesmo tempo conclui

> a realidade que vivemos exige um aprofundamento radical da crítica ao sistema penal e a suas funções constituintes: o controle dos resistentes e a manutenção da ordem do processo de acumulação de capital (MALAGUTI BATISTA, 2012, p. 317).

Na mesma linha mais recentemente alertaria Angela Davis, que a luta feminista, antirracista e de classe devem passar inevitavelmente por uma luta antiencarceramento, não seu contrário, uma vez que, não obstante tentar constituir a prisão em resposta aos problemas sociais, ela conserva todo o horror do racismo, toda a violência do machismo e toda a exclusão de classe que historicamente lhe produziu e conformou (DAVIS, 2018, p. 89).

No terceiro e último momento de pesquisa (quarto capítulo), a abordagem e a pesquisa se dirigem para o fenômeno (processo) do crescimento e avanço da influência religiosa na política brasileira, tendo significativas consequências para a questão penal e sua racionalidade desde um refluxo teológico (conservador) que se trabalha como espiritualização do poder punitivo.

A pesquisa busca apontar o crescimento da bancada (parlamentar) evangélica na última década e meia e a estrutura teórica que lhe dá fundamento e sustentação. E também como esse crescimento não é isolado ou restrito a realidade brasileira, como sim como essa base teórica oferece elementos identificadores com a racionalidade neoliberal e a perspectiva populista punitiva de matriz eminentemente conservadora.

Traça-se uma chave de leitura da realidade e conjectura brasileira, permitindo associar/aproximar o processo de crescimento político religioso com o recrudescimento penal desde justificativas morais e religiosas, assim como também como as práticas religiosas ligadas a determinado projeto econômico.

Essa pesquisa visa resgatar e problematizar a questão da religião, sobretudo diante da materialidade brasileira rompendo com o ideário de neutralidade e apoliticidade da religião e confrontando a laicidade do Estado frente a representatividade democrática. Desta forma, problematizando a participação/influência da matriz religiosa no atual período de racionalidade econômica e suas práticas punitivas.

Esse trabalho se propõe a congregar a compreensão sobre distintas discussões dentro processo de produção legislativa jurídico-penal brasileiro contemporâneo, e que permite uma importante contribuição acerca da compreensão criminal representada no Congresso Nacional, e consoante a isso como se entremeiam a religião, o neoliberalismo e o populismo punitivo a conformar a percepção criminal e suas respostas em que se veem contemplados o interesse econômico do neoliberalismo, a moralidade religiosa e a aclamação do populismo.

CAPÍTULO 1
CRIMINOLOGIA (CRÍTICA) E A PENA DIANTE DO NEOLIBERALISMO

Em um primeiro momento, busca-se discutir e analisar o caráter gregário ora complementar ora suplementar, entre a política criminal e as políticas sociais na modernidade ocidental, e sua gestão de sociabilidade e a governabilidade centralizada na figura do Estado.

Analisa-se primeiramente como se dá a configuração do que contemporaneamente se denomina por política social no princípio da modernidade, ou mesmo desta compreensão social que se define como modernidade, mas quando ela ainda estava por estruturar-se, e as políticas sociais são parte importante desse paradigma de gestão social.

Analisa-se também a constituição do que modernamente se denomina como sistema penal, entendido como todo o sistema de controle social formal (estatal oficial) compreendido desde a atuação das agências policiais, até o ideário do encarceramento como dinâmica resolutória de conflitos sociais, ou como mera estratégia de restabelecimento e manutenção de uma denominada paz social ou manutenção do *status quo dentro da* estrutura capitalista.

Faz-se uso de duas matrizes predominantes, a economia política da pena, que a partir de Georg Rusche e Otto Kirchheimer (2004) permite indicar a construção da política penal e suas dinâmicas punitivas como uma construção social e resultado do paradigma societário ocidental moderno e burguês. Na mesma linha Melossi e Pavarini (2006) proporcionam que se traga o processo histórico que une a política social à política penal, e que confunde a assistência com a punição.

No momento contemporâneo, trabalha-se a partir de Loïc Wacquant (2007) e David Garland (2008) em conjunção analítica, permitindo-se o entendimento do dinamismo complementar/suplementar entre as políticas sociais e a política penal na contemporaneidade diante da política de encarceramento em massa e, com isso, de encarceramento e o punitivismo se constituem em um elemento central para a organização social (especialmente a brasileira) neoliberal contemporânea.

Nesta linha, desde o referencial teórico e o acúmulo analítico permitido pela Criminologia Crítica de viés materialista (não ortodoxo), em diálogo com outras matrizes críticas, que possibilitam importantes ferramentas de análise, possibilita-se, assim, analisar o período contemporâneo no Brasil, especialmente no que tange algumas questões, como a problemática de gênero e o recursivo uso da punição como estratégia, a identificação do discurso religioso, e o eficientismo punitivo encontrado no discurso e nas práticas parlamentares; confluindo para uma política criminal de encarceramento em massa, que se dirige para um grupo específico e muito bem determinável, encobrindo a questão social e oferecendo como resposta o cárcere para uma situação muito mais profunda, a estrutura social desigual.

1.1. AS POLÍTICAS SOCIAIS E A PUNIÇÃO ASSISTENCIAL

Inicialmente, apresenta-se uma breve retomada da trajetória e da ideia de política social em seu processo histórico, que se confunde com o processo de estruturação do paradigma de sociabilidade burguês moderno.

Ressalta-se o cuidado com a diferenciação entre a ideia de Política Social e Welfare State como categorias distintas[1], sendo, de forma singela (espera-se que não demasiadamente), política social gênero, do qual o Welfare State é espécie, não se confundindo; manifestando-se, o Welfare State como um modelo entre tantos adotados no decorrer do processo histórico burguês.

---

[1] Importante a preocupação com o conceito de política social e a identificação equivocada com o *Welfare State*. Em primeiro lugar, cumpre assinalar que a política social não se confunde com a política pública, não estando atrelada indissociavelmente à esfera público/governamental, como está o *Welfare State*. Neste ponto, já se encontra uma diferença. Política Social pode-se conceituar em dois sentidos, num primeiro sentido como práxis social, engajada e comprometida com a realidade social desigual, no sentido de alterá-la, envolvendo nesta tarefa a esfera pública, a privada, a sociedade civil, a ciência etc. E ainda, num segundo sentido, como disciplina, pois, a política social científica e comprometida, não é produzida de forma impensada e automatizada, mas sim montada e movimentada por um pensar científico com categorias e estratégias próprias, lhe proporcionando um intento de alteração das bases que produzem as desigualdades, e não meros paliativos momentâneos (PEREIRA, 2009).

Começa-se pelo modelo inglês, cujo principal instituto/prática aplicada era as *Workhouses*, nas quais os indivíduos eram testados e levados a condições sub-humanas de vida e trabalho, a fim de provar que realmente necessitavam da ajuda do Estado. Caso conseguissem se submeter, era porque realmente necessitavam dos benefícios, o que os qualificavam como *bons pobres*.

Tal paradigma era assentado no ideário de que os benefícios públicos aos desvalidos deveriam ser os piores possíveis, inferiores ao pior salário, para que fossem incentivados ao trabalho (PEREIRA, 2009).

Da mesma forma, o trabalho forçado como pena, deveria ser nas piores condições possíveis, ao que se daria o nome de *princípio da menor* elegibilidade (*less elegibility*), seja na assistência pública, seja no trabalho forçado como pena (RUSCHE; KIRCHHEIMER, 2004).

Tudo como forma de condicionamento e conformação de um exército laborativo, e, portanto, de condicionar socialmente ao trabalho estava no centro do processo histórico. A necessidade de benefícios públicos seria como se fosse o cometimento de um delito, a pobreza se constituía em um sério delito.

Situação muito bem gerida pela burguesia ascendente século XVIII, que utilizava essas pessoas como mão de obra mais que escrava, não consideradas humanas, tendo em vista as condições a que eram submetidas, não importando se eram mulheres, homens, idosos ou crianças; e assim obtinham altas taxas de lucro através da mais-valia pura e simples, através da exploração de pessoas como máquinas bípedes.

No alvorecer do liberalismo *lockeano*, mantém-se o mesmo modelo de seguridade, calcada no ideário de que os benefícios desestimulavam a mão de obra, portanto, tal condição de desumanidade seria uma política defensora da ideia do capital e do trabalho.

O modelo de política social que se desenvolveu no período pré-industrial, durante o evolver e até o auge da Revolução Industrial e estruturação do modo capitalista de produção, produziu um enorme contingente de desvalidos, famintos, doentes, mutilados.

É neste contexto que começa a surgir e ganhar força a discussão sobre políticas públicas e de responsabilização do Estado por este contingente. Logo surgiria o modelo de Beveridge de assistência universal, que previa seguros e benefícios para desempregados, doentes, idosos.

Analisando a relação entre a política social e a filantropia estatal e o sistema penal como figura complementar (ou mesmo suplementar), Rusche e Kirchheimer apontam:

> A força de trabalho que o Estado podia controlar melhor era composta por pessoas que exerciam profissões ilegais, como mendigos e prostitutas, e tantas outras que estavam sujeitas à sua supervisão e dependiam de sua assistência por lei e por tradição, como viúvas, loucos e órfãos. A história da política pública para mendigos e pobres somente pode ser compreendida se relacionarmos a caridade com o direito penal. (RUSCHE; KIRCHHEIMER, 2004, p. 58)

Na mesma linha, continuam analisando a real funcionalidade do sistema penal na atuação junto aos desvalidos que, ultrapassando a discursada filantropia e humanidade da atuação, passa em significativa medida por normalizar e docilizar esses indivíduos, que são tornados inimigos, bem como incômodas as suas demandas e necessidades. Marca, ainda, o lugar de fala do próprio sistema, que via nesses indivíduos um objeto de intervenção orientado eminentemente por questões econômicas, não obstante o discurso moralizador legitimante.

Permite verificar, também, a que segmentos estava dirigido esse aparato filantrópico-punitivo, e afirmar que a ideia de punição como confinamento e modelagem de indivíduos é característica do paradigma político-jurídico da modernidade ocidental burguesa:

> A essência da casa de correção era uma combinação de princípios das casas de assistência aos pobres (*poorhouses*), oficinas de trabalho (*workhouse*) e instituições penais. Seu objetivo principal era transformar a força de trabalho dos indesejáveis, tornando-a socialmente útil. Através do trabalho forçado dentro da instituição, os prisioneiros adquiriam hábitos industriosos e, ao mesmo tempo, receberiam um treinamento profissional. Uma vez em liberdade, esperava-se, eles procurariam o mercado de trabalho voluntariamente [...] o segmento visado era constituído por mendigos aptos, vagabundos, desempregados, prostitutas e ladrões. Primeiramente, somente os que haviam cometido pequenos delitos eram admitidos; posteriormente, os flagelados, marginalizados e sentenciados com penas longas. Como a reputação da instituição tornou-se firmemente estabelecida, cidadãos começaram a internar nelas suas crianças rebeldes e dependentes dispendiosos. Em geral, a composição das casas de correção parece ter-se espalhado de forma similar por toda parte. (RUSCHE; KIRCHHEIMER, 2004, p. 69)

Fortalece-se a premissa de que tais pessoas se encontravam nesta condição devido ao sistema que as produzia, pois este mantinha e piorava a situação destes indivíduos, e não mais a teoria da ontológica condição de pobre; ou por desvios pessoais e morais.

Esta premissa é um dos grandes fundamentos da obrigação do Estado em prover algum sustento a estes indivíduos. Vale referir ainda a própria tomada de consciência (utilitária) por parte de executores, controladores e pensadores do sistema capitalista, que tal condição de depauperação dos sujeitos ocasionaria revoltas; e ainda, pretendendo sempre a ampliação dos lucros e dos níveis de produção, necessário se faria a qualidade de mão de obra, o que seria impossível a partir de tais condições de tratamento e trabalho, como se poder verificar na narrativa de Karl Polaniy:

> Elas esqueciam o fato de que estes impostos eram, na verdade, um seguro contra a revolução, enquanto a classe trabalhadora, quando aceitava o minguado abono que lhe era concedido, não compreendia que ele era conseguido, em parte, pela redução dos seus proventos legítimos. O resultado inevitável desses abonos era manter os salários no seu nível mais ínfimo, e até mesmo força-los abaixo do limite correspondente às necessidades mínimas dos assalariados. O fazendeiro ou o fabricante contava com a paroquia para contrabalançar a diferença entre o que ele pagava aos homens e a importância suficiente para sobreviverem. (POLANYI, 2012, p. 135.)

Demonstra-se um pouco da trajetória da política social e a criação do *Welfare State,* com a passagem de um modelo paternalista, caritativo, punitivo, para um modelo mais consciente das necessidades do capital e a retomada das dinâmicas repressivas, como complemento deixado pelo vácuo produzido pelo desmantelamento do Estado Social.

Assim se resume a trajetória da política social desde o século XVIII:

> Se as legislações sociais pré-capitalistas eram punitivas, restritivas e agiam na interseção da assistência social e do trabalho forçado, o abandono dessas tímidas e repressivas medidas de proteção no auge da Revolução Industrial lança os pobres à servidão da liberdade sem proteção no contexto de plena subsunção do trabalho ao capital, provocando o pauperismo como fenômeno mais agudo decorrente da chamada questão social. (BOSCHETTI; BEHRING, 2008, p. 51)

Ao falar de política social se deve situar o marco da questão social no que diz respeito à exploração e desigualdade ligada ao modo de produção capitalista vigente e hegemônico. Entretanto, tal situação se dava em meio hostil, pois a ideologia dominante é a do liberalismo, no auge da Revolução Industrial.

A crença era de que cada indivíduo com as suas forças pessoais poderia agir em proveito próprio, o que, tomado coletivamente, levaria à evolução e coesão social, é o que se chama de mão invisível do mercado, onde as relações se encaixariam de forma natural ao sistema de produção e dinâmica social.

De maneira semelhante, tal compreensão voltaria à baila, sob nova roupagem um século mais tarde com a denominação de empreendedor de si mesmo, inserido no discurso individualista do neoliberalismo e chancelado teologicamente pela teologia da prosperidade dos *neocristãos* como se verá no último capítulo.

Entendia-se que o homem não tinha qualquer direito à subsistência previamente garantida pelo Estado se ele próprio não tinha condições para prover através do trabalho. Este é o ideário do liberalismo clássico que permeou a estruturação do capitalismo e as relações de produção da fase pré-industrial até a maturação do capital e as suas primeiras manifestações de falibilidade enquanto paradigma pretensamente autossuficiente e gerador de crises cíclicas (BOSCHETTI; BEHRING, 2008).

Aponta-se como principais postulados do liberalismo, que deságuam em problemas e dificuldades para as políticas sociais e acirram a questão social, ou seja, potencializam a desigualdade, exploração e dominação: 1 – predomínio do individualismo; 2 – o bem-estar individual como potencial de bem-estar coletivo; 3 – predomínio da liberdade e competitividade; 4 – naturalização da miséria; 5 – manutenção de um Estado mínimo; 6 – as políticas sociais estimulam o ócio e o desperdício e devem atuar apenas como paliativo.

Por isso, passa-se a trabalhar a luta de classe e sua posição nesta estrutura de mercado, pautando-se em que não houve uma interrupção entre Estado Liberal e Estado Social, tendo havido modificações, mas não ruptura, ou seja, sem alterar as bases do sistema, mas apenas algumas conquistas da classe trabalhadora, que tomou consciência e passou à luta, e paralelamente, conquistou os direitos políticos, passando à possibilidade de participar da arena política; e também concessões da classe detentora do poder econômico, que recuou em sua voracidade de obtenção de lucro para manter a estrutura social hegemônica. Assim escrevem Boschetti e Behring:

> Não existe polarização irreconciliável entre Estado liberal e Estado social, ou, de outro modo, não houve ruptura radical entre o Estado liberal predominante no século XIX e o estado social capitalista do século XX. Houve, sim, uma mudança profunda na perspectiva do Estado, que abrandou seus princípios liberais e incorporou orientações social-democratas num novo contexto socioeconômico e da luta de classes, assumindo um caráter mais social, com investimento em políticas sociais. Não se trata, então, de estabelecer uma linha linear entre o Estado liberal e o estado social, mas sim de chamar a atenção para o fato de que ambos têm um ponto em comum: o reconhecimento de direitos sem colocar em xeque os fundamentos do capitalismo. (BOSCHETTI; BEHRING, 2008, p. 63)

A origem da política social guarda estreita relação com a questão social produzida pela dinâmica do capitalismo[2], e a paulatina contestação advinda da classe trabalhadora, bem como, ainda, a postura estatal adotada, que varia no decorrer do século XX, e que vai da filantropia para com os desvalidos à punição sobre estes.

Neste sentido, são as origens da política social: 1 – crescimento do movimento operário e ocupação de espaços políticos; e, 2 – a corrosão da utopia liberal da sociedade livre do Estado e autoguiada para a coesão, através do espírito individual e da livre produção de riqueza.

Este Paradigma de política social burguesa apenas gerou/legitimou a construção de monopólios de produção da riqueza através da mais-valia e da exploração, ocasionando crises, das quais foi símbolo o *crash* da bolsa de Nova Iorque (1929) seguida da Grande Depressão que foi a maior crise e demonstração da impossibilidade de deixar o capital com seus movimentos pretensamente naturais e, ainda, ensejou a criação do que passou a ser conhecido, pela intervenção na economia e pela preocupação com níveis mínimos de seguridade, como *Welfare State*[3].

O resultado das medidas econômicas do *New Deal* (do Presidente estadunidense Delano Roosevelt) que inauguram esse período que se denominou de Bem-Estar Social é marcado pela busca do pleno emprego, podendo ser compreendido e resumido como

---

2 Salienta-se ainda que a política social, na modernidade imensamente atrelada a atuação estatal, tem como móveis orientadores dois modelos, podendo-se fazer uma divisão analítica em dois grandes blocos de política público-social: a de origem alemã com o modelo *bismarckiano*, e o modelo inglês oriundo do relatório *beveridgeano*. A política social de origem ou tradição *bismarckiana* tinha um traço fundamental que era a contribuição, sendo os contribuintes divididos por categorias profissionais e capacidade contributiva, não sendo, portanto, universal. Ainda que contivesse benefícios tais como educação, saúde de abrangência geral continha seguros restritivos para os contribuintes segurados. Já o modelo *beveridgeano* tinha como traço fundamental a universalidade, sendo que o principal objetivo era o combate à pobreza, e seus benefícios eram uniformes e de gestão estatal e com financiamento fiscal.

3 Neste ponto se interseccionam as ideias de política social (lato senso) e o *welfare state* como uma fase específica do desenvolvimento da política social, muito particular, e resultado de um período e contexto históricos, não devendo ser confundidas; entretanto, não se nega que este período foi muito marcante no processo histórico da concepção da política social e, com isso, influencia em grande medida, balizando e limitando a sua concepção.

"(...) a sustentação pública de um conjunto de medidas anticrise ou anticíclicas, tendo em vista amortecer as crises cíclicas de superprodução, superacumulação e subconsumo, ensejadas a partir da lógica do capital" (BOSCHETTI; BEHRING, 2008, p. 71).

Essa tomada de consciência do sistema é um paradigma de seguridade social em meio a toda a estrutura hegemônica e capitalista. No sentido político e social – ambos estratégicos – as necessidades vão desde a mão de obra qualificada, saudável, e os maiores índices de produção e lucro, até à desmotivação de movimentos que se criavam em torno das crises e péssimas condições de vida e trabalho, ou seja, uma estratégia perpetuadora do sistema de produção e seu modelo político-econômico e social.

A esta lógica de transigências entre governos e mercados, denomina-se de nuance metamórfica do sistema, como ferramenta legitimadora e pacificadora:

> (...) seu surgimento, por conseguinte, está relacionado a demandas por maior igualdade e reconhecimento de direitos sociais e segurança econômica, concomitantemente com demandas do capital de se manter reciclado e preservado. É por isso que autores como Gough vêm o *Welfare State* como um fenômeno também contraditório, porque, ao mesmo tempo em que tem que atender necessidades sociais, impondo limites às livres forças do mercado, o faz preservando a integridade do modo de produção capitalista. (PEREIRA, 2009, p. 87)

O paradigma multifacetado e variante do *Welfare State* demonstra que, ainda que se tenha obtido diversos avanços em termos sociais no decorrer da historicidade político-social, estes sempre se processaram mantendo a lógica do sistema de produção. Isto, por sua vez, deixa claro uma face de estratégia de preservação do próprio sistema, e ainda um esforço no sentido de desmantelamento e desencorajamento dos grupos e teorias de contestação.

Escreve Potyara Pereira, sobre este aspecto:

> (...) evidências empíricas atestam que o Estado de Bem-estar ao mesmo tempo em que teve, como um de seus principais suportes, grupos organizados da classe trabalhadora, garantiu a esses grupos oportunidades de maior mobilização e de estabelecimento de alianças de classe, fortalecendo-a em seu embate com a classe capitalista. Donde se conclui que o enfraquecimento ou desestruturação dos sindicatos contribuiria – como contribuiu – para a redução ou esvaziamento das políticas liberais do *Workfare* (estado do trabalho) ou das políticas neoliberais da era contemporânea. (PEREIRA, 2009, p. 89)

Foca-se, sobretudo, no período contemporâneo no qual as políticas sociais, neste paradigma de centralidade estatal e gestão neoliberal não mais tem a pretensão de remediar seus efeitos, por estarem suficientemente difundidas a sua ideologia e pelo fato da sua dinâmica de reprodução ter ultrapassando qualquer limite (dobrar a meta). A partir disso (da desnecessidade de remediação dos efeitos do capital) se fala em período de crise para as políticas sociais, o que é decorrente intrínseco da maturação do capital.

Vê-se que se trata de um contragolpe do próprio sistema capitalista que desmantela/desestrutura as próprias estratégias capitalistas de apaziguamento e legitimação de meados do século XX – porque não eram mais necessárias, pois, a ideologia do capital se torna imperante e inquestionável – ou se tornaram muito caras e pesadas para o sistema (como se propagou a partir do discurso oficial). Ou ainda, porque o sistema tenha ultrapassado a necessidade de qualquer legitimação ou reconciliação, tornando-se maior que os grupos de indivíduos e mais importante que os Estados nacionais.

Fica clara a constatação de que, ainda que fossem muito atraentes e tentadoras as propostas do *Welfare*, demonstra-se que a essência do problema não tinha sido sequer tocada, ou seja, a questão social mantinha-se a mesma, os meios de produção permanecendo nas mãos de uns poucos (que também gerem os mecanismos de gestão filantrópico-punitivos), e o grande contingente proletário fez um acordo que cobra seu preço, pois a dinâmica de gestão entre essa complexa relação vai da assistência (filantropia) às medidas coercitivas (punição).

Esta é a situação sociometabólica no sentido atribuído por Harvey (2018) em que se encontram as políticas de assistência na contemporaneidade neoliberal que volta a se manifestar como medidas penais e punitivas.

O Estado cada vez mais heterônomo, ou seja, submisso à dinâmica do capital, o que redunda em retração dos gastos com políticas e garantias sociais deixando-os à mão invisível do mercado, ao passo que necessita cada vez mais aparelhar seu braço visível, ou o braço esquerdo do sistema estatal na figura do policiamento e medidas punitivas para controlar as desordens criadas pelo braço direito (e sua mão invisível – o mercado) e as desordens políticas, sociais e econômicas que cria. Nessa linha novamente se recorre a Karl Polanyi,

> Todavia, isto não quer dizer que sistema de mercado e intervenção são termos mutuamente exclusivos. Enquanto esse sistema não é estabelecido os liberais econômicos apelarão, sem hesitar, para a intervenção do

Estado a fim de estabelece-lo e, uma vez estabelecido, a fim de mantê-lo. O liberal econômico pode, portanto, sem qualquer contradição, pedir que o Estado use a força da lei; pode até mesmo apelar para as forças violentas da guerra civil a fim de organizar as precondições de um mercado autorregulável. (POLANYI, 2012, p. 166)

Essa relação entre as mãos direita (mercado) e esquerda (sistema repressivo punitivo), a que Wacquant chamaria de Estado-centauro (2006) enquanto metáfora que aponta a cabeça racional e orientada a proteção do capital e seus interesses, enquanto que na base-corpo se apresenta extremamente violento. É o que permite o processo de desestruturação ou *guetização* da sociedade moderna, sobretudo a base da pirâmide social, e nesta linha, Loïc Wacquant (2008) guia a análise de forma muito pertinente, definindo-a como um verdadeiro processo *descivilizador*, remontando a Norbert Elias (ao inverso) e assim, explicita essa *guetização* (ou desestruturação) como sendo a manifestação desse processo.

Fala em guiar Elias no gueto (WACQUANT, 2008), indicando os processos que podem ser resumidos nas seguintes estruturas socialmente desestabilizadoras:

> Essa violência vinda de cima tem três componentes principais: 1 – desemprego em massa, persistente e crônico, representando para segmentos inteiros da classe trabalhadora a desproletarização que traz em seu rastro aguda privação material; 2 – exílio em bairros decadentes, onde escasseiam os recursos públicos e privados à medida que a competição por eles aumenta, devido à imigração; 3 – crescente estigmatização na vida cotidiana e no discurso público, tudo isso é ainda mais terrível por ocorrer em meio a uma escalada geral da desigualdade. (WACQUANT, 2005, p. 29)

Como mostra Loïc Wacquant (2001), passa-se do *welfare state* ao *prisonfare state*[4], em meio a este ambiente hostil e pouco propício ao provimento democrático dos benefícios do capital que é a transformação da questão social em necessidade de controle punitivo.

Assim, se dá a construção do Estadão policial, tendo em vista a combinação de políticas que privilegiam a concentração de capital, o desemprego estrutural e tantos outros efeitos ou estratégias neoliberais para a potencialização lucrativa que têm sido levados a cabo.

---

4 Referência que Wacquant (2001) faz ao moderno modelo de gestão prisional da pobreza, cobrindo com encarceramentos em massa o vácuo deixado pela desassistência social e incapacidade de a massa de indivíduos serem integrados ao mundo do trabalho hipermoderno e competitivo, tornando-se seres descartáveis na sociedade do lixo reciclável.

O resultado nefasto para as políticas sociais, redunda na violência estrutural e institucional (DEL OLMO, 1979), ou violência que vem de cima. Nesta linha, é possível verificar que o sistema compõe esta resposta pública de viés neoliberal à pauperização gerada pelo próprio sistema. E ela nada mais é que o exílio em bairros decadentes, a estigmatização do modo de vida periférico e as respostas automatizadas à condição de pobreza.

Com isso, obtém-se como resposta primordial, por parte do Estado, a repressão estatal/policial e a prisão. Por conseguinte, aponta-se "essa estocagem de pobres serve à regulação da miséria, ao armazenamento dos refugos do mercado para evitar a inquietação urbana nas grandes metrópoles" (BOSCHETTI; BEHRING, 2008, p. 188).

David Garland (2008) fala em Estado Penal Previdenciário, ou *previdenciarismo penal*, cujo discurso, como explica o autor, substituiu o investimento da assistência e seguridade pelo punitivismo e todo aparato técnico mecânico especializado da punição.

Tais realocações de recursos e mudanças político-criminais são permeadas pela falácia reintegradora, ressocializadora, reeducadora (e todas as ideologias e propostas incorporadas ao sistema penal), a partir do qual se inflaciona todo o sistema de justiça criminal.

Com isso, o sistema se estende e se esparrama com diversas funções e por diversas áreas, psicológica, médica, jurídica, serviços sociais e técnico-gerenciais, sempre justificadas e legitimadas pela proposta de intervenção e neutralidade técnico-científica.

1.2. SISTEMA PENAL E ENCARCERAMENTO COMO SUPLEMENTAÇÃO DA ASSISTÊNCIA

Passa-se a analisar o entrelaçamento entre a política social e a política penal (mormente o encarceramento), tendo como liame teórico-fático que os vincula uma complexa cadeia multifatorial e multifacetada de instituições e estruturas de poder centralizadas e complementares (ou mesmo suplementares) em cada período histórico e, principalmente, como isso se manifesta como a gestão da pobreza pelo sistema penal na modernidade, pautada pelo ideário ocidental burguês.

Trabalha-se em uma perspectiva de que a constituição de uma maquinaria de controle-assistência social se fazia como resultado do contexto histórico em que estavam inseridos, e assim orientados por esta dinâmica que os animava e justificava – como afirma Miaille (2005), decorrem e servem ao modo de produção da vida social e material da sociedade burguesa.

Para tanto, traz-se alguns elementos que demonstram a falácia do discurso desenvolvimentista, de humanização e civilização da resolução de conflitos; que se apresentam materialmente como dinâmicas punitivas comprometidas com seu tempo e com a classe à qual essas dinâmicas serviam e davam suporte de sustentabilidade material e simbólica ao longo da história moderna, ou ainda, como apontam David Garland, com os níveis de violência estatal e institucional que cada momento societário e formação cultural aceita ter (GARLAND, 1990).

Assim, apresenta-se o paradoxo das dinâmicas punitivas modernas, entre as tantas incongruências que apresenta, mas que, para efeito deste trabalho, se analisa a partir dos seguintes elementos: (1) os indivíduos sobre os quais se projeta – a desigual distribuição dos bens negativos da pena; (2) a quantificação do sofrimento humano; (3) a (de)formação corpo e espírito na nova estrutura social.

Este primeiro elemento de análise, (1) *os indivíduos sobre os quais se projeta o sistema penal*, trata da desigual distribuição dos bens negativos (BARATTA, 2011) que são os processos de criminalização primária (tipificação) e secundária (punição), tendo em vista que o sistema penal, em sua acepção moderna, dirige-se, mormente, sobre determinados tipos de indivíduos e classes e tutela especialmente certos tipos de crimes (patrimônio), como se verificou acima.

Passa-se de uma preocupação com a organização comunitária ofendida por uma transgressão, à tutela de um bom funcionamento do sistema e estrutura social, que elege e dá primazia ao funcionamento do mercado e, no qual, a ofensa ao direito de propriedade ocupa a maior preocupação e merece a enfática resposta/repressão.

Nesta linha, como os bens positivos do sistema de sociabilidade capitalista, são desigualmente distribuídos e, de acordo com as características (eleitas como positivas) para distribuição, tais como produtor, industrioso, honrado, proprietário, homem, branco, também os efeitos da lei penal são distribuídos de forma desigual sendo, portanto, uma distribuição desigual de bens negativos, os quais se distribui de acordo com os valores antagonistas do *ethos burguês*. Como Vera Regina Pereira de Andrade formula, "a criminalidade é o exato oposto dos bens positivos (do privilégio). E, como tal, é submetida a mecanismos de distribuição análogos, porém em sentido inverso à distribuição destes" (ANDRADE, 2003, p. 278).

Indivíduos definidos como anormais, na realidade eram constitutivos de uma classe, que não compôs a construção do dogmático contrato social e do paradigma de sociabilidade liberal, retoricamente igualitário, e utilitariamente (pseudo)humanitário. Assim, não poderia ser mais bem descrito, do que o foi por um dos entusiastas dessa concepção (BECCARIA, 2013, p. 137):

> Os homens escravos são mais voluptuosos, mais libertinos e mais cruéis do que os homens livres. Estes meditam sobre as ciências e sobre os interesses da nação, veem os grandes objetos, e os imitam, mas naqueles, satisfeitos com o dia presente, procuram, no tumulto da libertinagem, uma distração para o aniquilamento em que se encontram. Afeitos à incerteza em tudo, o êxito dos seus crimes torna-se-lhes problemático, favorecendo a paixão que os determina. Se a incerteza das leis incide sobre uma noção indolente pelo clima, mantem e aumenta a indolência e a estupidez.

Verifica-se que o sistema se volta contra esses indivíduos como uma classe antagonista ao novo paradigma de sociabilidade. Da mesma forma a burguesia, contemporaneamente opressora, era no antigo regime em relação aos estamentos nobres – antagonista. Assim, a nascente classe burguesa subverteu o antigo regime (e o privilégio com base no sangue) através do discurso da igualdade e da liberdade.

Entretanto alguns grupos de indivíduos (como mulheres, negros, campesinos, artesãos, ou os escravos e o proletariado industrial) careciam dos pressupostos básicos de pertença ao mundo burguês (a propriedade), e, portanto, eram compreendidos como destituídos dos atributos de civilidade (a civilidade do *ethos burguês*), e, assim, não fizeram parte do histórico contrato social. Essa classe de indivíduos, por ser desprovida dos atributos de pertença à sociedade burguesa, necessita de intervenção forçada do sistema, que oferece o cárcere e o trabalho forçado como processo de pedagógico da disciplina protestante e da filosofia liberal.

Assim, as instituições de encarceramento e trabalho forçado, que se apresentam como de socialização substitutiva se constituem no período de tempo (de subtração da liberdade) em potencial porta de entrada no contrato social moderno-burguês, por certo que pela via da subalternidade interiorizada. Como escreve Losurdo "graças a este gigantesco universo concentrado, onde chega-se a ser internado sem ter cometido crime algum e sem ter controle algum da magistratura, será possível operar o milagre da transformação em dinheiro daquele material descartado" (LOSURDO, 2006, p. 86).

Assim escrevem Rusche e Kirchheimer (2004, p. 58) sobre o público alvo:

> A força de trabalho que o Estado podia controlar melhor era composta por pessoas que exercitam profissões ilegais, como mendigos e prostitutas, e tantas outras pessoas que estavam sujeitas à sua supervisão e

dependiam de sua assistência por lei e por tradição, como viúvas, loucos e órfãos. A história da política pública para mendigos e pobres somente pode ser compreendida se relacionamos a caridade com o direito penal.

A partir de então, e por necessidade de uma justificativa legitimadora, surge o ideário da ressocialização, da reeducação, que em realidade é o processo de convencimento, pela imposição da sujeição, da condição de subalternidade do indivíduo forçadamente integrado ao novo mundo ocidental regulado pelo contrato burguês, "esta espiritualidade nova de ordem e de repressão, [...] devia ser ensinada e inculcada desde a infância, mais particularmente na infância" (MELOSSI; PAVARINI, 2006, p. 53).

Complementam Dario Melossi e Massimo Pavarini, sobre o ideário da recuperação, ressocialização que se faz, sobretudo, utilitária para o funcionamento e manutenção da nova estrutura social:

> Os pobres, os jovens, as mulheres prostitutas enchem, no século XVII, as casas de correção. São eles as categorias sociais que devem ser educadas ou re-educadas na laboriosa vida burguesa, nos bons costumes. Eles não devem aprender, mas sim ser convencidos. Desde o início, é indispensável ao sistema capitalista substituir a velha ideologia religiosa por novos valores, por novos instrumentos de submissão. A espada não pode ser usada contra as multidões e o temor de que uma nova solidariedade, uma nova comunhão surja para romper com o isolamento das classes subalternas é já, desde o início, uma realidade concreta. (MELOSSI; PAVARINI, 2006, p. 55)

Outro ponto é a (2) *quantificação do sofrimento humano;* demonstra-se a instituição do sistema penal em sua relação gregária com a caridade estatal no processo de usurpação do conflito e manutenção da estrutura social que é a passagem da resposta à infração como ofensa à comunidade, à uma ideia de fato definido como crime como manifestação de uma afronta ao poder Estatal (como império- monopólio do direito e da política – restritos à lei e à participação classista), e que este ato de insubordinação passa a ser respondido no corpo (não meramente físico) mas social que esse indivíduo infrator representa; e esta corporificação do inimigo se presta a representar os valores burgueses que devem ser introjetados.

Do século XVIII em diante, quando a liberdade e o capital se tornaram os maiores bens exaltados e tutelados pelo Estado burguês e o tempo livre passou a ser quantificado, como o eram todas as coisas, no novo mercado capitalista, com relação ao tempo de privação de liberdade, também passou a ser quantificada e acrescida da imposição de trabalho forçado.

Dessa forma, esses pobres indivíduos desgraçados, já destituídos dos meios de produção da propriedade privada, são destituídos, também, da única propriedade que, supostamente, teriam para colocar no mercado: a sua força de trabalho – ainda que de forma não totalmente livre.

> A essência da pena é constituída, também no que diz respeito à relação de trabalho, pela privação da liberdade, entendida sobretudo como privação da liberdade de poder contratar-se: o detido está sujeito a um monopólio da oferta de trabalho, condição que torna a utilização da força de trabalho carcerária conveniente para o contratante [...] o conceito de *trabalho* representa a ligação necessária entre o conteúdo da instituição e a sua forma legal. O cálculo, a medida de pena em termos de valor-trabalho por unidade de tempo só se torna possível quando a pena é preenchida com esse significado, quando se trabalha ou quando se adestra para o trabalho (trabalho assalariado, trabalho capitalista). (MELOSSI; PAVARINI, 2006, p. 72; 91)

O discurso da segurança jurídica, proporcionado e operacionalizado pela técnica jurídica, acabaria com a incerteza e o arbítrio das penas, conformando e encerrando a culpa nessa medida de tempo, dando assim um parâmetro genérico e abstrato para a resposta ao crime e à resolução do conflito, que deixa de ser intracomunitário para tornar-se conflito com o próprio Estado, este o grande e principal atingido em seu Império.

Nessa esteira ainda, verifica-se a funcionalidade dessa transformação, tendo em vista a necessidade de inculcação de uma ideologia (docilização e aceitação) e ainda, aproveitamento desse material humano descartado como potencialização e eficientização das estruturas punitivo-caritativas, como extrativas de mais-valia, não somente econômica, mas também simbólica.

Sobre as mudanças relativas ao sistema penal que acompanharam as mudanças do paradigma de sociabilidade, na passagem do antigo regime e do feudalismo para a modernidade capitalista e seu discurso desenvolvimentista-humanista e caritativo-punitivo, Georg Rusche e Otto Kirchheimer (2004, p. 69) escrevem:

> A essência da casa de correção era uma combinação de princípios das casas de assistência aos pobres (*poorhouse*), oficinas de trabalho (*workhouse*) e instituições penais. Seu objetivo principal era transformar a força de trabalho dos indesejáveis, tornando-a socialmente útil. Através do trabalho forçado dentro da instituição, os prisioneiros adquiriam hábitos industriosos e, ao mesmo tempo, receberiam um treinamento profissional. Uma vez em liberdade, esperava-se, eles procurariam o mercado de trabalho voluntariamente.

Assim, o controle da nova classe trabalhadora se dá pela via do trabalho forçado nas *workhouses* e das penas, forçando os indivíduos (não livres) a trabalharem pelos mais baixos salários, e também (os livres) a trabalharem por qualquer valor de mão de obra. Mão de obra que se denomina semilivre, pois tampouco era livre para aceitar (ou recusar) trabalhos extenuantes com salários irrisórios, ou mesmo para se organizar em busca de melhores condições de trabalho. Tais iniciativas eram entendidas como contrárias a paz burguesa e como manifestação patológica de vagabundagem; e, assim se faziam severamente reprimidas.

Com essas medidas se controla o mercado, mantendo a lucratividade a partir de mais-valia pura, visto que os indivíduos não podiam escolher entre trabalhar (se submeter) ou não trabalhar (mendigar) ou exercer outra atividade – que se fazia deveras difícil, dada a monopolização das oportunidades restritas à produção da fábrica.

A questão do controle social e sua relação com o controle/produção de mão de obra se faz de imensa importância para compreender o funcionamento e a instituição/transformação do poder punitivo na modernidade. Verifica-se que se pode dividir esse processo de construção do sistema penal, em sua versão moderna, como instituição-máquina burguesa em dois momentos.

Em um primeiro momento, (1) de extração de mais-valia, que compreende o final do antigo regime e as penas nas galés, e a deportação e que foram de fundamental importância para o processo de colonização das terras incivilizadas, levando a laboriosa e industriosa ideologia ocidental burguesa; e, no seu processo de transição para a modernidade, se estendendo até a revolução industrial, que a partir do discurso *jusnaturalista* exaltava os valores do trabalho, que se fazia forçado para os indivíduos não integrados à filosofia liberal, e marcado por um período de escassez de mão de obra, no qual o controle social, ou a política social (*poorlaws*) e a filantropia/caridade estatal (exercida através das *workhouses*) cumpriram importante papel, alargando esse exército da nova classe operária que nascia, desprovida dos meios de produção e alienado dos produtos produzidos aos quais não tinha acesso. Nessa linha, escrevem Melossi e Pavarini (2006, p. 61):

> Durante todo o século XVII e boa parte do XVIII, um dos problemas mais graves enfrentados pelo capital foi o da escassez de força de trabalho, com o perigo continuamente subjacente do possível aumento do nível de salários. O problema não se apresenta, contudo, com a mesma gravidade dos primeiros anos do século XVII, quer porque já estava começando a ocorrer um certo incremento demográfico, quer porque já estavam o processo de expulsão e de apropriação dos estratos camponeses estavam

em pleno andamento. Não obstante, é significativa a insistência com que se pede o uso do trabalho forçado. O modo de produção capitalista necessita de um longo período de tempo para terminar de destruir aquela capacidade residual de resistência do proletariado, que tinha origem no velho modo de produção.

Em um segundo momento, (2) como simbólico-docilizadora, quando, no período de ouro do capitalismo, a partir da Revolução Industrial, passou a ser necessário menos corpos para o trabalho, e mais espíritos dóceis para obedecer, se adequar à lógica e aceitar a sua condição dentro dessa estrutura social capitalista desigual. A pena como medida de tempo de privação da liberdade, e como período de introjeção da disciplina da ordem social burguesa, constituem a função primordial do sistema penal. Ou ainda, como detectam Melossi e Pavarini (2006), o proletário é o produto final da máquina carcerária como importante elemento mantenedor desta estrutura social – como produtor, e como difusor ideológico.

Em resumo, trata-se de uma extração de mais-valia, que não se faz meramente como produto econômico (financeiro-pecuniário), mas sim em um sentido econômico ampliado, que insere a economia da pena e da estrutura social em uma análise mais abrangente e que permite contextualizar as dinâmicas punitivas como sendo o veículo de dominação e subordinação da grande maioria ao sistema que se propõe como livre e igual, enquanto mantém o povo, na condição de classe oprimida – ainda que de forma juridicamente oficial-legítima (legitimidade em uma acepção reduzida e restrita à legalidade-oficialidade estatal burguesa).

A mais-valia assume um caráter de produção de sentidos macrossociológicos, material e simbólicos que preconizam a manutenção da estrutura social burguesa, desigualdade e opressão, operacionalizadas de dentro (e por dentro) do próprio sistema, que tem epicentro na instituição do Estado moderno de caráter eminentemente classista:

> Essas instituições se caracterizam por estar destinadas, pelo Estado da sociedade burguesa, à gestão dos diversos momentos da formação, produção e reprodução do proletariado de fábrica. Elas representam um dos instrumentos essenciais da política social do Estado, política que tem como meta garantir ao capital uma força de trabalho que – por atitudes morais, saúde física, capacidade intelectual, conformidade às regras, hábito à disciplina e à obediência etc. –, possa facilmente se adaptar ao regime de vida na fábrica em seu conjunto e produzir, assim, a quota máxima de mais-valia passível de ser extraída em determinadas circunstâncias. (MELOSSI; PAVARINI, 2006, p. 73)

Uma análise a partir de Wacquant (2007) e Garland (2008) em conjunção analítica permite abordar o caso do Brasil que se apresenta bem específico, tendo em vista que tais mudanças – a derrocada do *Welfare* e passagem ao *Prisonfare* –, se dão entre fins dos anos 70 e início da década de 90 nos Estados centrais (ou plenamente desenvolvidos).

Mas não sem antes compreender um pouco mais acerca das transformações da punição sob o neoliberalismo ou mesmo organizar alguns elementos para compreender o próprio neoliberalismo enquanto racionalidade, que iria a interferir profundamente na política criminal, desde as reformas legislativas por ele orientadas, até a lógica de encarceramento em massa e funções da pena.

1.3. RETOMADA DAS FUNÇÕES DA PENA NA ESTRUTURA SOCIAL CAPITALISTA DESDE A ECONOMIA POLÍTICA DA PENA

Revisitando o momento fundacional da penalidade liberal capitalista para compreender e problematizar suas funções, não no sentido de recontar – e com isso incorrer em arbitrariedade com a história – mas sim para pensar a realidade atual e se essas funções historicamente atribuídas à pena, dão conta da realidade contemporânea.

Nesta medida, também não se busca reconstruir o mosaico a que se atribui a origem da penalidade por privação da liberdade/trabalho forçado, mas especificamente sua explicação marxista que vincula a liberdade/ prisão ao mercado de trabalho/produção – ou seja, como um mediador fundamental da organização social capitalista.

Para isso, resgata-se as duas primeiras e principais obras que realizaram essa abordagem em uma perspectiva crítica, constituindo-se no principal marco teórico da economia política da pena em chave materialista. A construção fundacional da economia política da pena com a obra Punição e estrutura social de Georg Rusche e Otto Kirchheimmer (2004) de 1939, mas que durante muito muito ficou esquecida nas estantes, e veio à tona no final da década de 60 com a segunda edição norte-americana e no final de 70 com a tradução ao italiano por Dario Melossi e Massimo Pavarini (1979), uma vez que o livro seria complementado pelo Cárcere e Fábrica: as origens do sistema penitenciário (séculos XVI-XIX) (2010 [1977]) de autoria destes últimos; ou seja, apenas tardiamente a economia política de pena realiza sua síntese sobre a questão da punição, da prisão e sua relação com a questão do mercado produtivo e de trabalho.

Assim, essas duas obras que se complementam vão proporcionar a síntese do surgimento da prisão enquanto lócus de cumprimento de pena e a constituição da relação social do cidadão livre burguês ligado por um contrato aos seus semelhantes livres e ao Estado e cujas relações são mediadas pela ameaça de suspensão temporal dessa liberdade – a prisão/trabalho.

Por isso busca-se resgatar a contribuição e explicação da economia política da pena em uma perspectiva de explicação marxista para compreender a relação dos elementos imbricados: liberdade – tempo – pena – trabalho – sociedade burguesa – mercado capitalista.

Para uma análise da velha economia política da pena, as penas diziam respeito às condições econômicas nas quais estavam inseridas, como mostram Rusche e Kirchheimer (2008), com o uso da multa, indenização e fiança na Alta Idade Média, período de prosperidade econômica em que o pagamento de um determinado valor econômico podia se constituir em mediador das relações e das condutas sociais. As penas pecuniárias começam a deixar de ser utilizadas gradualmente conforme os malfeitores das classes mais baixas não tinham condições de pagar as mesmas, deixando de se constituir um instrumento de controle social e ameaça contundente; e, à medida que a pobreza, a incapacidade econômica e a deterioração social avançaram, as penas e o controle social necessitavam de novo foco de atenção – que seriam o corpo e as chagas da massa de pobres e despossuídos.

Assim escrevem Rusche e Kirchheimer acerca das penas como demarcadores de um período histórico e suas relações sociais, ou mesmo de seu suposto estágio de desenvolvimento civilizacional,

> A punição brutal não pode ser simplesmente atribuída à crueldade primitiva de uma época, agora abolida. A crueldade mesma é um fenômeno social que apenas pode ser entendido nos termos sociais dominantes num dado período. (2008, p. 42).

Da mesma maneira que o uso de penas corporais não diz respeito ao estágio de desenvolvimento enquanto civilização, ou mesmo de uma partilha ou aceitação da barbárie enquanto dinâmica de relações sociais: a substituição dessas mesmas penas corporais e do sofrimento físico também não dizem respeito a um avanço enquanto modelo societário; ou mesmo, como historicamente se quer crer, de um aprimoramento humanitário; mas sim tem a ver com as necessidades macroestruturais dessas mudanças comportamentais em relação as pessoas, aos comportamentos e aos castigos.

Nesse contexto que Rusche e Kirchheimer (2008) inserem o surgimento do direito penal moderno como um corpus normativo regulamentador das condutas humanas e balizador da resposta estatal em relação a estas mesmas condutas humanas e a prisão enquanto lócus de depósito dessas pessoas atingidas ou definidas como violadoras desse corpus de conduta social; ou, em uma leitura da velha economia política da pena, é justamente nesse contexto, nessa macro estrutura de sociedade capitalista que surge a necessidade desse corpus normativo impondo o trabalho como conduta obrigatória e representativa da moral do homem livre e laborioso.

Da mesma maneira em que surge (se constrói) a instituição de confinamento chamado prisão, enquanto espaço de privação da liberdade e de ensinamento das novas condições de trabalho, não por acaso nascem conjuntamente cárcere e fábrica, um a imagem e semelhança do outro.

Dinâmica essa voltada ao disciplinamento, que em um primeiro momento, vai ser proporcionada de maneira voluntariosa pelas estruturas de controle como política de assistência social ofertando o aprimoramento para o novo regime de trabalho capitalista; em um segundo momento operando uma divisão social de maus pobres e bons pobres, estes que eram dignos de pena e de filantropia caritativa, e àqueles que era dignos de uso da força para imprimir-lhes o hábito do trabalho mediante a privação da liberdade em instituições de confinamento e trabalho forçado, propondo extirpar da organização social os vícios e a vagabundagem. Nessa linha escrevem Melossi e Pavarini (2010, p. 36)

> Um estatuto de 1530 obriga o registro dos vagabundos, introduzindo uma primeira distinção entre aqueles que estavam incapacitados para o trabalho (*impotent*), a quem era autorizado mendigar, e os demais, que não podiam receber nenhum tipo de caridade, sob pena de serem açoitados até sangrar. O açoite, o desterro e a execução capital foram os principais instrumentos da política social inglesa até a metade do século [XVI], quando os tempos se mostraram maduros, evidentemente, para uma experiencia que se revelaria exemplar. [...] além disso, ela deveria desencorajar outras pessoas a seguirem o caminho da vagabundagem e do ócio, e assegurar o próprio auto-sustento através do trabalho, a sua principal meta.

Ocorre que – criado o Direito Penal como forma única de regular os comportamentos voltados para a rotina de trabalho; e conjuntamente a instituição prisional como destino dos trabalhadores infratores ou vagabundos –, com o século XIX e a revolução industrial tanto o direito penal quanto a prisão perdem sua função original, mas não perdem seu sentido de existir, uma vez que já não se precisava mais de uma massa de trabalhadores tão extensa, e tampouco da sua função propedêutica/pedagógica de ensino laborioso.

Dessa maneira a prisão e o direito penal restam como instrumentos de monopólio da violência e da gestão da liberdade, assim como única ferramenta ou mesmo resultado da resolução de conflitos sociais cada vez mais abundantes e problemáticos nas sociedades capitalistas complexas.

Se, de acordo com essa velha economia política da pena, pode-se depreender que a estrutura jurídico-penal e a prisão surgem como instrumentos de gestão do mercado de trabalho capitalista – desde a proibição da vagabundagem, até a vedação de organização como classe laboral –, controlando e disciplinando a massa trabalhadora; após a revolução industrial, quando não mais se fazia necessária essa função reguladora pois o capitalismo já está atrelado ao humanitarismo liberal burguês, ou seja, com o projeto societário capitalista já implantado, a estrutura penal passa a desenvolver a função de gerenciar os despojos desse mesmo desenvolvimento capitalista desigualmente distribuído.

Em síntese, a função do direito penal e das estruturas de controle social estatal passam da dissuasão da vagabundagem – prevenção geral do ócio, da prostituição, da mendicância –, para o combate a situação de pobreza, a violação da propriedade e ao tratamento dos vícios das classes baixas – prevenção especial.

O que pode se verificar da gradual passagem das penas de açoite ou fiança, para as penas de privação da liberdade ou mesmo uso de penas capitais, a depender de períodos de crise ou de prosperidade econômica ou ainda a maior ou menor necessidade mão-de-obra, como apontam os gráficos de Rusche e Kirchheimer (2008) ao final da obra.

Com isso, pode-se apontar, a partir da contribuição dessa velha economia política da pena, que a prisão e as estruturas de controle sócio-penal foram fundamentais para (1) organizar e regular o mercado de trabalho – sobretudo classe trabalhadora – massa de sujeitos indisciplinados para a condição de assalariado; (2) controlar o mercado de preços do trabalho, na medida em que era proibido organização laboral por melhores condições de trabalho e remuneração; (3) garantir o próprio exército de mão-de-obra, uma vez que era vedado o não-trabalho (ócio/vagabundagem) e também garantiam a disponibilidade abundante de mão-de-obra com a própria obrigatoriedade do exercício laboral; (4) também a divisão do tempo humano em tempo de trabalho encerrando a própria liberdade, dividindo essa liberdade de acordo com o trabalho contido nessa medida de tempo; e (5) para a produção de uma racionalidade do trabalho, pois ao longo do tempo se produziu a divisão social de normalidade/anormalidade desde a condição para o exercício laboral, o que Melossi e Pavarini apontam como o grande produto da prisão – o proletário (2008, p. 211).

Frise-se que se tratou de *velha* economia política da penalidade não no sentido de perda de validade das suas compreensões acerca da sociopolítica da pena, muito pelo contrário, esses elementos teóricos são imprescindíveis para compreender a prisão em um dado contexto.

Entretanto, acredita-se, para efeito desse estudo, que essa compreensão da prisão não dê mais conta da realidade e das funções que a instituição controle sócio-penal agregou, se complexificando ao longo do tempo; e da centralidade desempenhada pela prisão e pelas estruturas de controle social na organização social capitalista neoliberal.

Mas para isso fundamental se faz compreender, desde uma abordagem criminológica crítica ou mesmo marxista – desde uma perspectiva mais ampla (modo de produção da vida social) –, do que se trata o neoliberalismo que tem sido tomado como um dado histórico ou mesmo econômico, e se faz necessário delimitar seus contornos, sobretudo os de interesse e influência na questão criminal/criminológica para avançar com a interferência desse momento/estrutura política sobre as dinâmicas de controle sócio-penal e a função que exerce a prisão dentro dessa organização social.

1.3.1. O NEOLIBERALISMO ENQUANTO CONSTRUÇÃO SOCIO-POLÍTICA E A MUDANÇA NOS PENSAMENTOS CRIMINOLÓGICOS

Neste ponto se busca delimitar alguns elementos conceituais ou de definição do neoliberalismo enquanto projeto societário cujo vértice, parece, se pode situar no individualismo enquanto razão de ser no novo mundo neoliberal; o que orienta a organização societária em sua totalidade se apresenta como uma racionalidade da busca de resultados/competição por si mesmo, por conquistas que afetem unicamente a sua condição social individualmente considerada. Assim sintetiza David Harvey,

> [a partir do discurso de Margareth Thatcher à nova ordem mundial], "a sociedade não existe, apenas homens e mulheres individuais [...] todas as formas de solidariedade social tinham de ser dissolvidas em favor do individualismo, da propriedade privada, da responsabilidade individual e dos valores familiares (HARVEY, 2014, p. 32)

O foco central dessa análise é entender o que Dardot e Laval têm chamado de *racionalidade neoliberal*, pois se constitui em um nova forma de organização social que ultrapassa a mera organização econômica e política e reorganiza a totalidade social, conformando um outro projeto de sociabilidade marcado pela ideia de sujeito-empresa ou empresa/empreendedor de si mesmo; afetando diretamente a questão criminal enquanto definição política e consoante isso as definições criminológicas que se desenvolvem a partir dessa postura pautada por uma compreensão individualizada e auto responsabilizadora. Nessa linha escrevem:

> O neoliberalismo não destrói apenas regras, instituições, direitos. Ele também produz certos tipos de relações sociais, certas maneiras de viver, certas subjetividades. Em outras palavras, como neoliberalismo, o que está em jogo é nada mais nada menos que a forma de nossa existência, isto é, a forma como somos levados a nos comportar, a nos relacionar com os outros e com nós mesmos. O neoliberalismo define certa norma de vida nas sociedades ocidentais e, para além dela, em todas as sociedades que as seguem no caminho da "modernidade". Essa norma impõe a cada um de nós que vivamos num universo de competição generalizada, intima os assalariados e as populações a entrar em luta econômica uns contra os outros, ordena as relações segundo o modelo de mercado, obriga a justificar as desigualdades cada vez mais profundas, muda até o indivíduo, que é instado a conceber a si mesmo e a comportar-se como uma empresa (DARDOT; LAVAL, 2016, p. 16)

Neste ponto já se pode identificar o primeiro elemento disruptivo em relação a abordagem da velha economia política (da pena), uma vez que se baseava em uma ordem bipolar (antagonista) dividida entre capitalistas e classe trabalhadora (inclusive a despossuída de trabalho), sendo essa dividida entre os trabalhadores dóceis e os indóceis ambos objeto dos processos de controle social e docilização como elementos de conformação da própria dinâmica do capital e na qual o sistema penal historicamente se fez elemento primordial.

Entretanto como apontam Duménil e Lévy (2014), a nova ordem do capitalismo mundial ou racionalidade neoliberal agrega elementos a partir do que chamam de a "revolução gerencial" que inaugura uma nova etapa da luta de classes ou da compreensão do capitalismo mundial ou neoliberal.

Atribuem essa reordenação com a separação dos elementos da propriedade dos meios de produção e a gestão dos mesmos, sendo a antiga ideia de propriedade se transformado em propriedade de ativos financeiros e títulos; de outro lado a gestão desse capital mediante a profissionalização, terceirização e administrativização da gestão das empresas, delega-se o cuidado com empregados, administração de custos, maximização dos lucros (etc..) passam a fazer parte do quotidiano não mais do proprietário, mas dos gerentes; juntamente com toda a cobrança de lucro, crescimento e a promessa de enriquecimento pessoal/individual conforme a roda do neoliberalismo avança.

Dessa maneira, então, nessa nova ordem, para além das classes historicamente implicadas, há que se inserir a classe dos gerentes. Uma classe – ou grupo de interesse –, que não seriam classe trabalhadora (uma vez que o trabalho não é mais formal, mas terceirizado, portanto seria formalmente associados); ao mesmo tempo em que também não são classe capitalista, pois não são detentores de capital; mas tangencialmente ainda, são fomentadores da ideologia do capital, tendo em vista que são administradores/gestores de capital alheio[5], ao que Dario Melossi chama de canalha (2018) enquanto classe ou grupo social voltado para a consecução individualista dos próprios interesses, mas membros da classe trabalhadora, que sequer é considerada (formalmente) como classe trabalhadora (pós-reformas desregulamentadoras), ou sequer se consideram como classe trabalhadora (*lumpemproletariat*).

Como aponta Harvey, a formação do que ele chama de "construção do consenso" neoliberal se dá em torno do resgate do discurso da liberdade, que como enuncia a clássica obra de Karl Polanyi (2000) legou a liberdade de expressão, a liberdade religiosa, de consciência, de associação (...) e todas as liberdades tão caras a sociedade ocidental; mas também contém o gérmen das liberdades liberadas pelo discurso neoliberal, da liberdade irrestrita da acumulação sem limites, na exploração interminável dos recursos naturais, pela exploração descontrolada do trabalho de si e dos outros e pela transformação das pessoas e das coisas em mercadorias e valores financeiros exploráveis, e a crença impingida de que qualquer pessoa é livre para essa sociedade e para essa posição social, discurso que parcela da classe trabalhadora – a canalha – reproduz, legitima e chancela.

De maneira concreta David Harvey sintetiza com a proliferação dessas mudanças políticas, iniciadas no governo Reagan, como impulso inicial [muito embora estivessem sendo forjadas ideologicamente desde bem antes],

> Centradas num impulso generalizado de redução do alcance e do conteúdo da regulamentação federal da indústria, do ambiente, dos locais de trabalho, da assistência à saúde e da relação entre compradores e vendedores. Os principais recursos usados foram os cortes orçamentários, a desregulamentação e a nomeação de pessoas contrarias à regulamentação e favoráveis a ação da indústria para posições-chave (Harvey, 2014, p. 61).

---

5 Os autores vão além apontando a separação da classe gerencial em uma parte superior gestora dos ativos capitalistas, médio e alto escalão de corporações econômico-financeiras, e a parte baixa representada por trabalhadores administrativos populares, o que conformaria a ideia de classe média enquanto grupo de interesse multifacetado e complexo (DUMENIL; LEVY, 2014, p. 99)

Segue ainda, referindo-se a etapa inglesa da forja do consentimento em torno da nova racionalidade neoliberal, aponta,

> A primeira-ministra forjou o consentimento mediante o cultivo de uma classe média que adorava os prazeres da casa própria, da propriedade privada em geral, do individualismo e da liberação de oportunidades de empreendimento. Com as solidariedades da classe trabalhadora se reduzindo sob pressão e sob estruturas de emprego em mudança radical graças a desindustrialização, os valores de classe média se ampliaram a ponto de incorporar muitos daqueles que um dia tinham tido uma firme identidade de classe trabalhadora. Abertura do país ao comércio mais livre permitiu o florescimento de uma cultura do consumo, e a proliferação de instituições financeiras levou um número cada vez maior de valores de uma cultura da dívida a ocupar o centro da vida (HARVEY, 2014, p. 70)

Em síntese, vê-se que a compreensão das relações de capital se alteram e complexificam no neoliberalismo, ainda que permaneça válido falar que se trata de acumulação de capital e exploração do trabalho (não mais em um mesmo sentido de relação de trabalho formal assalariado).

Assim, as relações nesse meio já não são mais as mesmas. Será que a função do sistema penal o é? Qual seria a função do sistema penal nessa nova conformação de capitalismo neoliberal?

Dardot e Laval chamam a atenção para que "a principal limitação dessa corrente parece residir numa fobia do Estado que muito frequentemente conduz a resumir a atividade de governar à imposição de uma vontade pela coerção" (2016, p. 155); ou seja, conforme o Estado é retraído em tantas searas de regulação, tanto se faz necessário a intensificação da regulação pela atuação sócio-penal.

A partir disso é fundamental então definir qual é a função do Estado nessa ordem neoliberal, como apontam Dardot e Laval, talvez essa seja a grande diferença entre o liberalismo e o neoliberalismo, enquanto naquele a regra era do não Estado, o Estado não deveria intervir nas questões privadas, particulares da intimidade dos negócios; neste fala-se em um Estado forte e uma economia livre, ou seja, a função do Estado no neoliberalismo é sim de intervir na economia, mas cujo foco é a garantia das condições de concorrência de mercado, produzindo as condições para uma situação ideal de competição.

A isso que David Harvey chama de Estado neoliberal na teoria, e fornece alguns contornos do que seria o Estado neoliberal na prática e sua função apontando como elementos centrais o ataque a regulamentação do trabalho – as afamadas reformas trabalhistas, dos sistema de saúde, reforma da educação – como caminho para o crescimento econômico; ou, a cantilena de que se produzir mais capital e fazê-lo circular esse processo beneficiará a todos, e para isso é necessário realçar a fobia do Estado.

Na mesma linha a retração do Estado Social, com a redução da rede de seguridade ao mínimo indispensável e com abertura ao mercado em educação, saúde, assistência, sempre aderindo a lógica privatista e securitária, afinal de contas, se trata "de um sistema que acentua a responsabilidade individual. Em geral, se atribuem os fracassos pessoais a falhas individuais, e com demasiada frequência a vítima quem leva a culpa!" (HARVEY, 2014, p. 86).

De maneira geral, serve a síntese oferecida por Dardot e Laval,

> Esse trabalho político e ético de responsabilização está associado a numerosas formas de privatização da conduta, já que a vida se apresenta somente como resultado de escolhas individuais. O obeso, o delinquente ou mau aluno são responsáveis por sua sorte. A doença, o desemprego, a pobreza, o fracasso escolar e a exclusão são vistos como consequências de cálculos errados. A problemática da saúde, da educação, do emprego e da velhice confluem numa visão contábil do capital que cada indivíduo acumularia e geraria ao longo da vida. As dificuldades da existência, a desgraça, a doença e a miséria são fracassos dessa gestão, por falta de previsão, prudência, seguro contra riscos (DARDOT; LAVAL, 2016, p. 230).

É nessa conformação política econômica e social, dentro dessa racionalidade que se erige e se agiganta a necessidade de um Estado penal como garante das funções do mercado. Tilman Evers escreveu há bastante tempo (1979) sobre as funções desempenhadas pelo Estado na periferia do capitalismo, apontando como basicamente garantia da inserção no mercado mundial (lógica concorrencial); imposição de regras gerais de mercado (supremacia dos interesses do direito privado), o Estado forte e a economia livre que se falava acima; garantia e fornecimento de mão-de-obra, inclusive por meio da desregulamentação e barateamento da mesma.

E os mecanismos de realização dessas funções são o capital (sobretudo financeiro); a ideologia e importância cada vez maior de construção de hegemonia (e a mídia de massa é um elemento fundamental para tal); o próprio direito enquanto carregado de valores sócio-políticos determinados, ou seja, como veículo ideológico; e por fim, quando todas as formas de intervenção/regulação privatista falharem, ou ao lado de todas elas, a forte vigilância da força física, do sistema penal e a ramificação cada vez mais astuta, dos mecanismos de controle sócio-penal.

Obviamente que esse sistema penal e lógica de controle não se apresenta simplesmente como instrumento de garantia de funcionamento do mercado, produzindo mão-de-obra e/ou disciplina como outrora; de outra maneira se insere nele (mercado) na nova organização neoliberal em que a própria lógica de controle social se constitui enquanto mercadoria com múltiplos ativos financeiros e segmentos a serem explorados. Esse é justamente o objeto do próximo tópico, o que se entende por elementos de economia política da penalidade para uma nova configuração social dentro da lógica do capitalismo e da racionalidade neoliberal.

1.3.2. RECONFIGURAÇÃO E COMPLEXIFICAÇÃO DAS INSTITUIÇÕES DE CONTROLE SOCIAL NA MODERNIDADE NEOLIBERAL: O Bib Government carcerário

Neste ponto, portanto, busca-se inserir novos elementos de economia política da penalidade a partir do contexto neoliberal até este momento traçado no sentido de tentar contribuir com elementos que demonstrem o quanto o neoliberalismo enquanto racionalidade ultrapassa a questão econômica e tem afetado a questão criminal e as próprias definições criminológicas.

Como Dario Melossi (2018) afirma que se processou um sólido aporte e reorientação em relação as relações sociais e com elas, de maneira mais ampla, as próprias definições criminais se alteraram[6].

Assim, esse ponto se organiza em três momentos: primeiro como a racionalidade neoliberal se volta para a construção/defesa de uma suposta estrutura consensual de valores sociais e como esses valores essencializa-

---

6 Ressalva-se que parece que Dario Melossi foi um pouco duro com a criminologia enquanto campo do saber escrevendo "los criminólogos hicieron [...] la representacion del delito se transformo, de hecho, en un modo de hablar de la sociedade y sus males que iban más allá del fenómeno y el tipo de comportamiento legitimamente identificado como delictivo de acuerdo con la ley penal. Antes bien, esta representacion abordaba el valor moral de la sociedade en su conjunto" (MELOSSI, 2018, 247). Como se os câmbios ocorridos no final do século XX e início do XXI fossem culpa da criminologia, ou resultado exclusivo de seu labor, ou mesmo como se a criminologia se apresentasse enquanto campo uno; e não como campo multifacetado, que contém a criminologia conservadora como o realismo de direita, que tampouco realizou esses câmbios sozinha, mas que se apresenta como legitimadora científica de determinada concepção de sociedade; e uma campo vasto de produção criminológica crítica, contestatário que se insere em uma perspectiva problematizadora, deslegitimadora da própria criminologia enquanto justificador do modelo societário, e porquanto se apresentando como um espaço de desvelamendo das relações e instrumentos socio punitivos.

dos, estão alinhados econômica e criminologicamente; segundo, a própria construção do sujeito que passa de um sujeito produtivo (*homo laborans*) para um sujeito competitivo, calculador neoliberal e uma atuação eminentemente centrada em si mesmo; e terceiro a consequência criminal e criminológica desses elementos, a influírem diretamente na forma de entendimento e enfrentamento da criminalidade no neoliberalismo, redundando em um determinado estado de coisas que se busca compreender desde uma economia política da questão criminal no neoliberalismo.

Dando atenção ao primeiro, já na década de 80, Nils Christie[7](1988), com uma capacidade de análise muito privilegiada e antecipada, falava em retorno ou neoclassicismo; e, atualmente em teoria econômica se fala em ressurgimento de um neoconservadorismo ou ortodoxia econômica. Qual a relação entre esses dois elementos? O neoclassicismo apontado por Christie situa o delito como resultante de uma ação racional, deliberada, como resultante de um cálculo de custo e benefício (*rational choice theory*). Suposta racionalidade econômica criminosa que contrapõe os valores sociais de convívio (ética neoliberal), e que seria função do sistema penal contrapor mediante o resgate de uma política criminal dissuasória desse pretenso cálculo x benefício da conduta criminal mediante a certeza, rigidez e imediatidade da pena.

Na mesma linha a ortodoxia econômica neoliberal vai postular o retorno aos valores sociais como solução para uma suposta crise tanto social quanto econômica (fiscal), e, portanto, a resposta para a retomada do crescimento seria, segundo a tríade do neoliberalismo Friedman-Mises-Hayek:

> Trabalho, família e fé são os únicos remédios para a pobreza. Esses três meios estão ligados, já que é a família que transmite o sentido do esforço e a fé. Casamento monogâmico, crença em Deus e espirito de empresa são os três pilares da prosperidade, uma vez que nos livramos da ajuda social, que apenas destrói a família, a coragem e o trabalho (2016, p. 212)

A isso que Dario Melossi em sua nova obra (2018) aponta como sendo a surgimento de uma estrutura monista de valores, surgido em momentos de crise, sobretudo crise de hegemonia para a classe burguesa e para as elites dirigentes, estruturando-se em torno de determinadas concepções de Estado, Nação e Comunidade (MELOSSI, 2018, p. 298); poder-se-ia dizer ainda, a própria ideia de desenvolvimento, ou mesmo crise, que são forjadas a partir das suas necessidades políticas e contextuais.

---

7 No original Limits to Pain (1981) e com tradução ao português do Brasil Limites à Dor: o papel da punição na política criminal. Belo Horizonte: DPlacido, 2017. Tradução de Gustavo Noronha de Avila; Bruno Rigon e Isabela Alves.

Em uma clara retomada neoclassicista de acordo com a racionalidade neoliberal, de uma sociedade de valores de mercado competitivo que se divide enquanto organização social não mais entre trabalhador x não trabalhador ou bom pobre x mau pobre; mas sim em negociadores x não negociadores, entre economicamente ativos x passivos ou entraves econômicos.

Relacionado a isso, a clássica obra de Dario Melossi e Massimo Pavarini (2006) chegam a conclusão ao final do Cárcere e Fábrica que o principal produto da prisão é a produção do proletário mediante todo o processo de conformação subjetiva/disciplinar oferecida pela institucionalidade e circunscrevendo todos os elementos da vida do sujeito a partir da sua relação com o trabalho, inclusive a própria medida de pena como tempo de privação da liberdade do corpo de trabalho – a isso que se entende para efeito desse trabalho como elemento central da velha economia política da pena.

Parece que o próprio Dario Melossi revisiona Cárcere e Fábrica, de acordo com as transformações sociais do século XXI; o que está apresentado no livro intitulado Controlar el Delito, controlar la sociedade: teorias y debates sobre la cuestión criminal, del siglo XVIII al XXI (2018)[8]. Onde, alinhada com o presente trabalho, se identifica como conclusão central:

> En cambio, resultaba central para la construcción de la classe obrera, pues sólo una clase trabajadora disciplinada podia convertirse en fuerza de trabajo, es decir, una sección del capital lista para producir ganancias. Sin embargo, este proyecto general estaba, a su vez, al servicio de certa vision del hombre, de la mujer y la sociedade, de um tipo de racionalidade, que reformaria y transformaria todos los aspectos de la vida social, tanto la moralidade como el trabajo. (MELOSSI, 2018, p. 291)

Nesse sentido que se pode apontar a principal obra, resultado da dinâmica de controle social penal por meio da prisão, não como sendo o trabalhador; mas sim determinada racionalidade que transformou o sujeito em objeto econômico; o que atualmente o neoliberalismo eleva ao paroxismo com a ideia de homem-empresa ou sujeito negociador de si mesmo.

Nessa linha, pode-se dizer que acompanha o que propõe Pierre Dardot e Christian Laval, parece que na nova racionalidade neoliberal, mediante todo o processo de produção de consenso e formação de hegemonia ideológica, incluindo-se os instrumentos de controle social, produziu o

---

8 Título original: Controlling Crime, controlling Society: thinking about crime in Europe and America (2008). Tradução de Maximo Sozzo.

sujeito competitivo e a subjetividade do homem-empresa de si mesmo, assim escrevem acerca da cultura do "self made man",

> a maneira como um homem é governado pode não ter grande importância, ao passo que tudo depende da maneira como ele próprio se governa. Precisamente, a grande inovação da tecnologia neoliberal é vincular diretamente a maneira como um homem é governado à maneira como ele próprio se governa. (DARDOT; LAVAL, 2016, p. 332-333)

Esses dois elementos de contexto, em conjunto vão proporcionar o fundamento para uma série de transformações na forma de ver a questão criminal no neoliberalismo, assentando as bases para uma visão econômica da própria vida social "a família, o casamento, a delinquência, o desemprego, mas também a ação coletiva, a decisão política e a legislação tornam-se objetos de raciocínio econômico" (DARDOT; LAVAL, 2016, p. 214).

Se outrora a defesa social se apresentava como garantia e defesa de elementos de mercado, tais como a propriedade privada ou mesmo a própria garantia de força de trabalho; no mercado neoliberal a própria defesa social se constitui em mercadoria, em produto de uma relação negocial, no que Christie também foi precursor em anunciar como indústria (seria melhor dizer mercado?) do controle do crime.

Nessa linha que se pode apontar alguns elementos desse mercado neoliberal da prestação de serviço de segurança e do controle do crime – o governo através do crime (SIMON, 2017):

Primeiro que parte dos pressupostos acima expostos, da necessidade de construção de uma vigilância, inclusive sócio-penal, permanente em torno da manutenção dos valores (de mercado), da proteção da propriedade privada e da garantia da lógica concorrencial privatista.

Juntamente com a formação do consenso em torno do *nothing Works*, que se constitui no fundamento político de que todo o gasto com vistas a pretensa recuperação do preso – da mesma forma que a assistência – se constitui em um gasto desnecessário, torna o Estado caro e portanto um entrave ao crescimento econômico; sendo o fim do ideário da reabilitação como medida de contração de gastos.

Ocorre que a contração de gastos não se deu, mas sim pura e simplesmente o ideário da reabilitação e as históricas e declaradas funções da pena; ao passo que a exigência de permanente e firme vigilância e punição às infrações dos valores da sociedade neoliberal fizeram com que o investimento/gasto com sistema penal e todo seu aparato de controle e punitividade não parassem de crescer, como também o acirramento do desejo/necessidade de defesa/proteção dos homens de bem, o que redundou rapidamente no *mass encarceration* em todas as latitudes de adesão ao ideário neoliberal e seu discurso de mercados livres, mas de valores rígidos.

E segundo, ao mesmo tempo em que se constitui num imperativo a vigilância dos valores neoliberais, essa segurança assim como o sucesso econômico é de responsabilidade inteiramente do agente, atribuindo-se ao sujeito consumidor a responsabilidade por parcela significativa da própria segurança. O que por si só já abre a questão criminal ao mercado capitalista transformando o direito à segurança em mercadoria de múltiplas formas (FELETTI, 2014).

A esse fundamento converge a teoria da prevenção situacional, como a outra face do livre-arbítrio neoliberal e do criminoso calculista, se encontra a necessidade de responsabilizar a sociedade pela própria defesa social, socializando as responsabilidades e os custos pelo direito a segurança; essa socialização no capitalismo neoliberal quer dizer a transformação do direito a segurança em oferta de um segmento de serviço a ser explorado e entregue a sociedade mediante a devida criação de capital, diga-se pagamento.

Neste contexto teórico em que se cria uma ampla gama de produtos resultantes dessa racionalidade criminal neoliberal em que se pode apontar de maneira sumária:

(i) amplo segmento da segurança privada, que inclui poderosas corporações de serviços de vigilância, de monitoramento eletrônico, sistemas de alarme, a indústria de utensílios de proteção, como fechaduras, blindagem;

(ii) equipamentos para instituições prisionais e órgãos de segurança pública, constituindo-se em uma poderosa indústria logística de produção e cuidado com o fornecimento de uniformes, alimentação, transporte e toda gama de elementos essenciais para o funcionamento prisional e do controle sócio-penal em todas as suas fases;

(iii) a tecnologia de controle que se apresenta como o segmento de alta complexidade e rentabilidade que gere/produz tecnologia de ponta direcionada às instituições de controle (prisões, delegacias...), tais como detector de metais, aparelhos de raio-x, tornozeleiras eletrônicas, bloqueadores de sinais telefônicos, dispositivos para controle/fiscalização de uso de drogas; armas não letais como o *teaser* (...);

(iv) o próprio cárcere privado ou gerenciamento terceirizado, que são apresentados como a grande solução para o problema do gasto com o encarceramento, transformando-o em negócio imensamente lucrativo como se verifica com o crescimento das empresas, já com capital aberto na bolsa de valores, e que tem sido vendido como a pedra angular para o problema da superlotação carcerária e ineficiência de gestão; empresas nas quais o preso ou as vagas prisionais são constituídos em matéria prima do negócio carcerário, de maneira clara separando a propriedade pública da instituição e sua gestão que é terceirizada, como se fosse uma S/A de encarceramento;

(v) por fim, nesse rol meramente exemplificativo, a utilização de mão de obra prisional, que diferentemente da prisão-fábrica, quando era utilizado como forma de introdução da ideologia do trabalho, no neoliberalismo a prisão se apresenta pura e simplesmente como repositório de força de trabalho abundante a ser explorada mediante contratos de prestação de serviço, uma massa de mão de obra a baixíssimo custo, posto que seus valores são uma ínfima parcela do trabalho livre, além de não haver todo o encargo com o trabalho livre, assistência e seguros todos decorrentes da legislação trabalhista (se ainda existente), sendo um trabalho tomado sem qualquer ônus ou problema uma vez que está sob severa disciplina carcerária e que a qualquer momento pode se constituir em falta institucional e com ela regressão de regime.

Pode-se verificar, conforme pontua Silvio Cuneo Nash, a expansão do sistema de controle sócio-penal em duas direções, uma expansão vertical com o puro e simples aumento espantoso de pessoas encarceradas, o que Stanley Cohen (1988) chamou de a manutenção do *hard control* em relação ao qual o Estado não abre mão, mesmo em momentos de desregulamentação e cortes orçamentários, mesmo em momentos em que índices de criminalidade se encontravam estabilizados assistiu-se ao aumento vertiginoso de pessoas sob controle penal; mas também a expansão horizontal, com a ampliação dos métodos de controle e alargamento do espectro de vigilância, ampliando a abrangência sobre o corpo social, o que Cohen (1988) chamou de *soft control*, e onde se verifica a abertura mercadológica voltada a produção de capital e o Estado abrindo mão (negociando) do monopólio da violência e do *ius-puniendi* em que se encontra a polícia comunitária, as formas alternativas de resolução de conflitos, as variadas formas de privatização dos conflitos e sua gestão (...).

A isso que se entende como sendo o processo de complexificação da pena, não dizendo respeito somente a prisão; mas de maneira mais geral a punitividade no capitalismo neoliberal, tendo em vista essa expansão e ramificação; submetendo o sujeito a severo escrutínio em todos os espaços da vida social atrelado, enredado em uma complexa dinâmica de interesses econômicos.

Nesta linha, o Brasil se encontra, no período contemporâneo, em meio a dois discursos antagônicos: o discurso do bem-estar se mantém em torno da recuperação dos indivíduos e a função interventiva-caritativa do Estado, que é manejada, como aponta Garland (2008), a partir dos discursos e das dinâmicas técnico-científicas, e suas pretensões de neutralidade e eficiência interventiva, buscando-se as causas das patologias sociais individuais e coletivas a partir do diagnóstico e intervenção propiciados com o saber científico e suas tecnologias.

E ao mesmo tempo o discurso e fase de reestruturação pertinente à instalação do que se denominou por *prisonfare*, tendo em vista a ampliação da cultura punitiva, o apelo populista manejado pela mídia que prescinde de justificativa ou validade científica. É um discurso ancorado no senso comum sobre as categorias que circundam o delito e seu tratamento/punição, sendo orientados pelo desejo de segurança e assim movidos pela ânsia de controle e sensação de segurança proporcionada para uns à custa da total desestruturação e desrespeito dos grupos sociais desfavorecidos, pois estes são os riscos para a segurança.

Sendo assim, o discurso ambíguo se sedimenta em torno de lugares comuns, como pena, retributividade e endurecimento penais; e ainda, discursos vitimizados como – *o próximo pode ser você!*.

Assim, convivem dois discursos e práticas. O da intervenção do Estado agigantado que, ao menos discursivamente se propõe a angariar (menos que) mínimos sociais, o previdenciarismo penal e o correcionalismo de David Garland (2008), que no Brasil tem diversas manifestações, como por exemplo, o discurso reeducador e também o discurso do controle penal e a transformação do antagonismo em conflito criminal, transmutando seus demandantes em inimigos, o *prisonfare* de Loïc Wacquant (2007). Assim escreve David Garland (2008, p. 110):

> O Estado deveria ser um agente da reforma assim como da repressão, do cuidado assim como do controle, do bem-estar assim como da punição. A justiça criminal no emergente Estado de bem-estar não era mais – ou pelo menos não era apenas – a relação entre o Leviatã e o súdito rebelde. Em vez disto, a justiça criminal se tornou, em parte um Estado de bem-estar, ao passo que o indivíduo criminoso, especialmente o jovem, o desfavorecido ou a mulher, passou a ser objeto de necessidades assim como da atribuição de culpa, passou a ser um cliente tanto quanto um criminoso.

Apontou-se que seriam estes discursos e práticas antagônicas (ou talvez complementares) tendo em vista que atuam no Brasil conjuntamente, considerando a conjuntura político, econômica, social e jurídica; dessa maneira, entende-se mais apropriado e real a ideia de complementaridade, pois, ainda que racionalmente sejam antagônicas, sistemicamente, elas são complementares e mutuamente funcionais.

CAPÍTULO 2
O PUNITIVISMO NOS DISCURSOS PARLAMENTARES: REFORMAS PENAIS E AGIGANTAMENTO DA VIOLENCIA PENAL

A atuação parlamentar deve ser voltada às temáticas mais relevantes em pauta na sociedade, buscando dar a esta uma resposta efetiva às suas demandas. No que tange a política criminal, considerando-se o clamor popular por mais investimento na segurança pública e combate à criminalidade, espera-se dos parlamentares uma atuação voltada para a solução deste problema. Assim sendo, pode-se dizer que a coletividade anseia pela redução dos índices de criminalidade e violência urbana.

Para isto, os congressistas têm a sua disposição ferramentas capazes de atuar na referida demanda, seja pela proposta e aprovação de leis, seja pela participação em seminários, conferências, fóruns e outros eventos promovidos pelas casas legislativas. Contudo, o clamor popular por maior rigor ao tratar da criminalidade vêm moldando a atuação dos parlamentares na política criminal, tornando válido supor que a atuação do Congresso Nacional é sujeita ao populismo punitivo.

Assim, no presente momento deste trabalho visa estudar a atuação do Congresso Nacional brasileiro na política criminal no período de 2003-2015, investigando a possibilidade de existência de uma bancada organizada em prol da aprovação de leis penais pautadas no populismo penal.

Deste modo, objetiva-se, num primeiro momento, estudar a atividade legislativa enquanto meio de representação popular no regime democrático, bem como apresentar o conceito de política criminal, populismo penal e sua relação com a opinião popular. Ademais, cumpre ainda analisar as funções do direito penal e seu descompasso com a gestão populista.

Em um segundo passo, um estudo da atuação dos deputados federais e senadores nas alterações do Código Penal efetuadas nos anos de 2003 a 2015. Para isso, serão estudadas as leis propostas no referido período e posteriormente aprovadas, independentemente da data em que passaram a integrar o ordenamento jurídico brasileiro. Assim, serão analisados os autores dos projetos de lei, a qual partido político eram filiados à época, qual a alteração promovida no Código Penal e qual foi a justificativa apresentada pelo autor do projeto.

Por último, serão abordadas as leis aprovadas através dos seguintes critérios: partido de filiação do parlamentar autor do projeto, recorrência de temas, bens jurídicos tutelados e análise das leis quanto aos seus efeitos. Será investigado, ainda, o perfil do legislador que atuou nas alterações do Código Penal e quais as tendências de atuação dos deputados e senadores no período de 2003 a 2015. Por fim, será estudada a prática legislativas dos parlamentares através da ideologia da defesa social, pautadas no populismo punitivo.

Assim, o presente capítulo intenta, portanto, desvelar as intenções ocultas dos parlamentares através das justificativas apresentas aos Projetos de Leis, investigando quais diretrizes pautaram as atuações dos deputados e senadores nas alterações do Código Penal.

2.1. ATIVIDADE LEGISLATIVA ENQUANTO REPRESENTAÇÃO POPULAR NO REGIME DEMOCRÁTICO E A POLÍTICA CRIMINAL

A atividade legislativa origina-se do sistema democrático, ao passo que é de sua essência que "as decisões fundamentais para a vida da sociedade sejam tomadas pelo Poder Legislativo, instituição fundamental do regime democrático representativo" (MENDES, 2007, p. 01).

Conforme pontua Rosa Maria dos Santos Nacarini (2003, p. 01), a atividade legislativa é fruto da vontade popular, visto que exercida por parlamentares eleitos de maneira direta, e tem por objetivo a regulamentação das condutas e relações sociais, alicerçando, assim, toda a conduta estatal. Desta forma, a atividade legislativa é "produto de estudo interdisciplinar, que abrange tanto o estudo da juridicidade e constitucionalidade da inserção da futura lei no sistema jurídico, como também da necessidade, conveniência, utilidade e pertinência de regular a norma de conteúdo" (NACARINI, 2003, p. 01).

Mendes adverte, entretanto, para o caráter subsidiário da atividade legislativa:

> Embora a competência para editar normas, no tocante à matéria, quase não conheça limites (universalidade da atividade legislativa), a atividade legislativa é, e deve continuar sendo, uma atividade subsidiária.

Significa dizer que o exercício da atividade legislativa está submetido ao *princípio da necessidade*, isto é, que a promulgação de leis supérfluas ou iterativas configura abuso do poder de legislar. É que a presunção de liberdade, que lastreia o Estado de Direito democrático, pressupõe um *regime legal mínimo*, que não reduza ou restrinja, imotivada ou desnecessariamente, a liberdade de ação no âmbito social. As leis hão de ter, pois, um *fundamento objetivo*, devendo mesmo ser reconhecida a inconstitucionalidade das normas que estabelecem restrições dispensáveis (MENDES, 2007, p.3).

Desta forma, e considerando a sua evidente importância para o funcionamento e manutenção do Estado Democrático de Direito, deve-se ter em mente que a atividade legislativa, visto ser um instrumento de regulamentação de determinado corpo social, deve se ater aos aspectos mais relevantes àquela coletividade.

A política criminal, por outro lado, ainda que muitas vezes pautada pela atividade legislativa, por meio da produção de normas penais, com esta não se confunde.

Nilo Batista (2007, p. 34) pontua que política criminal refere ao conjunto de princípios e recomendações oriundos de um "processo de mudança social, dos resultados que apresentem novas ou antigas propostas do direito penal, das revelações empíricas propiciadas pelo desempenho das instituições que integram o sistema penal, dos avanços e descobertas da criminologia". Assim, estes princípios surgem para reformar ou transformar "a legislação criminal e dos órgãos encarregados de sua aplicação" (BATISTA, 2007, p. 34).

O autor pontua, ainda, que:

> Segundo a atenção se concentre em cada etapa do sistema penal, poderemos falar em política de segurança pública (ênfase na instituição policial), política judiciária (ênfase na instituição judicial) e política penitenciária (ênfase na instituição prisional), todas integrantes da política criminal (BATISTA, 2007, p. 34).

É possível entender, portanto, a política criminal como uma política pública, em que se é possível ter diversos elementos jurídicos como suportes legais. Dentre eles, cita-se a Constituição Federal, as leis complementares e ordinárias, dentre outros.

Ainda, a autora Lola Aniyar de Castro (2005, p. 89) afirmou que a política criminal seria um fenômeno oposto ao da política penal, ao passo que este último se refere apenas às sanções do direito penal. Assim, "a política criminal deveria ser apenas uma parte da política social, e a política penal, a *ultima ratio*, ao contrário do que ocorre atualmente (CASTRO, 2005, p. 89).

Sozzo (2012, p. 120) pontua que o conceito de política criminal foi concebido a partir do século XIX de maneira ligada ao Direito Penal, de modo que fazer política criminal seria, efetivamente, preparar a lei criminal. O mesmo autor recorda, entretanto, que pode haver grande divergência entre o que a lei determina e como agem os aparatos estatais (SOZZO, 2012, p. 120).

A Constituição Federal de 1988, estabelece princípios fundamentais ao Estado Democrático de Direito. Dentre eles, cita-se o princípio da dignidade da pessoa humana, intervenção mínima e fragmentariedade, personalidade e individualização da pena, humanidade, insignificância, culpabilidade e intervenção penal legalizada, conforme aponta Prado (2003). Assim sendo, tais princípios obrigatoriamente devem ter sua aplicabilidade respeitada na política criminal.

A Magna Carta vai além, estabelecendo em seu artigo 144 que a segurança pública é dever do Estado, direito e responsabilidade de todos, e será exercida para a preservação da ordem pública e da incolumidade das pessoas e do patrimônio, através da polícia federal, polícia rodoviária federal, polícia ferroviária federal, polícias civis, polícias militares e corpos de bombeiros militares.

Nestes termos, as políticas de segurança pública devem respeitar os princípios constitucionais estabelecidos, de modo que sejam consideradas políticas públicas sociais e criminais (FERREIRA, 2016, p. 34).

Azevedo aponta que a partir do ano de 1984, a política criminal brasileira se caracterizou pelo aumento das penas para crimes já existentes, pelas restrições às garantias processuais dos acusados e aumento do poder das agências de controle, de modo a se "combater" o suposto aumento da criminalidade. Ainda, pôde se observar uma maior produção legislativa, de modo que o direito penal passou a regular aspectos que antes não eram atingidos. Por outro lado, as áreas tradicionalmente reguladas pelo direito penal não sofreram um processo de descriminalização (AZEVEDO, 2016, p. 121-121).

Paralelamente a isto, houve a produção de uma política criminal alternativa, caracterizada pela tendência de informalização e simplificação do processo penal. A produção de medidas despenalizadoras teve como objetivo humanizar as penas e agilizar os processos nos casos de crimes com menor potencial ofensivo. Destaca o autor, com tudo, que o referido fenômeno não intentava a ampliação ou renúncia do Estado em punir certas condutas, mas sim procurar meios mais eficazes e econômicos de controle (AZEVEDO, 2016, p. 121-122).

Outra tendência foi a aprovação de leis direcionadas ao arranjo das organizações de repressão e segurança pública, tornando mais visível a presença destas instituições nos espaços públicos e ampliando sua dominação. Por outro lado, deu-se especial atenção à intervenção em fatores "propiciadores do crime", bem como ampliou-se os direitos de grupos específicos da população (AZEVEDO, 2016, p. 122).

Atenta-se, conduto, para o fato de que a aparente contradição entre os movimentos políticos criminais não exclui a coexistência entre as duas tendências. Desta maneira, observa-se tanto a produção de leis que buscam a ampliação de direitos como leis que reforçam o viés criminalizador a partir dos estereótipos relacionados à pobreza. Assim, "lógicas diferentes, sem serem opostas, se entrelaçam nas demandas e respostas dos parlamentares, dos movimentos sociais, da sociedade civil, às questões referentes à criminalidade e à segurança pública" (AZEVEDO, 2016, p. 123).

Segundo Azevedo:

> Em certa medida, as alternativas penais à pena de prisão foram possibilitadas pelos enfrentamentos e estratégias implicados nesses diferentes movimentos [políticos criminais diversos], inclusive aqueles relacionados à expansão do espaço de intervenção do Direito Penal e ao agravamento das penas para alguns tipos de crimes. Assim como a relação entre movimentos de promoção de alternativas penais à prisão e movimentos de expansão do Direito Penal precisa ser compreendida não só a partir da ideia de oposição/enfrentamento, mas também como conjugação/articulação, os efeitos produzidos por uma política de expansão da aplicação de alternativas penais à prisão devem ser analisados tendo em vista não só uma relação linear de causa e efeito, mas a polifuncionalidade das alternativas penais à prisão diante das lutas e contextos específicos em que se encontram inseridas (AZEVEDO, 2006, p. 123).

Desta forma, pode-se entender a política criminal brasileira a partir do ano de 1984 como uma política constituída de movimentos que, em que pese distintos, não romperam com a tendência punitivista praticada pelo Estado.

2.1.1. Populismo Punitivo e opinião popular

Ainda que se tenha como objeto de estudo os projetos de lei penal efetivamente aprovados pelos parlamentares no período de 2003 a 2015, há que se analisar as influências exercidas sobre os parlamentares na fase pré-legislativa da norma. Isto porque são elas que em parte, determinam o rumo de atuação dos parlamentares enquanto representantes populares.

Por este motivo, dar-se-á especial atenção à influência da opinião popular na elaboração das leis penais. Assim, faz-se possível estudar a possibilidade de atuação dos parlamentares com fundamento no populismo penal desde o momento anterior à aprovação dos projetos de lei até sua posterior transformação em norma.

Quanto ao tema, cumpre primeiramente destacar que:

> Rippolés (2005) afirma que a dinâmica legislativa (penal) está estruturada em três fases distintas: pré-legislativa, legislativa e pós-legislativa. A fase pré-legislativa, segundo o autor, tem início quando certa questão social é problematizada e dela se demanda respostas legislativas (é nessa fase que observamos o surgimento de uma demanda social e a sua absorção pela burocracia legislativa); a fase legislativa começa com a recepção pelas casas legislativas da proposta legal e termina com a aprovação e publicação da lei; já a fase pós legislativa se inicia com a publicação da norma e termina com os questionamentos da sociedade em geral, sobre a adequação da lei à realidade que pretende regular. A variação de uma fase para outra será percebida, portanto, pelo grau de institucionalização de seus atores. (GEBIN, 2014, p. 64).

Gazoto (2010, p. 114) pontua que a fase pré legislativa pode ter início a partir de uma opinião pública difusa, típica das representações sociais, de que existe uma disfunção social, um grave problema a ser combatido com rigor. Este sentimento comumente gera um clamor por maior repressão penal. Assim, esta necessidade de maior repressão forma a opinião pública.

Essas representações sociais são comumente espontâneas e oriundas de "trocas simbólicas intersubjetivas que ocorrem no seio da sociedade" (GAZOTO, 2010, p. 114). Esta seria, portanto, uma das influências exercidas sobre os parlamentares. É possível dizer, ante o exposto, que se determinada política criminal está se tornando mais rígida, ou, por outro lado, mais flexível, tal processo iniciou-se no contexto social na qual aquela política criminal será aplicada. Pontua o mesmo autor que tal fenômeno pode ser observado pelo uso, nos discursos parlamentares, de palavras do cotidiano e frequentemente com pouco valor jurídico, o que indica a forte influência popular sobre os legisladores.

Isto porque, conforme aponta Porto (2009, p. 2015), diversas afirmações, por força de repetição, passam a fazer parte do imaginário popular e, uma vez constituídas como verdade, informam condutas e comportamentos de atores sociais. Porto, assim, afirma que estas representações sociais se caracterizam como "noções por meio das quais os indivíduos buscam se situar no mundo".

Importante destacar, ainda, que, conforme apontado por Porto, o processo de produção de sentidos, explicação e enfrentamento do mundo na forma das representações sociais não é homogêneo, ao passo que existe uma desigualdade na potencialidade dos indivíduos em se caracterizarem como protagonistas deste fenômeno. Deste modo, a grande maioria das pessoas se constitui como mera consumidora de conteúdo, de cujo processo de produção não participaram (Porto, 2009, p. 216).

O autor Gazoto (2010, p. 118) atenta, contudo, para o fato de que as representações sociais sobre criminalização não se confundem com a opinião pública. Esta última, apesar das inúmeras conceituações, é definida por Adorno (2002, p. 49) como "um conjunto de imagens, representações, valores, ideias e ideais, frequentemente veiculado pela mídia eletrônica e impressa, através do qual determinados parâmetros de opinião vêm sendo conformados como se fossem hegemônicos, dominantes e consensuais".

Importa também pontuar que, em que pese sujeitos à influência das representações sociais, os parlamentares, ou demais detentores de poder, podem vir a manipular a opinião pública de acordo com seus interesses, haja vista a forte influência que exercem sobre o corpo social. Neste caso, se está diante daquilo que Bourdieu chama de violência simbólica (GAZOTO, 2010, p. 118).

Os símbolos, conforme apontado por Bourdieu, são os instrumentos da integração social por excelência, ao passo que, enquanto instrumentos de conhecimento e comunicação, tornam possível o "*consensus* acerca do sentido do mundo social que contribui fundamentalmente para a reprodução da ordem social" (BOURDIEU, 1989, p. 10).

> O poder simbólico como poder de construir o dado pela enunciação, de fazer ver e fazer crer, de confirmar ou de transformar a visão de mundo e, deste modo, a ação sobre o mundo, portanto o mundo; poder quase mágico que permite obter o equivalente daquilo que é obtido pela força (física ou econômica), graças ao efeito específico de mobilização, só se exerce se for reconhecido, quer dizer, ignorado como arbitrário. Isto significa que o poder simbólico não reside nos sistemas simbólicos em forma de *illocutionary force*, mas que se define numa relação determinada – e por meio desta – entre os que exercem poder e os que lhe estão sujeitos, quer dizer, isto é, na própria estrutura do campo em que se produz e reproduz a crença (BOURDIEU, 1989, p. 17).

A violência simbólica, assim, é a força "que relaciona a ideia de que existem signos no meio social que constroem a realidade e constituem, eles mesmos, parte desse mundo concreto". Assim, segundo este mesmo sociólogo, o poder simbólico consiste na capacidade de construção da realidade a partir de uma concepção homogênea (GOMES; MELO, 2013 p. 10).

Porto esclarece que a mídia tem um papel fundamental na função de "explicar o mundo" por meio da produção de significados sobre os acontecimentos na forma de representações sociais. Recorda-se, ainda, que na mídia insere-se uma luta por hegemonia, em que a disputa por produção simbólica se pauta, principalmente, na produção de "uma mercadoria grandemente perecível, ou seja a notícia" (PORTO, 2009, p. 216).

Os meios de comunicação possuem relevante papel na formação e veiculação da opinião pública, ao passo que se caracterizam pela rapidez e eficiência de conferir a determinados parâmetros de opinião o caráter de hegemonia. Gomes (2009) aponta que:

> A comunicação de massas, sendo um processo unilateral (há um emissor ativo e um telespectador passivo, chamado de homo videns), sabe fazer uso da incitação subliminar, da banalização da violência, da transformação de um fato superficial em acontecimento mundial. A mídia cumpre um papel não só de mediação como, sobretudo, de conformação da realidade (Berger e Luckmann), isto é, de "conformação ideológica da realidade". Entrega o "produto" da maneira que quiser, fazendo uso e abuso das imagens (mídia iconográfica), que são recebidas sem nenhum senso crítico por um telespectador atrofiado culturalmente, sem nenhuma capacidade de abstração e de crítica (GOMES, 2009).

Levando em conta, neste sentido, que o delito passa a ser vendido como um produto, um mecanismo muito utilizado pelos veículos de comunicação é a seletividade dos crimes que serão vinculados, de acordo com o que lhes trará mais público. Tem-se demonstrado, neste aspecto, a tendenciosidade e parcialidade dos meios de comunicação (GOMES; MELO, 2013, p. 72).

Porto (2009, p. 218) destaca que, pelo o forte uso do fenômeno da violência por parte da mídia como modo de produção de caos por meio do deslocamento do imaginário social, importa definir o que é violência. Esta tarefa apresenta, contudo, dificuldades em razão dos componentes objetivos e subjetivos deste fenômeno. Segue a autora:

> Sob essa perspectiva, será parcial a abordagem de violência que se ativer aos chamados "dados objetivos" sem incorporar, além dos fatos e das estatísticas, a subjetividade das representações sociais, orientadoras de conduta. Além disso, como enfatiza Michaud (1989), o que cada sociedade nomeia como violência varia no tempo e no espaço, segundo distintas representações. Sob a dimensão teórica, ressaltar o aspecto relativo do fenômeno não é sinônimo de assumir um relativismo puro, a partir do

qual tudo se equivale e cuja exacerbação leva ao irracionalismo, que inviabiliza a atividade científica. Pensando do ponto de vista empírico, as especificidades culturais apontam ao olhar sociológico a relatividade dos valores, implicando, necessariamente, distintas representações da violência (PORTO, 2009, p. 218).

A autora Rosa Del Olmo esclarece que foi criado um mito sobre a violência, em que predomina a falta de clareza conceitual e, notadamente, a despolitização total do tema. Para ela, a violência é um fenômeno principalmente político, e é curioso que a opinião pública em geral discrimine os tipos de violência institucional e estrutural em detrimento da violência interpessoal e revolucionária, ao ponto de somente considerarem ilegítimas estas últimas (LEAL; MELLO, p. 186-187, 2016)

Como sugestão, Porto propõe como definição, portanto, que se considere a integridade, física e moral da pessoa e que, toda vez que tal integridade fosse atingida, pode-se dizer que se trata de um ato violento (PORTO, 2009, p. 218).

A mesma autora afirma que no contexto das representações do caráter "endêmico" da violência, gera-se um clamor por um conjunto de medidas estatais que diminuam este fenômeno, assim chamadas de segurança. Este clamor encontra na mídia um significativo meio de expressão. Assim, o Estado, como forma de resposta as reivindicações, apresenta planos emergenciais, que vão desde ao aumento de repasse de recursos financeiros até a proposição de novas e mais rigorosas leis, por meio de um Estado punitivo (Porto, 2009, p. 219-220).

Conforme esclarece Campos (2013, p. 53) é justamente no contexto expansionista da repressão produzido pela espetacularização da criminalidade e da violência que o populismo penal se insere. As práticas populistas, deste modo, tornam-se armas políticas utilizadas no ganho de visibilidade eleitoral, vistas de modo positivo por uma sociedade amedrontada (2013, p. 56). Assim sendo, pode-se afirmar que o populismo penal está profundamente relacionado com o populismo midiático.

Máximo Sozzo (2012, p. 53) aponta que um dos problemas em se definir o populismo penal reside justamente no fato de que tal conceito abarca a definição de populismo, muito debatido na vida social e política do século XX em diante. Neste sentido, relembra-se a definição trazida por Bobbio (1998, p. 990) de que populistas são as "políticas cuja fonte principal de inspiração e termo constante de referência é o povo, considerado como agregado social homogêneo e como exclusivo depositário de valores positivos, específicos e permanentes".

Segundo Sozzo (2012, p. 118), nas discussões acerca do populismo nos países de língua inglesa, argumenta-se que um importante elemento para a compreensão do populismo punitivo é a desconstrução dos modos de pensar e agir previamente estabelecidos, de modo que o populismo punitivo reivindique o que as pessoas sentem, pensam e querem sobre a criminalidade e punição. E ainda:

> El giro populista lo que hace es destronar esas maneras de pensar (las establecidas), reivindicar otras justificaciones para el castigo legal, que no son el ideal rehabilitador y socializador. Por tanto, se ve un juego en donde lo que la gente quiere, demanda, y piensa es interpretado como algo que va en contradicción a lo que el establishment ha venido sosteniendo hasta ese momento. Pero además, en cierto sentido lo populista del populismo penal, no es solamente el elemento de reivindicar como legitimación de lo que se propone de las medidas e iniciativas que se planteen esa apelación a la gente y a su sentimientos, pensamientos, demandas; sino también que todo aquello es antagónico o contradictorio con un modo establecido de pensar y actuar (SOZZO, 2012, p. 118).

Sozzo pontua, ademais, que outra faceta importante do populismo penal é a oposição entres os especialistas e o povo. O autor discorre que nos países em que houveram democracias liberais consolidadas, a tomada de decisões acerca do que fazer quanto ao controle dos delitos teve como grande protagonista no processo de institucionalização do campo do Direito, em certo momento, os especialistas na área da criminologia, das Ciências Sociais e, por vezes, os operadores da justiça penal (SOZZO, 2012, p. 118).

Contudo, a voz destes especialistas contrasta com a voz do povo, com o que este sente, pensa e quer, de modo que se vê diminuída em grande medida a capacidade destes de influenciar a tomada de decisões das autoridades estatais. Assim, é justamente no contexto do populismo que as autoridades preferenciam as reinvindicações populares, ao passo que muitos "políticos profissionais" obtêm vantagens na competição eleitoral por meio da politização da questão do delito (SOZZO, 2012, p. 118-119).

Contextualizando o populismo penal na América Latina, Sozzo aponta que as interpretações que tem se dado para este conceito têm enfatizado o aumento do punitivismo, a busca deliberada pelo aumento das penas e o papel do "político profissional" como alguém que busca construir consenso e legitimidade utilizando o punitivismo como moeda de troca no mercado político. Em que pese estes sejam elementos significativos da noção do populismo punitivo, não contemplam todas as dimensões do fenômeno, razão pela qual importa investigar de qual maneira esta estratégia é operada nos diferentes países da América Latina, nos atores que participam de sua construção e as formas de participação (SOZZO, 2012, p. 119).

Sozzo destaca que os meios de comunicação possuem uma forte atuação no sentido de proclamar a necessidade de aumento do punitivismo e da severidade do sistema penal, o que pode ser transformado em iniciativas, geralmente através da produção legal, por parte das autoridades estatais. Neste sentido, o autor afirma que, ainda que se considere que a política criminal trata de elaborar o direito penal, há que se considerar que há demasiada distância entre o que diz a lei e o que fazem os aparatos estatais encarregados de aplicar a lei (SOZZO, 2012, p. 120).

> Tenemos muchos ejemplos de medidas penales que incrementan la punitividad en los libros, pero que no se traducen en los hechos. Un ejemplo que es muy característico en muchos países de América Latina en los últimos 15 o 20 años, son las reformas legales que han incrementado la penalidad para los delitos vinculados a la corrupción como es el caso de Argentina o Brasil. Por lo general, luego de grandes escándalos de corrupción, una de las respuestas de los actores políticos, ha sido promover la reforma de las leyes penales para introducir un tratamiento más severo en este tipo de acto delictivo (SOZZO, 2012, p. 120).

Importa observar, contudo, que, em que pese os aumentos das penas dos referidos crimes, este tratamento severo não se verifica na prática, ao passo que poucos processos penais por corrupção são iniciados e menos ainda efetivamente resultam em condenação. O contraste é evidente quando se compara com as reformas ocorridas a partir do ano 2000, que vêm aumentando as possibilidades de cabimento da prisão preventiva para determinados casos. Assim, o populismo penal não deve ser analisado tão somente enquanto tendência, mas também como forma de investigação de seus efeitos e funcionamento do sistema penal (SOZZO, 2012, p. 120).

John Pratt, por sua vez, destaca que, em que pese o termo "populismo penal" seja muitas vezes empregado para caracterizar políticas criminais populares com o público em geral, a referida questão é muito mais complexa que este entendimento. O populismo penal representa uma grande mudança na configuração do poder da sociedade moderna, e não apenas uma estratégia a disposição dos políticos. Na visão do autor, o populismo penal alimenta-se de expressões de raiva, desencantamento e desilusão com a justiça. Assim sendo, o populismo penal assume a forma de sentimentos e intuições (PRATT, 2007, p. 8-12).

Pratt e Miao destacam que importa ressaltar a diferença entre o populismo autoritário, punitivismo populista e populismo penal. O primeiro é considerado a imposição de um regime de disciplina social e liderança sobre uma sociedade tida como fora do controle. O segundo, por sua vez, refere-se ao aproveitamento, por parte dos políticos, da postura punitivista do povo frente a um crime para obter vantagem eleitoral. Assim, esta classe estaria no controle dos acontecimentos ao invés de simplesmente responder às demandas de ativistas da lei e da ordem. Já o populismo penal aborda especificamente a influência dos indivíduos, grupos e organizações no desenvolvimento penal contemporâneo (PRATT; MIAO, 2007, p. 46).

Os autores apontam que o populismo penal surgiu das tensões e dinâmicas criadas pela reorganização da sociedade neoliberal a partir da década de 80, e possui cinco causas básicas.

A primeira delas é a diminuição das diferenças sociais, o que ajuda a explicar o desencanto com as estruturas de poder do sistema. Isto porque as opiniões das elites, antes respeitadas, não só passaram a ser questionadas como agora podem causar indignação. A partir de então, não só os que pertenciam ao governo teriam o direito exclusivo de pronunciar suas opiniões, mas também aqueles fora deste círculo.

Em segundo lugar, tem-se a diminuição da confiança nos políticos e nos processos democráticos existentes, ante o ceticismo dos eleitores nas promessas não materializadas dos políticos. Também, o aumento da insegurança e ansiedade global, sentimento oriundo da reorganização das estruturas, levando o mundo moderno a se tornar um lugar muito arriscado e ameaçador, com o desaparecimento de símbolos antigos de segurança e estabilidade.

Ainda, a influência dos meios de comunicação, a partir da noção de que o declínio da vida comunitária orgânica fez com que as pessoas confiassem muito mais nos veículos de comunicação do que em seu círculo social para se informar sobre o mundo; e, finalmente, a importância simbólica das vítimas dos crimes, em um contexto que as notícias dos delitos seu uma ênfase muito maior aos depoimentos das vítimas do que à análise independente e objetiva dos especialistas, o que levou a uma demanda por castigos mais duros como forma de reflexão à ira pública (PRATT, MIAO, 2017, pp. 47-52).

Por fim, pontua-se que o populismo penal pode influenciar os parlamentares de duas distintas maneiras. A primeira, através da qual o parlamento pode estar de fato envolvido na mentalidade punitiva, havendo, então, uma homogeneidade de pensamento entre a população e seus políticos. De outro modo, há a possibilidade dos parlamentares de aproveitarem do clamor público por mais rigor ao tratar da criminalidade a fim de angariar votos ou, ainda, prestígio. Assim, a lei penal é usada como meio de domínio indireto (GAZOTO, 2010, p. 69).

2.1.2 Funções do direito penal e seu descompasso com a gestão populista

O Estado é detentor exclusivo do *ius puniendi*, ou seja, detém o poder de punir condutas consideradas criminosas, excluindo das partes envolvidas o poder de solução autônoma deste conflito (IFANGER; POGGETTO, 2016, p. 262). Com a Modernidade, a intervenção do Estado na vida dos particulares passou a necessitar de justificativa para ser legítima, não podendo mais estar ao dispor do governante. Foi a partir disso que surgem as mais diversas teorias para justificar o direito de punir (GAZOTO, 2010, p. 23).

No campo da sociologia criminal, o foco dos estudos centrou-se na etiologia do crime e as causas sociais da sua ocorrência. Na ciência jurídica, por outro lado, o foco foram as teorias de justificação da punição, por meio das teorias da pena. Assim, pode-se falar em causas da prática criminal, justificativas, funções e princípios da sanção criminal (GAZOTO, 2010, pp. 23-24).

Na análise das funções e princípios da pena, a divisão clássica consiste nas teorias retribucionistas e prevencionistas. A primeira atribui à pena função de resposta impositiva e necessária à prática criminal. Para a teoria retribucionista, uma pena justa não pode ser utilizada para se alcançar determinado fim, visto que não seria justo utilizar o homem como meio para tal. Assim, a pena não deve ser utilizada como um recurso político utilitário (GAZOTO, 2010, p. 24).

A teoria prevencionista, por sua vez, vincula a pena à prevenção de novos delitos. Assim, a pena exerce sua função sobre quem já praticou o delito, por meio de prevenção individual, e sobre aqueles que possam incidir na prática criminal, por meio da prevenção geral (GAZOTO, 2010, p. 24).

Segue o autor:

> Mas as teorias da prevenção geral encontram, ainda, mais uma subdivisão: fala-se em função da prevenção geral negativa da pena, que se refere ao temor infundido nos criminosos em potencial; e na função da prevenção geral positiva da pena, consistente no reforço das instituições

penais e de sua capacidade operativa, que Roxin, ainda que discordando da sua legitimidade, dividiu em três fins distintos: 1) aprendizagem, por motivações sociopedagógicas; 2) exercício de confiança no direito; 3) pacificação social, em razão da resposta que o Estado dá ao crime (prevenção integradora) (GAZOTO, 2010, p. 35).

Por outro lado, a teoria da prevenção especial aponta que a finalidade que justifica a existência da pena é a sua capacidade de produzir seus efeitos da pessoa do condenado. Foi com base nesta teoria que a influência do método científico repercutiu no direito penal, a partir da segunda metade do século XIX na Europa. Com esta influência positivista, abandonou-se a ideia de que os indivíduos são iguais e a pena deve ser a mesma para todos (GAZOTO, 2010, p. 38).

Assim, para Ferri, a escola positivista consiste no estudo do delito, primeiramente, em sua gênese natural, e depois em seus efeitos jurídicos, adaptando juridicamente seus remédios às várias causas que o produzem, tornando-os mais eficazes. Ainda, a Escola Criminal Positiva consiste numa mudança radical do método científico de estudo da patologia social criminal e do que há de mais eficaz nos "remédios sociais e jurídicos" (MANZANERA, 1981, p. 239).

Manzanera sintetiza os postulados fundamentais da Escola Positiva, sendo eles: a base filosófica em Comte e a científica em Darwin, sendo, assim, caracterizada especialmente pelo método científico; a negação do princípio da legalidade por parte de alguns positivistas extremistas, chegando ao ponto de pedirem o desaparecimento dos códigos e a substituição por antropólogos e médicos; para o positivismo, o delito é um fato da natureza e deste modo deve ser estudado; o livre arbítrio não existe, e o que leva o homem a delinquir é uma série de circunstâncias físicas e sociais (determinismo); a responsabilidade moral é substituída por uma responsabilidade social; se não há responsabilidade moral, nada deve ser excluído da apreciação do Direito e o Estado tem a obrigação de se defender do sujeito criminoso; o conceito de "pena" é substituído pelo de "sanção" para educar e adaptar o criminoso; a sanção deve ser proporcional a periculosidade do agente; as sanções não têm como objetivo fazer o agente sofrer, e devem durar enquanto presente a periculosidade; a missão da lei penal é combater a criminalidade; o direito de impor sanções pertence ao Estado, e a defesa social não é sinônimo de vingança; as providências para fins de prevenção indireta são mais importante que as penas; alguns criminosos, por suas anomalias orgânicas e psíquicas, constituem uma variedade da espécie humana; a legislação penal deve ser baseada em estudos antropológicos e sociológicos; e, por fim, o método de estudo é indutivo-experimental (MANZANERA, 1981, pp. 241-244).

Como resposta ao positivismo, surgiram teorias mistas que combinaram os princípios das teorias retribucionistas e preventivas, justificando a pena por sua função tanto de reprimir como de prevenir delitos. Assim, buscou-se conciliar os critérios de justiça e utilidade da pena. Ante a impossibilidade de coincidir ambas finalidades, estas teorias valorizaram a função manifesta da pena, aceitando a outra como latente (GAZOTO, 2010, pp. 45-46).

Há, ainda, outros autores que se preocuparam em estudar o direito penal como possível instrumento de dominação. Foucault, em sua obra Vigiar e Punir, aponta que a substituição do suplício como forma de castigo para outras formas mais "humanas" advém da nova relação do Estado para com o homem criminoso, visto que a partir do século XIX, este se torna o alvo da intervenção penal e o objeto que ela pretende corrigir e transformar. Desta maneira, o homem passa a ser o limite o direito, "a fronteira legítima do poder de punir" (FOUCAULT, 2013, p. 72).

Contextualizando as reformas no modo de punir, Foucault afirma que desde o final do século XVII observou-se uma diminuição considerável dos crimes contra a vida, prevalecendo assim os delitos contra a propriedade. Os agentes destes delitos eram, no século XVII, homens mal alimentados, "criminosos de verão". No século XVIII, eram os velhacos e espertos, uma "criminalidade de marginais" marcada pela dissociação das grandes quadrilhas (FOUCAULT, 2013, p. 75). Para o autor:

> Na verdade, a passagem de uma criminalidade de sangue para uma criminalidade de fraude faz parte de todo um mecanismo complexo, onde figuram o desenvolvimento da produção, o aumento das riquezas, uma valorização jurídica e moral maior das relações de propriedade, métodos de vigilância mais rigorosos, um policiamento mais estreito da população, técnicas mais bem ajustadas de descoberta, de captura, de informação: o descolamento das práticas ilegais é correlato de uma extensão e de um refinamento das práticas punitivas (FOUCAULT, 2013, p. 75).

Assim, o processo supramencionado pode ser compreendido como uma adaptação dos instrumentos para vigia do comportamento, identidade e gestos das pessoas, por meio de uma vigilância penal mais atenta ao corpo social. O aumento, então, da intolerância aos delitos econômicos gera maior rigidez no controle, bem como se antecipam as intervenções penais e se tornam mais numerosas (FOUCAULT, 2013, p. 76).

Para o autor, desta forma, a reforma dos castigos na forma de suplício para métodos ditos mais "humanos" não tem como princípio o estabelecimento de fundar um direito de punir mais equitativo, mas sim assegurar uma melhor distribuição do poder de castigar, de modo que seja exercido de maneira contínua "até o mais fino grão do corpo social". Assim sendo, esta reforma caracterizou-se como uma estratégia para tornar o direito de punir mais eficaz, mais constante e detalhado, por meio da diminuição do seu custo econômico e político (FOUCAULT, 2013, p. 78).

Conforme já pontuado, e como relembra o autor Azevedo, o remédio penal é utilizado como resposta para a grande parte dos problemas sociais, convertendo-se em resposta simbólica frente as demandas populares por mais segurança pública. Assim, o direito penal exerce uma função de recurso de gestão de condutas, e não de instrumento de proteção dos bens jurídicos, conforme se declara (AZEVEDO, 2003, p. 19).

A Criminologia Crítica aponta que o poder de atribuir o *status* de criminoso é detido por um grupo específico de pessoas, ao passo que a criminalização depende da condição social de que provém determinado indivíduo. Assim, ao contrário do que sustentava a escola positivista, não é a situação familiar que produz um indivíduo com maior motivação para a prática criminosa, mas sim que uma pessoa que vem de determinadas situações sociais tem, através de seu comportamento, uma maior chance de ser etiquetado enquanto criminoso (ANDRADE, 1997, p. 277).

Baratta trabalha a ideia de que o discurso racionalizador/garantidor da dogmática jurídico-penal encontra-se inserido em uma visão globalizante do crime, denominada de "ideologia da defesa social" (ANDRADE, 1997, p. 135). Isto porque esta filosofia, além de fazer parte dos debates entre as escolas clássica e positivista, passou a fazer parte também da filosofia do "homem de rua", por meio das chamadas *every day theories* (BARATTA, 2002, p. 42).

Para o autor, o conteúdo desta ideologia é representado por uma série de princípios, quais sejam: o princípio da legitimidade, por meio do qual o Estado está legitimado a reprimir a criminalidade e os responsáveis por esta; princípio do bem e do mal, determinando que o delinquente é um elemento negativo e disfuncional do corpo social; princípio da culpabilidade, apontando que o delito é uma expressão de uma atitude interior reprovável; princípio da prevenção, apontando que a pena não só pune, mas previne novos crimes; princípio da igualdade, versando que a lei penal é aplicada de igual modo a todos, e princípio do interesse social e delito natural, segundo o qual os interesses protegidos pelo direito penal são comuns a todos os cidadãos (BARATTA, 2002, pp. 42-43).

O autor sintetiza três proposições que negam a igualdade do Direito Penal. Segundo ele, o direito penal não defende todos, e sim somente alguns bens jurídicos essenciais nos quais todos os cidadãos estão igualmente interessados, mas que, quando ofendidos, são castigados de maneira desigual. Em segundo lugar, a lei penal não é igualmente aplicada a todos, havendo diferença na distribuição do *status* criminal; e, por fim, o grau de tutela e distribuição do *status* criminal não são as principais variáveis da reação criminalizadora, e independem da danosidade social das infrações à lei. Assim sendo, o direito penal se caracteriza pela contradição entre igualdade formal dos sujeitos de direito e desigualdade substancial entre os indivíduos, principalmente quanto às chances de serem definidos como criminosos (ANDRADE, 1997, p, 282).

Afirma Baratta (2002, p. 165) que:

> No que se refere à seleção dos bens protegidos e dos comportamentos lesivos, o "caráter fragmentário" do direito penal perde a ingênua justificação baseada sobre a natureza das coisas ou sobre a idoneidade técnica de certas matérias, e não de outras para ser objeto de controle penal. Estas justificações são uma ideologia que cobre o fato de que o direito penal tende a privilegiar os interesses de classes dominantes, e a imunizar do processo de criminalização comportamentos socialmente danosos típicos de indivíduos a elas pertencentes, ligados funcionalmente à existência de acumulação capitalista, e tende a dirigir o processo de criminalização, principalmente, para formas de desvio típicas das classes subalternas.

Vera Regina Pereira de Andrade aponta que não só as normas penais são criadas e aplicadas seletivamente e a distribuição desigual do *status* de criminoso obedece a distribuição desigual de poder, como também o sistema penal exerce uma função de reproduzir e conservar as relações sociais de desigualdade. Deste modo, o sistema penal e o direito operam o sistema de legitimação dessas relações sociais (ANDRADE, 1997, p, 283).

O primeiro momento superestrutural essencial para a manutenção da escala vertical da sociedade é a aplicação seletiva das normas penais estigmatizantes e, sobretudo, o cárcere. Ainda, uma das funções simbólicas da pena é a punição de certos comportamentos ilegais de modo que se cubra a existência de comportamentos ilegais imunes ao processo de criminalização. Assim sendo, o resultado colateral do direito penal é a cobertura ideológica da seletividade (BARATTA, 2002, p. 166).

O autor pontua ainda que o cárcere produz um setor de marginalização social qualificado para a intervenção marginalizante do sistema punitivo do Estado, retirados dos setores mais fragilizados da sociedade. "O cárcere representa, em suma, a ponta do *iceberg* que é o sistema penal burguês, o momento culminante de um processo de seleção que começa ainda antes da intervenção do sistema penal, com a discriminação social e escolar, com a intervenção dos institutos de controle e desvio de menores, da assistência social etc.". Representa, assim, a consolidação de uma carreira criminosa (BARATTA, 2002, p. 167).

Desta maneira, a pretensão de que a pena possa cumprir uma função instrumental de controle e redução da criminalidade revela-se como não verificada e nem verificável, ao passo que a função de proteção de bens jurídicos universais atribuída ao direito penal revela-se seletiva (ANDRADE, 1997, p. 291). Demonstrado, pois, que a intervenção do Estado enquanto sistema penal produz efeitos contrários à redução da criminalidade.

A mesma autora assinala que, ainda que seja possível constatar o fracasso das funções declaradas da pena, pode-se observar um sucesso correlato, qual seja, "o das funções reais da prisão que, opostas às declaradas, explicam sua sobrevivência e permitem compreender o insucesso que acompanha todas as tentativas reformistas de fazer o sistema carcerário um sistema de reinserção social" (ANDRADE, 1997, p. 291-292).

Assim sendo, o que se constatou foi que a função do sistema penal é sobretudo simbólica e legitimadora, tendo este se tornado o ponto central de discussão sobre os sistemas penais e políticas criminais. Portanto, trata-se de uma oposição entre o manifesto e o latente, "entre o verdadeiramente desejado e o diversamente acontecido". Atenta-se, contudo, para o fato de que dizer que o sistema penal tem função simbólica não significa dizer que não produza efeitos e cumpra funções reais, mas sim que as latentes predominam sobre as declaradas (ANDRADE, 1997, p. 292).

É neste contexto que se aponta que o controle penal é caracterizado por uma eficácia instrumental invertida, sendo que a eficácia simbólica confere sustentação, ele cumpre outras funções reais diversas e, muitas vezes, inversas às socialmente declaradas em seu discurso oficial, reproduzindo as relações desiguais de poder (ANDRADE, 2003, p. 132).

As teorias que explicam o direito penal como um instrumento de dominação por parte dos governantes podem servir de explicação para práticas autoritárias no que tange a execução da política criminal (GAZOTO, 2010, p. 85). Conforme já destacado, uma opinião pública difusa de que existe um grave problema social, exigindo assim um maior rigor no seu tratamento, pode ter forte influência na fase pré-legislativa da norma. Estas representações sociais exercem, portanto, forte influência sobre os parlamentares. Estes, por sua vez, eleitos pelo sufrágio universal, igualitário, livre e secreto, representam o povo no governo por meio da relação entre eleitores e os eleitos em um sistema democrático, o que lhes confere, supostamente, legitimidade para agir em nome da população.

Ocorre que estes mesmos parlamentares, haja vista serem detentores de poder, exercem também forte influência sobre a população, tendo como principal instrumento, muitas vezes, à sua disposição, a mídia. Esta exerce, portanto, por meio da construção de uma realidade homogênea, uma violência simbólica sobre àqueles que se configuram como meros receptores da informação veiculada.

Considerando a velocidade com que podem conferir a certas opiniões a característica de hegemonia, a mídia utilizada a seu favor o grande interesse da população na temática da criminalidade, principalmente quando se trata de delitos violentos, haja vista seu forte interesse da venda da notícia como produto. Neste contexto, a construção de uma realidade em que a violência é "endêmica" gera maior clamor por uma resposta do Estado.

Com isso, a resposta imediata dos governantes comumente se baseia no fortalecimento do Estado punitivo, de modo que o populismo penal de insere em primeiro plano como uma arma na estratégia política para ganho de visibilidade e votos. O clamor popular acaba sendo, portanto, a nova justificativa de punição. É no contexto do populismo penal, portanto, que a voz do *expert*, que ganhou força desde a popularização da escola positivista, passa a perder força.

O populismo penal, ademais, pode ter duas facetas distintas: em primeiro lugar, a possibilidade de haver uma conformidade com a opinião popular e a dos parlamentares, sendo esta a mentalidade punitiva. Por outro lado, o aumento da força do Estado punitivo pode ser usado como estratégia política para ganho de visibilidade, o que explica os esforços em construir uma ideia de homogeneidade no clamor por maior punição através da mídia.

Ocorre que uma vez que o Estado é detentor exclusivo do direito de punir, a solução dos conflitos sociais e, portanto, da criminalidade, é colocada como de sua responsabilidade. Considerando que as partes envolvidas nos conflitos não tem o poder de agir conforme lhes convém, esta intervenção do Estado passou a necessitar de justificativas que a legitimassem. Dentre as principais teorias, então, conforme já destacado, tem-se a retribucionista e prevencionista. Alguns autores, ainda, estudaram o sistema penal como um sistema de dominação, apontando até que sua reforma de "humanização" atendeu a função de dar mais eficiência ao controle do corpo social por parte do Estado.

Foi à partir da Criminologia Crítica que se negou a igualdade do sistema penal, por meio da demonstração de que há forte seletividade dos indivíduos que recebem o status de criminoso, contrariando, ademais, os postulados positivistas. Isto porque passou-se a analisar como o indivíduo submetido à condições sociais mais vulneráveis como uma pessoa com maior chance de ser atribuído a etiqueta de criminoso, e não como alguém determinado a ter um comportamento desviante.

Com isso, não se nega que o sistema penal de fato cumpra sua função. O que se passou a perceber é que as práticas autoritárias, estas, conforme já contextualizado, muitas vezes decorrentes do fenômeno do populismo penal, atendem a uma função oculta do sistema. Assim, ainda que se verifique uma falha na função declarada do sistema penal, qual seja, a redução da criminalidade, este cumpre o papel de legitimar as relações desiguais de poder.

2.2. A ATIVIDADE LEGISLATIVA NO CONGRESSO NACIONAL NOS ANOS DE 2003 A 2015

Passa-se ao estudo da atuação dos deputados federais e senadores nas alterações do Código Penal efetuadas nos anos de 2003 a 2015. Para isso, serão estudadas as leis propostas no referido período e posteriormente aprovadas, independentemente da data em que passaram a integrar o ordenamento jurídico brasileiro.

Importa verificar, neste primeiro momento, quem foram os autores dos projetos de lei, a qual partido político era filiado à época, qual a alteração promovida no Código Penal e qual foi a justificativa apresentada pelo autor do projeto.

2.2.1. As alterações no Código Penal propostas pela Câmara dos Deputados

Lei nº 10.886/2004

A referida lei data de 17 de julho de 2004 e foi proposta pela deputada federal Iara Bernardi, do PT/SP, no Projeto de Lei nº 3/2003. Esta norma alterou o artigo 129, do Código Penal, criando o tipo especial denominado "violência doméstica".

Como justifica à apresentação do projeto, a deputada menciona o drama da violência física, emocional e sexual ainda vivido por milhares de mulheres brasileiras, bem como a cumplicidade da sociedade para com esta situação. Assim, a deputada aponta que a aprovação desta lei se configuraria como um objeto de ação governamental para tratar desta problemática como uma questão pública, devendo ser "punida com o rigor da nossa legislação Penal" (BRASIL, 2003).

A proposta da autora, assim sendo, foi de alterar o Código Penal para qualificar a lesão corporal leve prevista, criando o tipo especial da "violência doméstica", bem como alterar o artigo 324 do Código de Processo Penal para tornar inafiançável a lesão corporal leve e a grave quando o crime for cometido por agressor doméstico (BRASIL, 2003).

A deputada encerra a justificativa ao projeto de lei afirmando que:

> Ao apresentar tal proposição, esperamos contar com o apoio dos nobres pares, para atender ao desejo e reclamo de milhares de mulheres agredidas e oprimidas neste país e para colocar o Brasil entre os países cuja legislação protegem as mulheres dessa condenável, absurda e covarde forma de violência, como recomendou a Convenção Interamericana para Prevenir, Punir e Erradicar a Violência contra a Mulher – a Convenção de Belém do Pará – ratificada pelo Brasil em novembro de 1995 (BRASIL, 2003).

O projeto foi aprovado com a redação final dada pelo relator, deputado Antônio Carlos Biscaia (PT-RJ).

Lei n° 11.106/2005

Esta lei data de 28 de março de 2005 e altera os artigos 148, 215, 216, 226, 227 e 231 do Código Penal, bem como acrescenta o artigo 231-A ao referido dispositivo legal. Esta norma é oriunda do Projeto de Lei 117/2003, de autoria da deputada Iara Bernardi, do PT/SP.

O projeto de lei apresentado visou à supressão do termo "mulher honesta" do artigo 216 do CP e "mulher" do artigo 231 do mesmo Código como únicas vítimas destes delitos, bem como tipificou o crime de "tráfico sexual". Ademais, o projeto buscou penalizar o agente pela prática de sequestro e cárcere privado quando a vítima é companheiro ou maior de 60 (sessenta anos) ou menor de 18 (dezoito) anos, e se o crime é praticado com fins libidinosos, tipificando os crimes de atentado ao pudor, tráfico internacional de pessoas e tráfico interno de pessoas (BRASIL, 2003).

Como justificativa, explanou a deputada:

> Este momento, marcado pelas expectativas de mudança e pelas inovações introduzidas pelo novo Código Civil, é propício para que se reivindique a imediata reformulação do Código Penal de 1940, com sua parte geral modificada em 1984. A peça contempla anacronismos, estereótipos, preconceitos, discriminação, logo, inconstitucionalidades em relação às mulheres. Exemplos são os dispositivos que aludem à mulher honesta como sujeito passivo dos crimes de "posse sexual mediante fraude" e "atentado ao pudor mediante fraude", crimes previstos no título referente aos "crimes contra os costumes", não contra a pessoa (BRASIL, 2003).

O projeto de lei foi aprovado, com a redação final proposta pelo deputado Antônio Carlos Biscaia (PT-RJ).

Lei nº 12.012/2009

Este projeto de lei foi proposto pelo deputado Alberto Fraga, do PFL/DF, sob o número 7024/2006, e tipifica como crime o ingresso de aparelho de comunicação no interior de estabelecimento penitenciário ou similar, incluindo o telefone celular.

Na exposição de motivos do projeto de lei, o deputado aponta o grande número de notícias acerca da existência de telefones celulares e radiocomunicadores em posse de condenados do sistema penitenciário, mesmo com os bloqueadores de ondas de rádio nos estabelecimentos prisionais. Afirma o parlamentar que estes aparelhos "utilizados por membros de quadrilhas para dirigir o cometimento de crimes extramuros, ameaçar pessoas ou mesmo para a prática de crimes de forma direta, por meio de extorsões, uma vez que criminosos telefonam para as pessoas, de forma aleatória, e fazem ameaças, simulam sequestros e exigem compensação financeira" (BRASIL, 2006).

O deputado menciona ainda o forte estado de terror das vítimas perante tais crimes, bem como afirma que a impunidade de tais delitos se deve, muitas vezes, às dificuldades técnicas de identificação dos agentes, impedindo o flagrante de delito e, deste modo, a punição. Por fim, encerra o deputado afirmando que a intenção do projeto de lei é impedir criminosos se valham da lacuna legal para o cometimento de crimes (BRASIL, 2006).

O projeto foi aprovado com a redação final assinada pelo relator, deputado Paulo Teixeira (PT-SP).

Lei nº 12.234/2010

Esta lei é oriunda do PL 1383/2003, proposta pelo deputado Antônio Carlos Biscaia, do PT/RJ, e altera os artigos 109 e 110 do Código Penal, revogando a prescrição retroativa e determinando a contagem da prescrição somente a partir do recebimento da denúncia ou da queixa de um crime.

Como justificativa à apresentação do projeto, o autor aponta que o instituto da prescrição retroativa vem sendo utilizada como instrumento de impunidade, em especial nos crimes praticados por "mentes preparadas", causando grande prejuízo ao erário e à economia particular. Segue o deputado afirmando que os crimes como peculato e estelionato demandam grande trabalho dos órgãos estatais, de modo que a prescrição retroativa é alcançada geralmente no período de investigação extraprocessual (BRASIL, 2003). Segue o deputado:

Pior, os grandes ataques ao patrimônio público, como temos visto ultimamente, dificilmente são apurados na gestão do mandatário envolvido, mas quase sempre acabam descortinados por seus sucessores. Assim, nesse tipo de crime específico, quando apurada a ocorrência de desfalque do erário, até quatro anos já se passaram, quando, então, tem início uma intrincada investigação tendente a identificar os protagonistas do ilícito penal, o que pode consumir mais alguns anos, conforme a experiência tem demonstrado (BRASIL, 2003).

Para o deputado, portanto, a prescrição retroativa é potencial geradora da corrupção. Ademais, as diminutas penas para tais crimes, bem como a possibilidade de recurso até os tribunais superiores, e ainda o entendimento de que decisões confirmatórias da condenação não interrompem o curso do prazo prescricional, tornariam tais delitos não sujeitos a qualquer punição, ofendendo o "espírito da lei penal" (BRASIL, 2003).

O projeto de lei foi sancionado pela Presidente da República em 5 de maio de 2010, e contou com alterações que acabaram por não dar fim ao instituto da prescrição retroativa por completo.

Lei nº 12.720/2012

A lei nº 12.720 de 2012 foi proposta pelo deputado Luiz Couto, do PT/PB, por meio do PL 370/2007. Esta lei tipifica o crime de extermínio e penaliza a constituição de grupo de extermínio, milícia privada ou esquadrão e a oferta ilegal de serviço de segurança pública ou patrimonial.

Como justificativa ao Projeto de Lei, o deputado aponta dois instrumentos legais que versam sobre direitos humanos e suas violações, quais sejam, a Convenção Americana sobre Direitos Humanos (Pacto de São José da Costa Rica), de 22 de novembro de 1969, que passou a vigorar no Brasil em 25 de setembro de 1992, e o Estatuto de Roma, que tratou da criação do Tribunal Penal Internacional e foi ratificado pelo Brasil em 1º de setembro de 2002.

Relembra o deputado que o primeiro tratado versa acerca dos crimes de maior gravidade que atingem a pessoa humana e a comunidade internacional, ao passo que o segundo cria a corte internacional de Haia, que passa a exercer jurisdição nos territórios de qualquer Estado signatário. Aos Estados, pois, compete prevenir e reprimir os fatos tipificados como crime (BRASIL, 2007).

O autor do projeto destaca que "a concepção da violação de Direitos Humanos têm sua gênese na premissa de que certas modalidades de violência contra o ser humano transcendem à ideia de simples ofensa, atingindo-o no que tem de mais natural e sagrado" (BRASIL, 2007).

Aponta, ainda, que a resolução 44/162 das Nações Unidas orienta os países membros a tomarem medidas legislativas com mecanismos eficientes para penalizar adequadamente as execuções sumárias e extralegais ocorridas sob as mais diversas matizes. Assim:

> O Projeto de Lei que ora estamos apresentando, no desfecho dos trabalhos de uma Comissão Parlamentar de Inquérito que investigou as ações criminosas de grupos de extermínio e milícias privadas na região Nordeste do Brasil, tem o objetivo de alinhar nossos dispositivos legais internos ao que está amplamente preconizado nos acordos e protocolos internacionais já firmados pelo país (BRASIL, 2007).

O deputado aponta como exemplos emblemáticos de violações aos Direitos Humanos, pelo crime de extermínio, o massacre do Carandiru, ocorrido em 1992, em que 111 detentos foram mortos e 86 feridos. Destaca o autor, ainda, que no começo do processo de apuração do massacre haviam 120 réus e que, com a demora na tramitação, 35 deles tiveram a punibilidade extinta devido à prescrição. Ainda, a chacina dos meninos no Rio de Janeiro, em 1993, em que oito jovens foram assassinados por Policiais Miliares enquanto dormiam sob jornais próximos à igreja da Candelária. E, por fim, o massacre dos trabalhadores sem-terra em Eldorado dos Carajás, no Pará, onde 19 homens foram executados e 80 ficaram feridos em uma operação da Polícia Militar para desmobilizar uma manifestação de trabalhadores sem-terra conhecida como "Caminhada pela Reforma Agrária", no ano de 1996.

O projeto teve a redação final assinada pelo Relator, deputado Alessandro Molon (PT-RJ).

Lei nº 12.737/2012

Esta lei foi proposta através do Projeto de Lei 2793/2011, de autoria dos deputados Paulo Teixeira, do PT/SP, Luiza Erundina, do PSB/SP, Manuela D'ávila, do PCdoB/RS, João Arruda, do PMDB/PR, Brizola Neto, do PDT/RJ e Emiliano José, do PT/BA. O projeto dispõe sobre a tipificação criminal de delitos informáticos e, após a aprovação, a norma ficou conhecida como Lei Carolina Dieckmann.

Os deputados autores do projeto apontam que os avanços decorrentes do uso da Internet e das novas tecnologias trazem a necessidade da regulamentação de aspectos relativos à sociedade da informação, a fim de assegurar os direitos dos cidadãos e garantir a potencialização dos efeitos positivos dessas tecnologias, minimizando seus impactos negativos. Destacam os deputados, assim, que a repressão criminal a condutas indesejadas praticadas por estes meios ganha relevo constante (BRASIL, 2011).

No projeto de lei, os autores apontam que o PL 84/99, de autoria do deputado Luiz Piauhylino, aborda semelhante matéria. Este projeto visa à tipificação de "condutas realizadas mediante uso de sistema eletrônico, digital ou similares, de rede de computadores, ou que sejam praticadas contra dispositivos de comunicação ou sistemas informatizados e similares".

Dentre os inúmeros projetos que abordam a matéria, encontrava-se em estado avançado de tramitação no Congresso Nacional o projeto de lei 84/99. Na visão dos deputados, este projeto traz propostas de criminalização "demasiadamente abertas e desproporcionais, capazes de ensejar a tipificação criminal de condutas corriqueiras praticadas por grande parte da população na Internet" (BRASIL, 2011).

Ocorre que este projeto, por conta do processo de tramitação, já não permitia mais emendas, de modo que o PL 2793/2011 surge para fins de criação de um tipo penal específico para o ambiente da internet (BRASIL, 2011). Segundo os autores:

> Nossa proposta observa, ainda, os direitos e garantias do cidadão que utiliza a Internet, nos termos propostos pelo já mencionado PL 2.126/2010, em tramitação nesta Câmara dos Deputados. Em nosso entendimento, a aprovação deste Projeto deve ser precedida da aprovação do Marco Civil da Internet. Não se deve admitir que legislações penais – infelizmente, um mal necessário em nossa sociedade – precedam o estabelecimento de direitos e garantias. A face repressiva do Estado não deve sobressair sobre seu papel como fiador máximo dos direitos do cidadão (BRASIL, 2011).

Os deputados encerram a justificativa esclarecendo que, com este projeto, buscam "uma alternativa equilibrada de repressão a condutas socialmente consideradas como indesejáveis, sem no entanto operar a criminalização excessiva e demasiado aberta que permitiria considerar todo e qualquer cidadão como um potencial criminoso em seu uso cotidiano da rede mundial de computadores" (BRASIL 2011).

O projeto foi aprovado com a redação final assinada pelo Relator Deputado Fábio Trad, do PDS-MS.

Lei nº 13.008/2014

A Lei nº 13.008/2014 foi proposta pelo deputado Efraim Filho, do DEM/PB, por meio do projeto de lei 643/2011. Este projeto dá nova redação ao crime de descaminho, no artigo 334 do Código Penal, e acrescenta artigo 334-A, contrabando, ao mesmo diploma legal. Ainda, aumenta as penas para os referidos crimes.

Como justificativa, o deputado inicialmente aponta que o artigo 89 da Lei nº 9.099/1995 trouxe o instituto despenalizador da suspensão condicional do processo para os crimes em que a pena mínima cominada for igual ou inferior a um ano. Para o autor do projeto, esta medida provocou o esfriamento das políticas de combate aos crimes de contrabando e descaminho e, consequentemente, o crescimento destes delitos (BRASIL, 2011).

Para o deputado, ainda, os crimes supramencionados são causa de desequilíbrio em diversos setores da sociedade, bem como produzem e impulsionam o desemprego e violência, prejudicando a economia formal. E segue o parlamentar afirmando que:

> Além disso, representa concorrência desleal em relação às empresas e indústrias que honestamente recolhem em dia seus tributos e encargos sociais. Contribui para o crescimento do crime organizado, financia o terrorismo, alavanca o desemprego, provoca o fechamento de empresas nacionais, a perda de arrecadação, eleva o risco à saúde pública (na composição do cigarro paraguaio, por exemplo, estão presentes diversos componentes malignos à saúde do consumidor, dentre os quais plásticos e inseticidas proibidos no Brasil há mais de 20 anos, por serem cancerígenos, conforme se vê da matéria jornalística de Luciana http://jbonline.terra.com.br/pextra/2009/08/02/e020816658.asp, acessado em 21/8/2009) e para a agricultura e agropecuária (tráfico de animais sem controle dá margem à propagação de epidemias) causando, nestes casos, danos ao meio ambiente (BRASIL, 2011).

O deputado defende que a pena base anteriormente aplicada pelo legislador aos crimes de contrabando e descaminho justifica-se pela menor relevância que tais delitos possuíam à época. Para o autor, ainda, nos tempos atuais, dada a ofensividade destes delitos, importa aumentar suas penas bases para se evitar a incidência do artigo 89 da Lei nº 9.099/1995 a estes casos (BRASIL, 2011).

O projeto foi aprovado com a redação final assinada pelo relator, deputado Felipe Maia (DEM-RN).

Lei nº 13.228/2015

Esta lei foi proposta pelo deputado Márcio Marinho, do PRB/BA, através do Projeto de Lei nº 6920/2010, e busca o agravamento da pena do delito de estelionato quando cometido contra idoso. Como justificativa ao Projeto de Lei, o deputado destacou o aumento da ocorrência destes delitos, visto que os agentes se valem da fragilidade da pessoa idosa para aplicar os mais diversos golpes (BRASIL, 2010). O autor menciona que:

Podemos citar como exemplo matéria veiculada no jornal Tribuna da Bahia de 26 de setembro de 2009 onde a delegacia do Idoso revela um aumento de crimes de estelionato praticado por terceiros contra os idosos. Outro exemplo foi o que aconteceu em Curitiba, conforme noticiado pela Gazeta do Povo de 29 de setembro de 2009. De acordo com a reportagem, uma quadrilha induzia os idosos a crerem que tinham dinheiro para receber do Fundo 157, um fundo de ações que foi criado pelo governo militar no final dos anos sessenta. Para resgatar essa quantia, os idosos deveriam pagar determinada quantia, o que rendia entre sete e quinze mil reais, por golpe para a quadrilha, de acordo com a citada notícia (BRASIL, 2010).

O deputado defende, então, que o aumento da pena para o referido delito irá desencorajar sua prática e, desta forma, o Estado estará promovendo à pessoa idosa a proteção descrita no texto constitucional.

Foi aprovada a redação final assinada pelo relator, deputado Danilo Forte, do PMDB-CE.

Lei nº 13.330/2016

A lei nº 13.330/2016 é oriunda do PL 6999/2013, proposto pelo deputado Afonso Hamm, do PP/RS. Esta lei altera o Código Penal para tipificar, de forma mais gravosa, os crimes de furto e receptação de semoventes domesticáveis de produção, ainda que abatidos, e a Lei nº 8.137/1990, que define crimes contra as relações de consumo, para punir o comércio de carne ou outros alimentos sem procedência lícita.

Para o deputado, o crime de furto de animais é uma "forma terrível de atingir a vida do produtor rural", visto que atingem bens que serão utilizados para sua subsistência e de sua família (BRASIL, 2013). Ainda, para o autor do PL, este delito traz danos a todas as sociedades, ao passo que dá origem à diversas outras violações à saúde e segurança pública. Assim sendo, este projeto de lei visa o fortalecimento das políticas de combate ao abigeato, ao abate clandestino de animais e ao seu comércio. (BRASIL, 2013). Foi aprovada a redação final assinada pelo relator, deputado Esperidião Amin, do PP/SC.

Lei nº 13.531/2017

Esta lei foi proposta através do PL 3763/2004, de autoria do deputado Coronel Alves, do PL/AP. A referida norma dá nova redação ao inciso III do parágrafo único do artigo 163 e ao § 6º do artigo 180 do Código Penal, prevendo o dano qualificado quando houver crime contra o patrimônio do Distrito Federal.

Como justificativa ao Projeto de Lei, o deputado aponta que o Código Penal traz a previsão do dano qualificado quando o delito é praticado contra o patrimônio dos demais entes políticos, porém o faz quando o crime é praticado contra o patrimônio do Distrito Federal. Para o deputado, deste modo, "faz-se necessário a alteração da norma penal para que os bens jurídicos tutelados tenham o mesmo amparo, seja da União, Estado, Município ou do Distrito Federal" (BRASIL, 2003).

A redação final aprovada foi assinada pelo relator, deputado Arnaldo Faria de Sá, do PTB/SP.

2.2.2. As alterações no Código Penal propostas pelo Senado Federal

Lei nº 11.466/2007

A Lei nº 11.466/2007 foi proposta através do Projeto de Lei do Senado nº 136/2006 pelo Senador César Borges, do PFL/BA, e visa à alteração da Lei de Execução Penal e do Código Penal para prever como falta disciplinar grave do preso e crime do agente público a utilização de telefone celular.

Como justificativa, o Senador aponta que o uso de telefones celulares para o comando de ações criminosas a partir dos estabelecimentos prisionais é prática corriqueira no Brasil, e que a recente onda de violência no Estado de São Paulo foi inteiramente orquestrada por este meio por parte dos líderes do PCC. Segue o parlamentar argumentando que a falta de previsão do uso de telefone celular como falta grave "impede que um líder de organização criminosa em comunicação com seus subordinados fora do presídio seja submetido ao regime disciplinar diferenciado previsto na LEP" (BRASIL, 2006).

Para o Senador, desta forma, a proposição desta lei se mostra como um meio de defesa para a sociedade a partir da resolução desta "injustificável lacuna legal" (BRASIL, 2006).

A lei entrou em vigor em 28 de março de 2007.

Lei nº 11.596/2007

Esta lei foi proposta pelo Senador Magno Malta, do PL/ES, por meio do PLS nº 401, de 2003. A norma altera o artigo 117, inciso IV do Código Penal, definindo como causa interruptiva da prescrição a publicação da sentença ou acórdão condenatório recorrível.

O Senador afirma, no projeto de lei, que a aprovação desta norma visa evitar a interposição de recursos meramente protelatórios às instâncias superiores, uma vez que a sentença condenatória recorrível passaria a interromper a contagem do prazo prescricional. Aponta o parlamentar, ainda, que a aprovação desta lei contribui para dirimir os conflitos de interpretação acerca dos entendimentos de que acórdãos confirmatórios da condenação em primeira instância não são causas interruptivas da prescrição (BRASIL, 2003).

Ademais, para o Senador, esta medida diminui as possibilidades de ocorrência da prescrição intercorrente pela estratégia de interposição dos Recursos Extraordinários e Especiais. Assim, a aprovação da lei concorre para o aperfeiçoamento da legislação penal (BRASIL, 2003).

A lei passou a vigorar em 29 de novembro de 2007.

Lei nº 11.923/2009

A Lei nº 11.923 de 2009 foi proposta pelo Senador Rodolpho Tourinho, do PFL/BA, por meio do Projeto de Lei do Senado nº 54, de 2004. Este diploma legal acrescenta um parágrafo ao artigo 158 do Código Penal para tipificar o chamado "sequestro relâmpago".

Como justificativa, o senador aponta que o sequestro relâmpago ocorre com cada vez mais frequência em nosso país, trazendo um novo debate doutrinário acerca da tipificação deste delito, "havendo os que o consideram roubo, os que acham ser extorsão, e os que o enquadram como sequestro" (BRASIL, 2009). O autor aponta que a manifestação do STF é no sentido de que a coação do agente no sequestro relâmpago não se configura como roubo, e sim extorsão. Assim:

> Conforme os ensinamentos do conhecido doutrinador Damásio de Jesus, acerca do enquadramento típico da conduta delituosa que consiste no constrangimento da vítima para efetivar os saques ou entregar o cartão magnético e fornecer a respectiva senha, existem três orientações que distinguem o tipo penal de roubo do tipo de extorsão, sendo duas delas minoritárias e a última, hoje, amplamente dominante entre os jurisconsultos. De acordo com a primeira das teorias minoritárias, emprestada da doutrina italiana e à qual se filiam Magalhães Noronha e Paulo José da Costa Júnior, o crime de extorsão reclama um intervalo temporal entre a conduta constrangedora do autor, o comportamento da vítima e a obtenção da indevida vantagem econômica; lapso este no qual a vítima não pode ficar fisicamente a mercê do agente, o que diferenciaria essa capitulação da do roubo. Assim, a conduta de constranger alguém a fornecer sua senha de acesso aos caixas eletrônicos constituiria crime de roubo e não de extorsão (BRASIL, 2009).

O senador aponta, contudo, que Nelson Hungria derruba esta tese ao afirmar que no roubo "a violência e a locupletação se realizam no mesmo contexto da ação e na extorsão, por outro lado, há um lapso de tempo, ainda que breve, entre uma e outra, é distinguir onde a lei não distingue" (BRASIL, 2009). Destaca, ainda, que é minoritária a corrente jurisprudencial que entende que o sequestro relâmpago, na hipótese de o autor constranger a vítima para entregar-lhe, por exemplo, seu cartão bancário e fornecer-lhe a senha constitui o delito de roubo, e não extorsão (BRASIL, 2009). Ainda:

> A crítica feita, todavia, é a de que, se aplicada essa orientação, haveria um esvaziamento do tipo legal previsto no art. 158 do CP, posto que apenas em raríssimos casos concretos teria o julgador prova suficiente de que na psique do constrangido tinha ele a opção de entregar ou não ao malfeitor o bem por ele visado. Além disso, condicionar a ocorrência de determinado tipo penal ao subjetivismo do sujeito passivo representa uma afronta à moderna teoria do delito. A orientação majoritária hoje é a de que o critério mais explícito e preciso na diferenciação entre a extorsão e o roubo é o da prescindibilidade ou não do comportamento da vítima. Assim, quando o agente criminoso pode obter o objeto material dispensando a conduta da vítima, trata-se de roubo; quando, entretanto, a consecução do escopo do agente depende necessariamente da ação do sujeito passivo, trata-se de extorsão (TACrimSP, ACrim 989.971, 8ª Câm., Rel. Juiz Bento Mascarenhas, RT, 729:583; TAPR, ACrim 91.511,1ª Câm., Rel. Juiz Nério Ferreira, j. 26.3.98, RT, 755:727) (BRASIL, 2009).

Segue o autor discorrendo que no sequestro relâmpago, caso não haja meios para a vítima efetuar o saque, estar-se-á diante de uma extorsão. Noutro giro, ao que tange a privação da liberdade da vítima, alguns doutrinadores utilizam-se do princípio da consunção para afirmar que se trata de um crime-meio. Outros, por sua vez, pelo princípio da especialidade, afirmam que se deve buscar a norma que mais se aproxima ao caso concreto, punindo tal fato com maior rigor (BRASIL, 2009).

O autor encerra, assim, afirmando que apresenta o PLS para "incluir a conduta do sequestro relâmpago no tipo penal que trata da extorsão, e, ao mesmo tempo, sem dedicar a essa nova modalidade os rigores atribuídos ao sequestro propriamente dito, crime hediondo e, de fato, mais grave" (BRASIL, 2009).

A referida lei entrou em vigor em 17 de abril de 2009.

Lei nº 12.015/2009

A Lei nº 12.015/2009 foi proposta através do Projeto de lei do Senado nº 253 de 2004 pela CPMI sobre Exploração Sexual, formada em 2003. Esta lei visa à alteração do Título VI do Código Penal, qual seja, dos crimes contra os costumes.

Como justificação ao Projeto, os parlamentares apontam que na legislação da época pairavam concepções características dos tempos do exercício do pátrio poder, e de padrão insuficiente de repressão aos crimes sexuais, tanto pelos valores preconceituosos atribuídos ao objeto e às finalidades da proteção pretendida. Assim, o projeto se apresenta como resposta às reivindicações pautadas no argumento de que a norma penal não atendia as situações reais de violação da liberdade sexual do indivíduos e do desenvolvimento de sua sexualidade, em especial em relação a crianças e adolescentes (BRASIL, 2003).

Assim, a primeira alteração proposta é quanto a nomenclatura do capítulo do Código Penal que trata destes delitos, à época denominado "dos crimes contra os costumes". Apontam, assim, que para a ciência penal, os títulos são fundamentais ao passo que delimitam o bem jurídico tutelado. Desta forma, nos termos antigos, a legislação penal não se propunha a proteger a liberdade ou dignidade sexual, e sim a moral e a avaliação da sociedade quanto a esta. A alteração, deste modo, justifica-se por uma maior preocupação legislativa com a liberdade e o desenvolvimento sexual (BRASIL, 2013).

No mais, apontam os parlamentares o equívoco da legislação nas expressões como "mulher honesta" no delito de posse sexual mediante fraude, bem como propõe-se a criação de um tipo penal que não diferencia o gênero das vítimas dos delitos de violência sexual. Para mais, os autores sugeriram também a renovação da definição de estupro para "constranger alguém, mediante violência u grave ameaça, a ter conjunção carnal ou a praticar ou permitir que com ele/ela se pratique ato libidinoso". Ainda, a nova redação propõe suprimir a limitação do crime de estupro à conjunção carnal, envolvendo, assim, a prática de outros atos libidinosos (BRASIL, 2013).

Destacam os autores também que foram ampliadas as definições de favorecimento à prostituição, bem como eliminado o delito de rapto, visto que tal conceito se refere a um comportamento moral exigido tão somente das mulheres. Ademais, o texto busca a repressão não só do tráfico de mulheres, mas de todas as pessoas (BRASIL, 2013).

A referida lei entrou em vigor em 07 de agosto de 2009.

Lei nº 12.650/2012

A Lei nº 12.650/2012, conhecida como Lei Joanna Maranhão, é oriunda do Projeto de Lei do Senado nº 234, de 2009, proposto pela CPI sobre a Pedofilia, instituída em 2008. A norma altera o Código Penal com a finalidade de modificar as regras relativas à prescrição dos crimes praticados contra crianças e adolescentes.

Como justificativa ao Projeto de Lei, os parlamentares apontam que os trabalhos da Comissão Parlamentar de Inquérito revelam que a violência sexual contra crianças constitui "verdadeira chaga" na sociedade brasileira. Desta forma, as denúncias de violência causam espanto não apenas pela imensa recorrência, como também pela crueldade e frieza na execução dos delitos (BRASIL, 2009).

Para os autores, assim, dada a gravidade deste crime e dos profundos efeitos causados nas vítimas, a Constituição de 1988 deveria ter dispensado a tais delitos o mesmo tratamento dado aos crimes de racismo, insuscetível de prescrição. É possível, contudo, assegurar maior proteção ao bem jurídico tutelado por meio da protelação do início da contagem do prazo prescricional (BRASIL, 2009).

Visto que, para os parlamentares, a vítima assume maior condição de agir por conta própria a partir da maioridade, propõe-se que somente a partir desta data comece a correr o prazo prescricional, salvo se já proposta a ação penal (BRASIL, 2009).

A lei aprovada passou a ter vigor em 17 de maio de 2012.

Lei nº 12.850/2013

A Lei nº 12.850/2013 foi proposta pela senadora Serys Slhessarenko, do PT/MT, através do PLS nº 150, de 2006, e dispõe sobre a repressão ao crime organizado.

A senadora aponta que este projeto de lei "pretende disciplinar a investigação criminal, os meios de obtenção de prova e o procedimento judicial aplicável ao referido crime, sem desrespeito às garantias do devido processo legal, tampouco às atribuições constitucionais dos órgãos envolvidos na persecução criminal" (BRASIL, 2006).

Dentre as várias disposições no projeto, destaca-se a posição da senadora em manter-se fiel à ideia de que a extinção da punibilidade ou redução da pena devem partir do poder judiciário, especificamente em se tratando dos delitos de crime organizado. Assim:

> A nosso sentir, afigura-se inconstitucional a proposta de atribuir tal competência ao órgão acusador. Isso implicaria verdadeiro esvaziamento de poder, função e atividade do órgão judicial, com flagrante desrespeito à garantia de que "a lei não excluirá da apreciação do Poder Judiciário lesão ou ameaça a direito" (art. 5º, XXXV, da CF) e, no âmbito processual, afronta à cláusula do devido processo legal (art. 5º, LIV, da CF) (BRASIL, 2006).

A proposta inicial, ainda, visou à supressão do instituto da infiltração policial no direito brasileiro, visto que, segundo a autora, viola o patamar ético-legal do Estado Democrático de Direito na medida em que o Estado-Administração, regido pelos princípios da legalidade e da moralidade, admita que seus agentes pratiquem atos criminosos sob o pretexto da formação da prova (BRASIL, 2006). Segue a senadora:

> Não bastassem as razões constitucionais, éticas, legais e lógicas já destacadas, ainda é possível opor outros argumentos de ordem prática contra a "infiltração de agentes". A situação mais grave será o desrespeito a qualquer limite jurisdicional imposto à atuação dos agentes infiltrados. Imagine-se, por exemplo, quando o agente infiltrado estiver na presença de criminosos e lhe for ordenada a prática de um crime (v. g., o homicídio de um traficante preso pela organização rival). Nessa situação, o agente não terá como escolher entre cometer e não cometer o crime (limite imposto judicialmente), pois, se não obedecer aos integrantes da organização, poderá simplesmente ser executado. É isso que o Estado pretende de seus agentes? É isso que podemos esperar de um Estado Democrático de Direito? É isso que podemos denominar por "moralidade pública"?

Para mais, a autora destaca que o projeto pautou-se pela estrita obediência aos preceitos constitucionais, notadamente ao art. 5º, X, XI e XII, da Constituição Federal, no que tange ao acesso a dados cadastrais, registros, documentos e informações, bem como, prevê que "o interrogatório do acusado preso poderá ser realizado no estabelecimento prisional em que se encontrar, em sala própria, desde que estejam garantidas a segurança do juiz, auxiliares e demais participantes, a presença do defensor e a publicidade do ato, assegurando-se, ainda, o direito de entrevista reservada, por tempo de até trinta minutos, do acusado com seu defensor" (BRASIL, 2006).

A autora encerra o projeto, por fim, afirmando que o direito de apelar em liberdade foi inicialmente disciplinado em consonância com o princípio da presunção de inocência, atribuindo ao juiz o dever de justificar a necessidade da prisão provisória antes do trânsito em julgado da condenação (BRASIL, 2006).

A Lei entrou em vigor na data de 02 de agosto de 2013 com 14 emendas. Dentre elas, destaca-se a proposta pelo Senador Demóstenes Torres, que manteve o instituto da infiltração sob a presente justificativa:

> Atualmente a infiltração de agentes policiais ou de inteligência em atividades de quadrilhas, associações ou organizações criminosas é prevista na Lei 9.034, de 1995, com a redação que lhe foi dada pela Lei 10.217, de 2001. Há no presente PLS (art. 31) previsão de revogação da referida lei. A infiltração é um instrumento investigatório de reconhecida eficácia, am-

plamente utilizado em quase todos os países. A prova, através dela obtida, é legítima e sua utilização, nos moldes da Lei 9.034/95 – cujo texto repito nesta emenda – é restrita e precedida de "circunstanciada e sigilosa autorização judicial". Neste momento em que o Congresso Nacional busca dar ao Brasil uma moderna lei de repressão ao crime organizado, tal mecanismo de investigação não poderia desaparecer do nosso ordenamento jurídico.

Ressalta-se, para mais, que das 14 emendas feitas ao PLS, 13 foram propostas pelo supramencionado senador.

Lei n° 12.978/2014

A Lei n° 12.978/2014 foi proposta pelo senador Alfredo Nascimento, do PR/AM, através do Projeto de Lei do Senado n° 243, de 2010. Esta lei altera a Lei n° 8.072, de 25 de julho de 1990, para classificar como hediondo o crime de exploração sexual de criança ou adolescente.

Como justificativa, o senador aponta que a exploração sexual de crianças e adolescentes é um dos mais graves crimes de quem se tem conhecimento, causando grande repúdio social, "sobretudo quando resulta em atentado à liberdade sexual e se revela como a face mais nefasta da pedofilia" (BRASIL, 2010). Destaca o autor, assim, que considerando a repulsa social deste delito, importa inclui-lo no rol de crimes hediondos. Afirma o senador:

> Estamos convencidos de que o crime de exploração sexual de crianças ou adolescentes, pela repulsa que desperta no meio social, deve ser classificado como crime hediondo. Não é demais enfatizar, ainda, que tal medida mostra-se absolutamente consentânea com a gravidade objetiva da apontada conduta. Com a aprovação do presente projeto de lei, a exploração sexual de crianças e adolescentes receberá tratamento punitivo mais austero, daí resultando o aumento do prazo mínimo para a concessão de diversos benefícios legais, como, por exemplo, o livramento condicional e a progressão de regimes, além da impossibilidade de concessão de fiança e anistia.

Aprovada, a lei entrou em vigor em 21 de maio de 2014.

Lei n° 13.104/2015

A Lei n° 13.104/2015 foi proposta pela CPMI sobre Violência Contra a Mulher através do PLS n° 292/2013. Esta lei altera o Código Penal, inserindo o feminicídio como qualificadora do crime de homicídio.

Como justificação ao Projeto de Lei, os autores apontam que a ONU Mulheres estima que 66 mil mulheres por ano tenham sido assassinadas entre 2009 e 2009 em razão do gênero. Ainda, a incidência deste tipo de delito aumenta no mundo inteiro, sendo que, via de regra, a impunidade é o que se opera. Noutro giro, só no Brasil, nos anos de 2000 a 2010, 43,7 mil mulheres foram assassinadas, sendo 41% mortas em suas próprias casas, muitas por companheiros ou ex-companheiros. Apontam, para mais, que nos anos de 1980 a 2010, o índice de assassinatos de mulheres no país dobrou, passando de 2,3 assassinatos por 100 mil mulheres para 4,6 para cada 100 mil. Este número coloca o Brasil na sétima posição mundial no ranking de países mais violentos para as mulheres (BRASIL, 2013).

Para os autores do projeto, o feminicídio refere-se a um crime de ódio contra as mulheres, sendo este justificado culturalmente por uma história de dominação da mulher pelo homem. Ainda:

> Conforme o Relato temático sobre Feminicídio da Relatora Especial Rashida Manjoo, "antes de configurar uma nova forma de violência, assassinatos relacionados a gênero são a manifestação extrema de formas existentes de violência contra as mulheres". Tais assassinatos não são incidentes isolados que surgem repentina e inesperadamente, mas sim o último ato da violência contra as mulheres, experienciada como um contínuo de violência (BRASIL, 2013).

Os autores apontam que a Lei Maria da Penha apresentou-se como um grande avanço no combate à impunidade e à violência contra à mulher, visto que com a promulgação deste dispositivo legal, o Estado brasileiro confirmou seus compromissos internacionais e constitucionais de enfrentar todo o tipo de discriminação de gênero, garantindo plenamente os direitos humanos de homens e mulheres. Para os parlamentares, entretanto, a lei deve ser vista como um ponto de partida, e não de chegada, na luta pela igualdade de gênero e universalização dos direitos humanos, de modo que o combate ao feminicídio caracteriza-se como uma continuação a este trabalho (BRASIL, 2013).

Destaca-se, ainda, que a discussão acerca da tipificação do feminicídio surge especificamente na América Latina, após o reconhecimento, por parte da Corte Interamericana de Direitos Humanos, da responsabilidade do Estado mexicano sobre os assassinatos de mulheres em Ciudad Juarez. O México, assim, foi seguido por outros Estados que tipificaram o feminicídio, como Guatemala, Chile, El Salvador, Peru, Nicarágua e Argentina (BRASIL, 2013).

Cita-se, ademais, a criação do Protocolo de Investigação de Assassinatos Violentos Relacionados a Gênero de Mulheres/Feminicídio para a América Latina, com o apoio da ONU Mulheres. Este protocolo objetiva a investigação de mortes de mulheres, usando o conceito de feminicídio, buscando a garantia de que os Estados cumpram seus deveres efetivação do direito à vida e à dignidade humana.

Encerram os autores afirmando que a tipificação do feminicídio é o reconhecimento, na forma da lei, de que mulheres estão sendo mortas em razão de serem mulheres, expondo a desigualdade de gênero que persiste em nossa sociedade. Ainda, este dispositivo legal busca por fim a impunidade, "evitando que feminicidas sejam beneficiados por interpretações jurídicas anacrônicas e moralmente aceitáveis, como o de terem cometido 'crime passional'". Por fim, relatam os parlamentares que buscar passam uma resposta positiva à sociedade, de que o direito à vida é universal e não haverá impunidade (BRASIL, 2013).

A lei entrou em vigor em 09 de março de 2015.

Lei nº 13.344/2016

A Lei nº 13.344/2016 foi proposta através do PLS 479, de 2012, pela CPI sobre o Tráfico Nacional e Internacional de Pessoas no Brasil. Este dispositivo legal altera o Código Penal sobre a tipificação do crime de tráfico de pessoas, regula a apreensão e destinação de bens produtos do crime de tráfico de pessoas, estabelece os objetivos específicos no que tange à proteção e assistência à vítima do tráfico de pessoas, bem como a regulação de seguro-desemprego, assistência social e concessão de visto para vítimas do tráfico de pessoas. Ainda, autoriza a criação de um fundo destinado à prevenção e repressão ao crime de tráfico de pessoas e de assistência às vítimas desse crime, bem como sistema de informações e monitoramento com os mesmos objetivos.

Como justificação ao projeto, os parlamentares afirmam que, com a referida lei, intentam criar uma estrutura legal que permita o combate ao delito de tráfico de pessoas em três eixos: o da prevenção, o da punição severa e o da proteção abrangente às vítimas deste crime (BRASIL, 2012).

Ademais, os parlamentares mencionam que o tráfico de pessoas atenta contra os direitos de toda a sociedade brasileira, ao passo que vitima homens e mulheres em situação de vulnerabilidade, geralmente por exercerem atividades ligadas à indústria do sexo. Ainda, "o tráfico de pessoas entra nas casas, rouba crianças, empobrece o futuro de meninas e meninos e instala a desesperança e a revolta no seio de famílias que já enfrentam a necessidade de conviver com privações sociais, políticas e civis inaceitáveis na era moderna" (BRASIL, 2012). A proposta, deste modo, é motivada pela busca de justiça e defesa dos direitos humanos.

A lei entrou em vigor em 6 de outubro de 2016.

Feita a análise das justificativas dos projetos de lei propostos nos anos de 2003 a 2015, passar-se-á, no seguinte capítulo, à análise das normas supramencionadas por meio de critérios que permitam compreendê-las não somente de maneira individual e isolada, como também as tendências que pautaram a atuação do Congresso Nacional no período ora estudado.

2.3. A ATUAÇÃO LEGISLATIVA NO CONGRESSO NACIONAL NOS ANOS DE 2003 A 2015 E SEU REFLEXO NA POLÍTICA CRIMINAL

Nesse momento visa-se a análise da atuação dos parlamentares nas alterações do Código Penal nos anos de 2003 a 2015 por meio das leis penais aprovadas. Estas serão estudadas através dos critérios de partido de filiação do parlamentar autor do projeto, recorrência de temas e bens jurídicos tutelados nas propostas dos parlamentares e análise das leis quanto à sua severidade.

Importa, assim, estudar os reflexos desta atuação na política criminal brasileira no referido período, investigando a influência da ideologia da defesa social e do populismo punitivo nas justificações aos Projetos de Lei.

2.3.1. Análise das alterações promovidas no Código Penal

Para posterior estudo dos reflexos na política criminal promovidos pelas alterações do Código Penal nos anos de 2003 a 2015, as leis aprovadas serão agora analisadas com base nos critérios de filiação partidária do parlamentar autor, recorrência de temas, bens jurídicos tutelados e severidade das normas. Isto porque tais parâmetros serão utilizados para análise da formação do Congresso Nacional no referido período, bem como servirão de parâmetro para estudo das tendências de atuação dos parlamentares de ambas as casas legislativas.

2.3.1.1. Leis aprovadas quanto ao partido de filiação do parlamentar autor

O primeiro critério de análise das leis aprovadas será quanto ao partido de filiação do parlamentar autor do projeto, buscando investigar se a ideologia partidária foi um fator determinante na proposição de alterações no Código Penal.

Das 19 leis que alteraram o referido dispositivo legal nos anos de 2003 a 2015, quatro delas foram propostas por Comissões Parlamentares e apresentadas como Projeto de Lei do Senado. São elas as leis nº 12.015/2009, 12.650/2012, 13.104/2015 e 13.344/20116. Por terem sido propostas por Comissões, estas normas não serão analisadas pelo critério de partido de filiação do parlamentar autor do projeto.

O partido com maior autoria de projetos que alteraram o Código Penal no período estudado é o Partido dos Trabalhadores (PT), com cinco projetos de lei. Desta forma, o PT foi autor de 26,32% das leis que promoveram alterações no referido Código. Destaca-se, ainda, que uma sexta lei também contou com parlamentares do PT em sua proposição (lei nº 12.737/2012), bem como do PSB, PC do B, PMDB PDT.

O Partido da Frente Liberal (PFL) propôs três das 19 leis, o que corresponde a 15,79% das leis aprovadas. O Partido Liberal, por sua vez, apresentou 2 projetos, ou seja, propôs 10,53% das leis que alteraram o CP no período. Os partidos da República (PR), Partido Republicano Brasileiro (PRB), Democratas (DEM) e Partido Progressista (PP) apresentaram 1 projeto cada, o que equivale a 5,26% das leis por cada um destes partidos.

Extrai-se, desta primeira análise, que os partidos que se apresentam como voltados aos movimentos sociais, tais como o PT, tiveram destaque nas alterações do Código Penal. Tal fenômeno pode mostrar, à princípio, uma tendência em pautar a solução das demandas sociais e proteção de grupos vulneráveis através do punitivismo, o que será analisado posteriormente.

Por outro lado, os partidos autointitulados liberais também tiveram destaque nas alterações ao Código, aproximando-se bastante do número de projetos propostos por partidos que se identificam enquanto de esquerda. Somando-se os projetos apresentados por estes partidos (PFL e PL) aos demais projetos propostos pelo PR, PRB, PP e DEM, o que se observa é uma predominância nas alterações do Código Penal, com pequena diferença, de partidos que se identificam enquanto direita.

Desta forma, considerando que o Partido do Trabalhadores foi o que mais propôs leis que alteraram o Código Penal, bem como tendo em mente que os demais projetos foram apresentados por partidos com ideologias, em tese, liberais, o que se entende é que tendência de proposição de normas positivistas é equivalente nas mais diversas ideologias partidárias.

Destaca-se, contudo, que há diferença nos bens jurídicos que cada partido tendeu a proteger, como será analisado posteriormente.

Assim, as leis aprovadas serão analisadas por demais critérios para entendimento das tendências de atuação do Congresso Nacional brasileiro na temática criminal.

Quadro 1 – Leis propostas nos anos de 2003 a 2015 e posteriormente aprovadas, autoria e partido de filiação

Lei	Autoria	Casa Legislativa	Partido de Filiação
10.886/2004	Iara Bernardi	Câmara dos Deputados	PT/SP
11.106/2005	Iara Bernardi	Câmara dos Deputados	PT/SP
11.466/2007	César Borges	Senado	PFL/BA
11.596/2007	Magno Malta	Senado	PL/ES
11.923/2009	Rodolpho Tourinho	Senado	PFL/BA
12.012/2009	Alberto Fraga	Câmara dos Deputados	PFL/DF
12.015/2009	CPMI sobre a exploração sexual	Senado	–
12.234/2010	Antônio Carlos Biscaia	Câmara dos Deputados	PT/RJ
12.650/2012	CPI sobre a pedofilia	Senado	–
12.720/2012	Luiz Couto	Câmara dos Deputados	PT/PB
12.737/2012	Paulo Teixeira, Luiza Erundina, Manuela D'Ávila, João Arruda, Brizola Neto e Emiliano José	Câmara dos Deputados	PT/SP, PSB/SP, PCdoB/RS, PMDB/PR, PDT/RJ e PT/BA
12.850/2013	Serys Slhessarenko	Senado	PT/MT
12.978/2014	Alfredo Nascimento	Senado	PR/AM
13.008/2014	Efraim Filho	Câmara dos Deputados	DEM/PB

13.104/2015	CPMI sobre a violência contra a mulher	Senado	-
13.228/2015	Márcio Marinho	Câmara dos Deputados	PRB/BA
13.330/2016	Afonso Hamm	Câmara dos Deputados	PP/RS
13.344/2016	CPI sobre o tráfico nacional e internacional de pessoas no Brasil	Senado	-
13.531/2017	Coronel Alves	Câmara dos Deputados	PL/AP

Quadro 2 – Participação dos partidos nas leis penais aprovadas em 2003 a 2015

Autoria	Leis aprovadas
Comissão Parlamentar	21,05%
Partido dos Trabalhadores	26,32%
Partido da Frente Liberal	15,79%
Partido Liberal	10,53%
Partido da República	5,26%
Partido Republicano Brasileiro	5,26%
Democratas	5,26%
Partido Progressista	5,26%
PSB, PC do B, PMDB e PDT	5,26%

2.3.1.2. Recorrência de temas e bens jurídicos tutelados nas leis propostas pelos parlamentares

A fim de compreender quais bens jurídicos os parlamentares intentavam proteger com as alterações do Código Penal, cumpre analisá-los de maneira a investigar uma possível predominância de temas na atuação dos deputados e senadores.

As leis que pautaram as questões de segurança pública e de grupos vulneráveis apareceram como maioria nas alterações do Código Penal.

Das 19 normas estudadas, seis delas tratavam deste tema, o que corresponde a um percentual de 32% das leis aprovadas. As normas que visam proteger os bens jurídicos da vida e liberdade também aparecem com o mesmo destaque, em um total de seis das dezenove leis.

Noutro ponto, cinco leis aprovadas tratavam do patrimônio como bem jurídico tutelado, o que significa um total de 26% das normas editadas no período. Por fim, as duas leis restantes tinham como tem a prescrição penal, de modo que se pode entender que os bens protegidos nestas normas eram a punibilidade e a eficiência do processo penal.

Da análise dos temas e bens jurídicos tutelados pelas leis que alteraram o Código Penal nos anos de 2003 a 2015, extrai-se que os temas de segurança, liberdade e proteção a vida tiveram grande destaque nas atuações dos parlamentares, seguidos da preocupação com os delitos patrimoniais. Não houve grande disparidade entre os temas, podendo-se observar certo equilíbrio quanto aos temas elencados como prioridade pelos senadores e deputados.

Quadro 3 – Recorrência de temas e bens jurídicos tutelados nas leis propostas pelos parlamentares

Lei	Tema	Bem jurídico tutelado
10.886/2004	Violência doméstica	Vida e integridade física das mulheres
11.106/2005	Violência de gênero	Liberdade
11.466/2007	Execução penal	Ordem e segurança dentro dos estabelecimentos prisionais
11.596/2007	Prazo prescricional	Eficiência do processo penal e a punibilidade
11.923/2009	Sequestro relâmpago	Patrimônio e a liberdade
12.012/2009	Controle nas penitenciárias	Ordem e segurança dentro dos estabelecimentos prisionais
12.015/2009	Crimes contra a dignidade sexual	Liberdade e dignidade sexual
12.234/2010	Prazo prescricional	Eficiência do processo penal e a punibilidade
12.650/2012	Prazo prescricional	Segurança de crianças e adolescentes

12.720/2012	Extermínio e milícia privada	Direito humano à vida e a integridade física
12.737/2012	Delitos informáticos	Honra subjetiva, intimidade e segurança na rede
12.850/2013	Crime organizado	Segurança pública
12.978/2014	Crimes hediondos, exploração sexual de crianças e adolescentes	Segurança de crianças e adolescentes
13.008/2014	Delitos patrimoniais	Produção industrial
13.104/2015	Violência de gênero	Vida das mulheres
13.228/2015	Violência contra a pessoa idosa	Patrimônio da pessoa idosa
13.330/2016	Delitos patrimoniais	Semoventes domesticáveis de produção
13.344/2016	Tráfico nacional e internacional de pessoas	Vida e liberdade
13.531/2017	Delitos patrimoniais	Patrimônio público

Quadro 4 – Bens jurídicos tutelados por percentual de leis aprovadas

Bem jurídico tutelado	Total de leis aprovadas
Segurança pública e grupos sociais vulneráveis	32%
Vida e liberdade	32%
Patrimônio	26%
Punibilidade e eficiência do processo penal	10%

2.3.1.3. Análise das leis aprovadas quanto aos seus efeitos

Ao analisar as leis aprovadas quanto aos seus efeitos, destaca-se que a predominância de normas que tiveram como principal objetivo a criação de um novo tipo penal, o que não exclui a possibilidade de demais disposições acerca do tema tratado. Neste sentido, vê-se que cinco das 19 leis criaram novos tipos, o que corresponde a um total de 26,32% dos projetos aprovados.

Da mesma forma, os dispositivos legais que possuem mais um efeito em destaque, tais como aumento de pena, criação de novas qualificadoras ou criação de novos tipos penais, também foram aprovadas em expressiva quantidade. Estas correspondem a 21,05% das leis aprovadas, sendo um total de quatro leis.

Três foram as leis que alteraram a contagem de prazo prescricional, dificultando a extinção da punibilidade pelo decurso do tempo, ou seja, um total de 15,79% das normas aprovadas. Da mesma forma, esta mesma quantidade de leis foi aprovada com o objetivo de criar novas qualificadoras a delitos já existentes.

Por fim, as demais leis tiveram como efeito a classificação de um delito já existente como hediondo, criação de uma nova falta disciplinar grave, puramente o aumento da pena de um delito específico e a revogação de delitos seguida de criação de novo tipo penal no mesmo diploma legal, o que equivale, cada uma delas, a 5,26% das leis aprovadas.

Da análise das leis aprovadas quanto aos seus efeitos, cumpre destacar que nenhuma das normas teve como objetivo a criação de uma norma penal mais benéfica. Dentre todas as leis que criam circunstâncias para os réus de processos criminais, aponta-se que tão somente a Lei nº 11.106/2005 tem a característica de revogar os delitos de rapto, sedução e adultério. Noutro giro, esta mesma lei cria novos tipos penais, bem como aumenta a pena para delitos já existentes, de modo que não pode ser lida puramente como uma lei penal mais benéfica.

A partir destes dados, infere-se que a ideia popularmente disseminada de que os governos dos anos de 2003 a 2015 foi marcado por um processo de humanização e abrandamento das penas trata-se de um mito, ao passo que todas as leis aprovadas pelo Congresso Nacional neste período tem como característica comum o maior rigor no tratamento dos delitos.

Quadro 5 – Leis aprovadas quanto aos seus efeitos

Lei	Efeito
10.886/2004	Cria um novo tipo penal
11.106/2005	Cria um novo tipo penal e revoga delitos
11.466/2007	Cria uma nova falta disciplinar grave
11.596/2007	Define nova causa interruptiva da prescrição
11.923/2009	Cria uma nova qualificadora à crime já existente
12.012/2009	Cria um novo tipo penal

12.015/2009	Cria novos tipos penais e novas qualificadoras a crimes já existentes
12.234/2010	Revogação da prescrição retroativa pré-processual
12.650/2012	Altera a contagem do prazo prescricional os crimes contra a dignidade sexual de crianças e adolescentes
12.720/2012	Cria um novo tipo penal
12.737/2012	Cria um novo tipo penal
12.850/2013	Cria novos tipos penais e revoga lei anterior
12.978/2014	Classifica como hediondo um crime já existente
13.008/2014	Cria um novo tipo penal e aumenta a pana para delito já existente
13.104/2015	Cria uma nova qualificadora à crime já existente
13.228/2015	Aumenta a pena para delito já existente
13.330/2016	Cria um novo tipo penal e uma nova qualificadora à crime já existente
13.344/2016	Cria novos tipos penais e aumenta a pena para crimes já existentes
13.531/2017	Cria uma nova qualificadora à crime já existente

Quadro 6 – Efeitos das leis aprovadas por percentual

Efeito	Total de leis aprovadas
Cria um novo tipo penal	26,32%
Mistas – criam novos tipos penais, novas qualificadoras e aumentam as penas de crimes já existentes	21,05%
Altera a contagem de prazo prescricional	15,79%
Cria uma nova qualificadora à crime já existente	15,79%
Classifica como hediondo um crime já existente	5,26%
Aumenta a pena para delito já existente	5,26%

Cria uma nova falta disciplinar grave	5,26%
Revoga delitos e cria um novo tipo penal	5,26%

2.3.2. O perfil do legislador que atuou em prol da alteração do Código Penal

Passada a análise das leis de autoria do Congresso Nacional aprovadas nos anos de 2003 a 2015, importa estudar o perfil do legislador que atuou em prol das alterações no Código Penal, de modo a verificar se existem características semelhantes entre estes. Tal informação ajuda a compreender as tendências de atuação das casas legislativas brasileiras no referido período com base nos locais de fala dos parlamentares que as compunham.

O primeiro destaque certamente é a análise das autorias dos projetos pelo critério de cor, ao passo que de todas leis aprovadas, tão somente dois autores dos projetos se identificam enquanto negros, e um como pardo. Tal situação mostra-se absolutamente relevante levando em conta o contexto do período estudado, visto que, segundo o Levantamento Nacional de Informações Penitenciárias – INFOPEN, duas a cada três pessoas presas no Brasil são negras.

As informações do ano de 2014 são de que 67% da população carcerária no Brasil era negra, ao passo que, considerando a população nacional, a porcentagem é de 51%. O INFOPEN identificou, ainda, que a sobrerrepresentação dos negros na população prisional é ainda mais acentuada na região Sudeste, onde os negros representam 42% da população total, porém 72% dos presos (INFOPEN, 2014).

Desta forma, resta evidente que a seletividade do sistema penal incide majoritariamente sobre pessoas negras, haja vista a desproporção entre a população carcerária e a população brasileira de cor negra. Tal situação demostra de forma prática a proposição do autor Baratta quando este nega a igualdade do sistema penal, afirmando que a lei penal não é igualmente aplicada a todos, havendo diferença na distribuição do *status* criminal (ANDRADE, 1997, p, 282).

O fato de que as alterações produzidas no Código Penal nos anos de 2003 a 2015 terem sido produzidas majoritariamente por parlamentares brancos aparece como um contraponto ao fato de que os frequentemente selecionados pelo sistema penal são as pessoas negras. O que se extrai é que, ainda que existam diversas justificações aos projetos de lei apresentados que apontem para a suposta importância social do projeto no combate à criminalidade, a tendência da política criminal é a manutenção da diferença na aplicação do *status* de criminoso, desfavorecendo a população negra.

Evidente que a seletividade desta população no sistema penal não apareça de forma explícita nos dispositivos legais. Ocorre que a pouca presença de pessoas negras pautando as alterações penais que as atingem diretamente é um indicativo da falta de representatividade desta população na prática legislativa brasileira.

Noutro ponto, a seletividade do sistema penal é raramente pautada pelos parlamentares que, em que pese a falta de representatividade, ainda têm a oportunidade de pautar este tema através de seu local de fala. Neste sentido, Ribeiro aponta para a diferença entre local de fala e o conceito de representatividade, afirmando que "falar a partir de lugares é romper com esta lógica de que somente os subalternos falem de suas localizações, fazendo com que aqueles inseridos na norma hegemônica sequer se pensem" (RIBEIRO, 2017, p. 84).

Assim, tão problemático quanto a pouca representatividade da população negra nas alterações do Código Penal é a falta de atenção que o tema da seletividade do sistema penal recebeu pelos parlamentares. Com exceção da Lei nº 12.720/2012, que explicitou a preocupação com o extermínio da população negra na justificação ao projeto de lei apresentado pelo deputado autor, o que se tem da prática legislativa brasileira são parlamentares brancos legislando de modo a atingir majoritariamente a população negra.

Noutro aspecto, é destacável a diferença na representação de gênero ao que se refere a autoria de leis que alteraram o Código Penal. Das 19 leis aprovadas, 11 contaram com homens como autores do projeto, o que corresponde a 57,89% das normas, ao passo que apenas três delas foram de autoria de mulheres, ou seja, 15,79%. Ainda, cinco leis tiveram homens e mulheres como autores do projeto, descritas no quadro 8 como mistas, em um total de 26,32%.

O quadro 7, logo abaixo, relaciona as leis aprovadas com o gênero de sua autoria, e destaca-se a pouca participação feminina nas alterações do Código Penal no período estudado. Conforme se pode observar, a imensa maioria das leis propostas por mulheres tratavam de temas cuja população feminina é a maior atingida.

É o caso da Lei nº 10.886/2004, que trata acerca da violência doméstica, que tem como vítima, na grande maioria dos casos, uma mulher. Situação semelhante é a da Lei nº 11.106/2005, que trata de violência de gênero, tráfico de pessoas e delitos sexuais, bem como a Lei n° 12.737/2012, que trata dos delitos informáticos que atingem a honra subjetiva, intimidade e segurança na internet.

Cumpre destacar que, ainda que se saiba que homens possam vir a ser vítima dos delitos supramencionados, a população feminina é majoritariamente atingida por estes crimes, razão pela qual a situação vivida por mulheres vítimas destes crimes é apontada nas justificações aos Projetos de Lei.

Quanto a este fenômeno, destaca Mendes (p. 176, 2014) que:

> Segundo Zaffaroni é corriqueiro que os grupos que lutam contra a discriminação critiquem severamente o discurso legitimador do poder punitivo, mas, por outro lado, estes mesmos grupos não tardam em reivindicar o uso pleno daquele mesmo poder quando o assunto é a necessidade de combater a discriminação que sobre estes recai em particular. Essa aparente dissintonia, para o autor, configura-se em uma armadilha neutralizante e retardatária, pois o poder punitivo opera seletivamente, atuando conforme a vulnerabilidade e com base em estereótipos.

Noutro giro, Mendes aponta que é a partir da Idade Média que se constrói o discurso de exclusão e limitação da participação feminina na esfera pública, bem como o ideal de perseguição e encarceramento de mulheres enquanto pertencentes a um grupo perigoso (MENDES, p. 28, 2014).

Isto porque durante o período da Alta Idade Média, as mulheres se faziam presentes na vida religiosa da sociedade, bem como na esfera pública, intervindo na economia, política e família. Deste modo, a escalada de perseguição e repressão que se desenvolveu a partir do século XIII em diante se explica pelo saber que estas detinham, bem como pela ameaça que representavam ao discurso médico que buscava se firmar e para o controle da fé que a Igreja almejava (MENDES, pp. 118-119, 2014).

Assim sendo, com o final da Baixa Idade Média, os espaços que antes serviam de formação intelectual para mulheres transformaram-se em verdadeiros cárceres. Do século XII ao século XV, "fossem escritos por homens da Igreja, ou por médicos e juristas, todos os textos dirigidos às mulheres propunham um modelo de comportamento feminino destinado ao controle de seus instintos demoníacos (MENDES, pp. 120-121, 2014).

Já no século XIII, textos de Aristóteles são utilizados por pregadores e moralistas, que os utilizam como base científica para provar a necessidade de custodiar mulheres, haja vista serem seres "irracionais e incapazes de governar suas paixões (MENDES, p. 123, 2014). Segue a autora:

Em termos silogísticos, a alma segue o corpo. Se o corpo é mole e instável, assim é a alma feminina. Daí por que as mulheres precisavam ser "guardadas". Melhor dizendo, "custodiadas". Custódia, como afirma Casagrande, torna-se a palavra de ordem, atrás da qual se alinha toda a literatura "didática" dirigida à mulher. Com a palavra custódia se pode compilar tudo o que podia, e devia, ser feito para educar as mulheres nos bons costumes e salvar suas almas: reprimir, vigiar, encerrar (MENDES, p. 124, 2014).

Neste contexto, ainda, passou-se a exercer especial controle sobre a palavra da mulher. A esta não era permitido entrar nos tribunais, governar, ensinar ou pregar, de modo que a palavra do juízo, do poder e da cultura deveriam se manter masculinas (MENDES, p. 128, 2014). Extrai-se, desta maneira, que em pese o referido período histórico tenha demarcado o início da custódia pública das mulheres pelo direito penal, de modo atribuí-las o *status* de criminosas, o controle exercido sobre a participação feminina na esfera pública refletiu na atuação destas enquanto agentes da vida pública.

O que se denota do contexto brasileiro no período de 2003 a 2015 é que a participação feminina nas alterações do Código Penal foi de pouca expressividade, de modo que a produção legislativa criminal continuou a reproduzir a lógica de silenciamento da figura feminina na vida pública.

Quadro 7 – Leis aprovadas por gênero de autoria

Lei	Autoria
10.886/2004	Mulher
11.106/2005	Mulher
11.466/2007	Homem
11.596/2007	Homem
11.923/2009	Homem
12.012/2009	Homem
12.015/2009	CPMI
12.234/2010	Homem
12.650/2012	CPI
12.720/2012	Homem
12.737/2012	4 homens e 2 mulheres
12.850/2013	Mulher
12.978/2014	Homem
13.008/2014	Homem

13.104/2015	CPMI
13.228/2015	Homem
13.330/2016	Homem
13.344/2016	CPI
13.531/2017	Homem

Quadro 8 – Representatividade de gênero no total de leis aprovadas

Gênero de autoria	Lei aprovadas
Mulheres	15,79%
Homens	57,89%
Mista	26,32%

Merece destaque, também, a análise das autorias dos projetos de lei pela faixa etária. O quadro 10 demonstra que a 5,26% das leis aprovadas foram propostas por parlamentares de 30 a 39 anos, o que equivale tão somente a um PL. Três projetos foram apresentados por parlamentares na faixa etária de 40 a 49 anos de idade, ao passo que seis foram de autoria de parlamentares de 50 a 59 anos de idade, o que equivale a 31,59%. Ainda, quatro leis aprovadas tiveram como autores pessoas com mais de 60 anos, ou seja, 21,05%. Por fim, cinco projetos de lei tiveram mais de um parlamentar com autor, e não tiveram suas idades individualmente analisadas.

Em contraponto, da análise da faixa etária das pessoas privadas de liberdade no Brasil, extrai-se que 31% da população prisional brasileira são de pessoas entre 18 e 24 anos de idade. Ainda, 25% dos presos têm de 25 a 29 anos, 19% têm entre 30 e 34 anos de idade e 17% são da faixa etária entre 35 e 45 anos. Por fim, 8% da população carcerária brasileira possui mais de 61 anos (INFOPEN, p. 48, 2014).

As autoras Barros, Moreira e Duarte apontam que as iniciativas voltadas para a infância e juventude no Brasil alternam entre ações de proteção e repressão. Com relação a violência e juventude, as ações repressivas são voltadas à população jovem em condição de pobreza e invisibilidade midiática. Ademais, tais ações são perpetradas quando esta população comete delitos, em detrimento das situações em que são vítimas deles (BARROS; MOREIRA, DUARTE, pp. 143-144, 2008). Seguem as autoras:

> Este segmento etário que está delimitado entre as idades de 15 a 24 anos (BRASIL, 1989) é, certamente, o que mais sofre as manifestações de violência, sejam elas físicas, sociais ou comunitárias. Se essas expressões

forem associadas às diversas expressões da desigualdade social, vale abordar o caráter racial da violência no Brasil, haja vista que, se forem observados os números relativos aos pobres negros, estes serão mais atingidos que os pobres brancos. O segmento oposto vai ser composto por um número muito maior de brancos que, nos diversos setores da economia, agregam a maior parte da riqueza circulante (BARROS; MOREIRA, DUARTE, pp. 143-144, 2008).

Infere-se, assim sendo, que em pese majoritariamente atingida pela política de reforma penal implementada no período histórico estudado, a população jovem tem inexpressiva participação neste fenômeno. Desta forma, ao que tange a faixa etária do legislador que atuou nas alterações do Código Penal, percebe-se que a mesma tendência em relação à análise de autoria por cor e gênero se mantém.

Conclui-se desta análise que o perfil do legislador brasileiro atuante nas reformas penais continua a reproduzir a lógica de distribuição desigual de poder e conservação das relações sociais de desigualdade, motivo pelo qual Andrade aponta que o sistema penal e o direito operam a legitimação das relações sociais (ANDRADE, 1997, p, 283).

Por esta razão, importa destacar que, embora muito se fale acerca da ineficiência do sistema penal, o que se constata na verdade é que a eficácia das funções latentes simbólica e legitimadora, oposta às funções declaradas de redução da criminalidade e controle da violência (ANDRADE, 1997, p. 292).

Pode-se dizer, desta maneira, que o perfil do legislador que atua nas reformas penais, ao reproduzir as relações desiguais de poder, contribui para a manutenção do que Andrade chama de eficácia instrumental invertida do direito penal que, sustentada pela eficácia simbólica, cumpre funções distintas daquelas declaradas (ANDRADE, 2003, p. 132).

Quadro 9 – Leis aprovadas por faixa etária do autor

Lei	Faixa etária do autor
10.886/2004	51 anos
11.106/2005	52 anos
11.466/2007	58 anos
11.596/2007	46 anos
11.923/2009	63 anos
12.012/2009	50 anos

12.015/2009	Autoria mista
12.234/2010	61 anos
12.650/2012	Autoria mista
12.720/2012	62 anos
12.737/2012	Autoria mista
12.850/2013	61 anos
12.978/2014	58 anos
13.008/2014	32 anos
13.104/2015	Autoria mista
13.228/2015	40 anos
13.330/2016	51 anos
13.344/2016	Autoria mista
13.531/2017	45 anos

Quadro 10 – Representatividade de faixa etária no total de leis aprovadas

Faixa etária do autor	Lei aprovadas
30-39 anos	5,26%
40-49 anos	15,79%
50-59 anos	31,59%
60-69 anos	21,05%
Mista	26,32%

2.3.3. Populismo punitivo e a política criminal: as justificativas para o aumento da punição

Por fim, cumpre analisar as justificativas apresentadas aos projetos de lei sob a ótica do populismo penal para que se possa investigar se, de fato, as tendências de atuação dos parlamentares no período de 2003 a 2015 foi pautada pelo clamor popular. Para isto, e tendo em vista que as justificações aos projetos já foram individualmente apresentadas, serão apurados os pontos comuns nos discursos já analisados.

Em que pese as mais diversas justificativas tenham sido apresentadas aos projetos de lei, é possível agrupar as intenções declaradas pelos legisladores em alguns critérios de análise mais abrangentes, tais quais os elaborados a seguir.

É destacável que a maioria das leis aprovadas tenham como principal justificativa o combate às formas de opressão de grupos vulneráveis e a plena garantia de seus direitos, principalmente à vida e liberdade. É o caso das leis nº 10.886/2004 e 13.104/2015, que visam a ação estatal perante o drama vivido pelas mulheres brasileiras vítimas de violência doméstica e feminicídio. Da mesma forma, tem-se a lei nº 12.015/2009, cuja justificativa apresentada foi a necessidade de supressão, na norma penal, de concepções preconceituosas e características dos tempos do exercício do pátrio poder, considerando que estes são, hoje, insuficientes para repressão dos crimes sexuais.

Neste mesmo teor, tem-se as leis nº 12.650/2012 e 12.978/2014, que versam acerca da proteção de crianças e adolescentes em relação aos delitos de violência sexual. A lei nº 13.228/2015 trata da proteção da pessoa idosa nos crimes patrimoniais dos quais são vítimas em razão de sua vulnerabilidade e, ademais, a lei nº 13.334/2016 que visa à criação de uma estrutura legal para o combate de tráfico de pessoas por meio da prevenção, punição severa a proteção das vítimas.

Por fim, a lei nº 12.737/2012 trata acerca do avanço da internet e necessidade de repressão dos crimes cibernéticos, em especial em relação aos delitos de exposição de privacidade e intimidade das vítimas. Destaca-se que esta lei, em sua justificativa, apresenta-se como uma alternativa mais ponderada à regulamentação dos delitos cibernéticos do que a proposta no PL 84/99, de modo a não resultar em criminalização excessiva de condutas.

Assim sendo, vê-se que das 19 leis estudadas, oito delas intentam o combate à diversas formas de opressão e a proteção de grupos vulneráveis, o que corresponde a 42,1% das normas. Importa destacar, acerca de tais leis, que a proteção de grupos vulneráveis, objeto tantas vezes de propostas legislativas de partidos de esquerda, se dá majoritariamente pelo viés punitivo, e sempre pautando a impunidade como justificativa para edições de novas normas. Desta forma, dá-se manutenção à crença de que o sistema penal é apto para a resolução das demandas sociais.

Noutro ponto, 26,32% das leis aprovadas, ou seja, cinco delas, possuem como justificativa a necessidade de combate a determinados delitos em específico. É, por exemplo, o caso das leis nº 11.466/2007 e 12.012/2009, que tratam do combate ao uso de celulares dentro de estabelecimentos prisionais, considerado pelos parlamentares o meio pelos quais os atos criminosos são comandados por apenados. A lei nº 11.923/2009 trata especificamente do sequestro relâmpago sob a justificativa que a incidência de tais delitos vem aumentando no país.

Ainda, a lei n° 13.008/2014 versa acerca dos crimes de contrabando e descaminho visto que, segundo o parlamentar autor do projeto, tais delitos trazem grande desequilíbrio aos diversos setores da sociedade, principalmente para a economia. E, por fim, a lei n° 13.330/2016 trata do crime de furto de animais visto que, segundo o legislador, possui grande gravidade para o produtor rural brasileiro.

Destacável também que três leis aprovadas, ou seja, 15,79% das normas, tiveram como justificativa apresentada pelos parlamentares a necessidade de regulamentação de princípios constitucionais e garantias processuais. Ocorre, ainda assim, que as referidas leis tiveram como resultado uma maior gravidade no tratamento de delitos.

Este é o caso da lei n° 11.106/2005, que teve sua importância justificada pela autora sob o argumento de que fazia-se necessário corrigir a incoerência entre a discriminação contida na norma do Código Penal e os princípios constitucionais, principalmente o de igualdade. Isto porque a lei anterior continha o termo "mulher honesta" e "mulher" nos artigos 216 e 231 do Código Penal, respectivamente, como únicas vítimas dos delitos de atentado ao puder mediante fraude e tráfico internacional de pessoas. Ocorre que a lei também criou novos tipos penais, motivo pelo qual é considera como uma norma com efeitos gravosos.

Neste mesmo sentido, observa-se a lei n° 12.720/2012, que versa acerca dos delitos de extermínio, milícia privada ou esquadrão e a oferta ilegal de serviço de segurança pública ou patrimonial. Conforme já explanado, toda a justificativa apresentada pelo legislador é pautada na concepção de direitos humanos, bem como a necessidade de tomada de medidas legislativas pelo Estado para criação de mecanismos eficientes de penalização às execuções sumárias e extralegais ocorridas sob as mais diversas matizes. Destacável, entretanto, que novamente o meio utilizado para a efetivação dos direitos humanos tenha sido por meio da edição de uma norma penal que cria novos delitos.

Por fim, de maneira semelhante, tem-se a lei n° 12.850/2013. Esta norma, que trata acerca da repressão ao crime organizado. A justificação apresentada foi pautada na necessidade de disciplinar a investigação criminal, os meios de obtenção de prova e o procedimento judicial aplicável ao referido crime de modo a assegurar aos investigados a garantia do devido processo legal, bem como às atribuições constitucionais dos órgãos envolvidos na persecução criminal.

Ocorre que dentre as diversas garantias apresentadas pela senadora autora do projeto, tal como a supressão do instituto da infiltração policial no direito brasileiro porque, segundo a autora, viola o patamar ético-legal do Estado Democrático de Direito, conforme já explanado, não foi aprovada como texto final, haja vista a grande quantidade de emendas ao projeto inicial. O resultado final foi, novamente, uma norma com característica marcante de criação de novos tipos penais e mecanismos repressivos.

Para mais, duas leis aprovadas tiveram como objetivo declarado pelos parlamentares autores o combate à impunidade, o que equivale a 10,53% das normas. São elas as leis nº 11.596/2007 e nº 12.234/2010. A primeira trata especificamente da necessidade de evitar a interposição de recursos meramente protelatórios, de modo a garantir a efetividade das normas penais. A segunda, por sua vez, modifica a contagem dos prazos prescricionais porque, segundo o legislador, a prescrição retroativa vem sendo utilizada como instrumento de impunidade, em especial nos crimes praticados por "mentes preparadas.

Por fim, uma única norma aprovada, qual seja, a lei nº 13.531/2017, tem como justificativa a correção de uma incoerência legal, conforme demonstrado no quadro abaixo.

Quadro 11 – Principais justificativas apresentadas aos projetos de lei aprovados pelo Congresso Nacional de 2003 a 2015

Lei	Principais justificativas apresentadas
10.886/2004	Drama vivido pelas mulheres em situação de violência e apelo destas por proteção
11.106/2005	Incoerência entre a discriminação contida na norma e os princípios constitucionais
11.466/2007	Uso de celulares para comando de ações criminosas dentro de estabelecimentos prisionais
11.596/2007	Necessidade de evitar a interposição de recursos meramente protelatórios as instâncias superiores
11.923/2009	Aumento da ocorrência de sequestro relâmpago no país
12.012/2009	Grande número de notícias acerca de tais delitos, estado de terror das vítimas perante estes crimes e a necessidade de suprimir uma lacuna legal que favorece o cometimento de ilícitos
12.015/2009	Insuficiência das concepções características dos tempos do pátrio poder para repressão dos crimes sexuais nos dias de hoje, haja vista os valores preconceituosos a elas atreladas
12.234/2010	Combate à impunidade

12.650/2012	Gravidade do crime de violência sexual contra crianças e adolescentes e das consequências deste às vítimas, bem como a grande incidência deste delito em território nacional
12.720/2012	Proteção aos direitos humanos
12.737/2012	Avanços da internet e necessidade de repressão a delitos cibernéticos
12.850/2013	Necessidade de disciplinar a investigação criminal e meios de obtenção de prova sem desrespeito à garantia do devido processo legal
12.978/2014	Repúdio social ao delito de exploração sexual de crianças e adolescentes
13.008/2014	Necessidade de fortalecimento das políticas de combate aos crimes de contrabando e descaminho e o desequilíbrio que estes causam na sociedade
13.104/2015	Impunidade nos delitos de homicídios de mulheres e aumento da incidência deste crime
13.228/2015	Aumento dos delitos contra a pessoa idosa em virtude de sua situação de vulnerabilidade
13.330/2016	Gravidade do crime de furto de animais para o produtor rural
13.344/2016	Criação de uma estrutura legal para o combate de tráfico de pessoas por meio da prevenção, punição severa a proteção das vítimas
13.531/2017	Incoerência em se qualificar o dano contra patrimônio dos municípios, estados e União e não considerá-lo de igual maneira quando se trata de patrimônio do Distrito Federal

Quadro 12 – Incidência das justificativas apresentadas

Principal justificativa apresentada	Total de leis aprovadas
Combate às formas de opressão e proteção de grupos vulneráveis	42,10%
Necessidade de repressão de delitos específicos	26,32%
Regulamentação de princípios constitucionais e garantias processuais	15,79%
Combate à impunidade	10,53%
Correção de incoerência legal	5,26%

Através de todos os dados coletados e expostos supra, o que se buscou demonstrar foi que, em que pese as mais diversas justificativas apresentadas (quadros 11 e 12), a tendência de atuação do Congresso Nacional no período de 2003 a 2015 foi tão somente a edição de normas penais com características mais rigorosas. Tal comportamento pôde ser observado desde a edição de leis que criaram novos tipos penais e qualificadoras, promoveram o aumento de penas e até a alteração da contagem dos prazos prescricionais (quadros 5 e 6).

Assim, é possível afirmar, com base nas leis propostas no referido período, que os anos de 2003 a 2015 de fato foram marcados por um grande rigor no tratamento das normas penais. O que importa frisar, ainda, é a motivação dos parlamentares na edição de normas que impuseram um tratamento mais rigoroso à política criminal.

Da análise das justificativas aos projetos de lei, é possível perceber a grande influência da opinião pública na atividade legislativa, bem como a necessidade de maior repressão criminal em decorrência de um suposto aumento da criminalidade. Ainda, o clamor social por atuação estatal no que tange à proteção de vítimas de delitos é frequentemente mencionado como justificação a um novo projeto de lei.

Noutro ponto, a necessidade de combate às mais diversas formas de opressão é utilizada como justificação à edição de normas cada vez mais rigorosas, de modo que tal atitude se constitui, segundo os parlamentares, na resposta do Estado frente às demandas populares. Chama à atenção, principalmente em casos como este, que a principal ação estatal frente às desigualdades sociais e à opressão sofrida por grupos vulneráveis venha na forma de maior criminalização.

Isto porque, conforme já demonstrado, o perfil do legislador que atua nas alterações ao Código Penal em muito difere daqueles que serão posteriormente selecionados pelo sistema. Deste modo, é possível dizer que, ainda atuando sob justificativa de proteger grupos vulneráveis, as normas editadas contribuem para a manutenção das formas de desigualdades já existentes na sociedade.

Com isto, quer-se dizer que a atuação dos parlamentares nos anos de 2003 a 2015 foi pautada por duas principais diretrizes, quais sejam, a necessidade de combate a um suposto aumento da criminalidade, bem como a necessidade de proteção a grupos vulneráveis. Tais diretrizes convergem-se na característica das respostas estatais apresentadas, visto que ambas resultaram na edição de normas penais mais rigorosas.

Tal constatação dialoga com o trabalho de Azevedo, já mencionado neste trabalho, quando trata acerca das tendências da política criminal brasileira. O que o autor defende, desta maneira, é que ambas as tendências, apesar da aparente contradição, não são opostas, ao passo que estabelecem uma mesma relação no que tange à reinvindicação da sociedade e respostas dadas pelos parlamentares (AZEVEDO, 2016).

Ainda, aponta-se que:

> Em matéria de reformas legais no âmbito da justiça criminal, as pesquisas têm apontado, de modo geral, e não apenas no Brasil, para a existência de uma hipertrofia ou inflação de normas penais, que invadem campos da vida social anteriormente não regulados por sanções penais. O remédio penal é utilizado pelas instâncias de poder político como resposta para quase todos os tipos de conflitos e problemas sociais. A resposta penal se converte em resposta simbólica oferecida pelo Estado frente às demandas de segurança e penalização da sociedade, expressas pela mídia, sem relação direta com a verificação de sua eficácia instrumental como meio de prevenção ao delito, sem a análise do seu impacto direto sobre o sistema carcerário e de outros possíveis efeitos da entrada em vigor de uma nova previsão de criminalização (SOZZO, 2017, p. 38).

Há que se destacar, também, que ambas as tendências identificadas com os dados coletados devem ser explicadas não tão somente pela análise da norma na fase legislativa, visto que é o contexto pré-legislativo da norma que molda a atuação dos parlamentares. Neste contexto, a opinião pública é uma influência primordial sobre os parlamentares, demonstrada principalmente nos projetos de lei que mencionam o clamor social por uma resposta estatal frente à determinada demanda.

Assim, tanto o clamor por resposta estatal frente a um suposto aumento da violência, quanto o clamor dos movimentos sociais por ações afirmativas para o enfrentamento das mais diversas formas de opressão são frequentemente utilizados pela mídia como mercadoria, qual seja, a notícia (PORTO, 2009). Desta forma, o sentimento de que existem graves problemas sociais a serem combatidos gera o clamor por maior repressão penal, formando a opinião pública (GAZOTO, 2010).

Ocorre que neste contexto de uma aparente homogeneidade na opinião pública acerca da necessidade de maior repressão penal que se insere o populismo penal. Isto porque a proposição e elaboração das leis criminais acabam sendo utilizadas como verdadeiras armas políticas, não tão somente na forma de respostas à sociedade como também como uma maneira de ganho de visibilidade por parte dos parlamentares (CAMPOS, 2013).

Conforme alerta Sozzo (2012), é perceptível através das leituras das justificativas aos projetos de lei, o populismo penal, através das respostas dadas pelos parlamentares às demandas sociais, acaba por reivindicar os sentimentos e desejo das pessoas cerca da criminalidade e punição. Ocorre, assim, que frequentemente o clamor social é apontado como uma forma de legitimar novas maneiras de punição, seja em combate a uma criminalidade supostamente crescente, seja para combater formas de opressão. Ainda, conforme esclarece Pratt (2007), o populismo penal frequentemente se fortalece através dos sentimento de desilusão com a justiça, de modo que muitas vezes os parlamentares apontam como motivo para edição de uma nova lei a existência de "lacunas legais" que favore-cem o cometimento de delitos, aumentando a sensação de impunidade.

Por fim, resta destacar que à medida que o sistema penal é utilizado tão somente como resposta a um suposto aumento da criminalidade ou como solução de todos os problemas sociais, valendo-se de arma políti-ca para ganho de visibilidade, os remédios penais acabam não servindo como meio de proteção aos bens jurídicos tutelados (AZEVEDO, 2003). A função do sistema penal, assim sendo, acaba não sendo, na prática, aquela declarada.

Assim, tanto a população, através de suas reivindicações, quanto os parlamentares, através de seus projetos de lei, acabam reproduzindo o que se denomina "ideologia da defesa social". Isto porque os princípios desta teoria, explanados por Baratta (2002), encontram-se presente nos discursos legitimadores destas novas ferramentas de punir. O clamor social confere ao Estado legitimidade para repressão da criminalidade, determi-nando o delinquente como um elemento negativo reprovável, através de penas que não só punem como previnem novos delitos. Ainda, a ideia de que a nova lei penal será igualmente aplicada a todos os cidadãos, bem como o interesse protegido é o de toda a sociedade (BARATTA, 2002).

Relevante pontuar, para mais, que observou-se um grande crescimento da população carcerária brasileira, nestes termos:

> Em números absolutos, considerando o período de 2000 a 2013, perce-be-se que, depois de um período de estabilidade no início dos anos 2000, em que a população carcerária girava em torno dos 230 mil presos, desde então, e com a exceção do ano de 2005, o crescimento foi significativo e constante, em torno de 8% ao ano, chegando a um total de 574 mil presos em julho de 2013. Do total de presos no país em 2012, 93,8% estavam no sistema penitenciário, e 6,7% sob custódia das polícias. Os 34.304 sob custódia das polícias, situação irregular que contraria a legislação, concentram-se em algumas unidades da Federação, entre as

quais os estados do Paraná, com 9.290 presos, de Minas Gerais, com 6.058, São Paulo, com 4.867, Rio de Janeiro, com 2.920, e Maranhão, com 1.176. (SOZZO, 2017, p. 50).

É essencial destacar, no entanto, que o referido crescimento não se deve apenas pela aprovação das leis estudadas neste trabalho. O aumento constante da taxa de encarceramento preventivo também carrega esta responsabilidade. Ainda, vale lembrar que no ano de 2006 restou aprovada a Lei nº 11.343, conhecida como Lei de Drogas, aqui não estudada especificamente por não ter alterado de maneira direta o Código Penal, embora trate de matéria criminal.

Este diploma legal é marcado por duas tendências de política criminal: a proibicionista e a prevencionista. A primeira, dirigida contra a produção e comércio ilegal de entorpecentes, e a segunda aplicada ao usuário e dependente (SOZZO, 2017, p. 67). Ocorre que:

> Salo de Carvalho, por sua vez, sustenta que a atual Lei de Drogas, [...] apesar de insinuar intervenções redutoras, prevê medidas descarcerizantes que acabam sendo consumidas pela lógica da punitividade, fato que propicia identificar na base argumentativa da nova lei a inversão lógica do discurso de contração de riscos. Ou seja, é enunciada formalmente a política de redução de danos, mas sua instrumentalização reforça a lógica repressiva. (Carvalho, 2010: p. 149). Marcelo Mayora, em entendimento semelhante, assevera que a Lei 11.343 de 2006 trouxe inovações em relação à Lei 6.368 de 1976, "mas manteve a mesma lógica, justamente porque partiu da mesma premissa político-criminal, qual seja, da perspectiva de 'guerra às drogas', mediante persecução e punição violentas ao tráfico, e tratamento em relação ao usuário" (Mayora, 2009: p. 245-246). (SOZZO, 2017, p. 67)

No entanto, ainda que não se possa afirmar que as leis estudadas neste trabalho tenham sido, diretamente, responsáveis pelo aumento da população carcerária no país nos anos de 2003 a 2015, pode-se dizer que a dinâmica das reformas penais no referido período foi pautada pelo populismo penal, exercendo uma função simbólica e legitimadora dos fundamentos de punir e das relações de desigualdade existentes na sociedade. Ademais, este aumento da população carcerária não foi observado como uma demanda de produção legislativa por parte dos deputados e senadores, que não se preocuparam em aprovar leis que estendessem o rol de garantias à população carcerária ou melhorasse suas condições como detentos.

CAPÍTULO 3
ALGOZ E PRETENSO PROTETOR: A QUESTÃO DE GÊNERO E O ENDURECIMENTO PENAL NAS REFORMAS LEGISLATIVAS

A luta por conferir cidadania às mulheres realizada pelos movimentos feministas brasileiros resultou na publicização da violência doméstica, problema que até pouco tempo ficava restrito à esfera privada, e se tornou uma das grandes pautas para o movimento. Neste contexto de reivindicação de direitos nasce a Lei Maria da Penha, em 2006, fruto de um grande processo de significação da violência doméstica, que culmina na articulação de seguimentos do movimento feminista ao levar o emblemático caso de Maria da Penha, vítima de duas tentativas de homicídio por parte de seu companheiro, que a deixaram paraplégica, à justiça internacional após sucessivas manifestações de negligência do Estado brasileiro.

A lei se tornou a grande conquista do movimento feminista na busca por uma vida livre da violência de gênero, ao prever atendimento especializado às vítimas de violência doméstica, contudo, a priorização do caráter punitivo, sem pautar mecanismos explícitos de transformação da realidade patriarcal ou de promoção da equidade de gênero são problemas a serem analisados.

Assim, buscou demonstrar, através da análise das narrativas dos parlamentares na Câmara dos Deputados e Senado Federal, se há possibilidade de as demandas feministas de combate à violência, especialmente a violência doméstica, terem convergido na aprovação de projetos de cunho criminalizante no Brasil.

Para tanto, inicialmente se buscará explorar a história do movimento feminista brasileiro, realizando um resgate a partir dos feminismos nascidos na ditadura militar de 1964, e com foco especial nas demandas relacionadas à violência contra a mulher, que culmina com a aprovação da Lei n. 11.340/06 (Lei Maria da Penha) e posteriormente a Lei n. 13.104/15 (Lei do Feminicídio).

Posteriormente, passa-se à reflexão a respeito da problemática em utilizar-se do sistema de justiça criminal na tentativa de resolução de conflitos sociais, momento em que será abordada a incapacidade do sistema penal em lidar com problemas sociais, e pelo contrário, sua potencialidade de intensifica-los.

Por fim, será realizada a análise possível das narrativas encontradas nos discursos parlamentares referentes aos projetos de lei que originaram as leis 11.340/06 (Lei Maria da Penha) e 13.104/15 (Lei do Feminicídio), durante seu período de tramitação nas casas legislativas. Para tanto, foram realizadas consultas aos discursos registrados em Plenário na Câmara dos Deputados e no Senado Federal, através de suas respectivas páginas na internet[9], durante o período de tramitação dos projetos.

Assim, com relação à tramitação da Lei 11.340/06, foi realizada análise dos arquivos de discurso em Plenário na Câmara dos Deputados no período compreendido entre 07/03/2006 e 22/03/2006, e no Senado Federal no período de 03/04/2006 a 04/07/2006.

Quanto à Lei 13.104/15, foram realizadas análises dos arquivos de registro dos discursos em plenário no Senado Federal do período compreendido entre 15/07/2013 e 17/12/2014. Quanto à tramitação na Câmara dos Deputados, foram analisados os arquivos disponíveis entre o período de 17/12/2014 e 03/03/2015.

Com isso, pretende-se analisar quais expectativas e objetivos foram visados à época, com a finalidade de identificar a existência de uma postura punitivista, ou de aumento do sistema penal como forma de solução para a problemática da violência perpetrada contra as mulheres, possibilitando compreender se as demandas de combate à violência contra as mulheres provenientes do movimento feminista foram utilizadas de modo a contribuir ao endurecimento penal.

3.1. MOVIMENTOS FEMINISTAS NO BRASIL – FRAGMENTOS HISTÓRICOS DA LUTA DAS MULHERES CONTRA A VIOLÊNCIA DE GÊNERO

O movimento feminista brasileiro, assim como o conhecemos, nasce no violento contexto da ditadura militar de 1964, por volta dos anos 70, mas pode-se dizer que inicia anteriormente, ao final do ano de 1940, com o movimento de mulheres. Este foi um movimento bastante heterogêneo, em que mulheres das mais variadas classes sociais lutaram contra a carestia.

---

9 Disponível em: <https://www.camara.leg.br> e <https://legis.senado.leg.br/diarios/PublicacoesOficiais>.

Este tipo de movimentação continuou até a década de 70, em que as organizações de mulheres, especialmente de bairros pobres, organizadas em clubes de mães e apoiadas pelas Comunidades Eclesiais de Base da Igreja Católica passam a buscar melhorias em sua comunidade, nas escolas, postos de saúde, creches e serviços públicos em geral.

Em que pese estas manifestações não possam ser consideradas como feministas, especialmente por não questionar o papel atribuído à mulher na sociedade, houve uma aproximação gradual deste movimento com o movimento feminista que surge na década de 70 (PINTO, 2003).

Desde o golpe de 1964, os movimentos sociais e manifestações políticas foram violentamente calados, com a esquerda derrotadas em todas as frentes, momento e que se cria um grande silenciamento político. Neste cenário nascem, por volta de 1972, os primeiros grupos feministas, inspirados nos chamados grupos de reflexão existentes no exterior. Eram reuniões bastante privadas e intelectualizadas, entre mulheres que já se conheciam, e que tratavam de discutir, livremente, temas preestabelecidos, sem, contudo, seguir uma pauta, o que fazia com que se discutisse praticamente todos os assuntos.

Não é possível saber exatamente quantos destes grupos existiram no Brasil, a busca por estas informações não é tarefa fácil, em muito por tratarem-se de reuniões privadas, sabendo-se que existiram em São Paulo e Rio de Janeiro, mas estima-se que foram criados grupos feministas de reflexão em todos os Estados do país (PINTO, 2003).

A aproximação dos grupos de movimentos de mulheres e do movimento feminista foi responsável pelo desenvolvimento de um movimento feminista interclasses, bastante peculiar em relação a outros países ocidentais, tendo em vista que foi forjado não somente a partir da experiência de mulheres de classe média intelectualizada, mas também da vivência cotidiana das mulheres mais pobres em suas demandas por infraestrutura urbana básica, e condições de vida digna (SARTI, 2004, p. 40).

Essa atuação de reivindicação por direitos fez com que mesmo as mulheres que não se identificavam com o movimento feminista, ao saírem do âmbito privado, viessem a se tornar novos sujeitos de direitos, atuando diretamente na esfera pública e levantando a questão das práticas sociais de gênero que lhe foram atribuídos (SARTI, 2004, p. 40).

> Essa atuação conjunta marcou o movimento de mulheres no Brasil e deu-lhe coloração própria. Envolveu, em primeiro lugar, uma delicada relação com a Igreja Católica, importante foco de oposição ao regime militar. As organizações femininas de bairro ganham força como parte

do trabalho pastoral inspirado na Teologia da Libertação. Isso colocou os grupos feministas em permanente enfrentamento com a igreja na busca de hegemonia dentro dos grupos populares. O tom predominante, entretanto, foi o de uma política de alianças entre o feminismo, que buscava explicitar as questões de gênero, os grupos de esquerda e a Igreja Católica, todos navegando contra a corrente do regime autoritário. Desacordos sabidos eram evitados, pelo menos publicamente. O aborto, a sexualidade, o planejamento familiar e outras questões permaneceram no âmbito das discussões privadas, feitas em pequenos "grupos de reflexão", sem ressonância pública (SARTI, 2004, p. 39).

Tal aliança, contudo, encontrava entraves, e o movimento feminista passou por um difícil paradoxo: ao mesmo tempo em que precisava administrar a luta feminista dentro do contexto da luta contra a ditadura militar, passou a repensar as formas de organização e sua participação, em geral limitada, junto ao movimento de esquerda, às organização de partidos políticos dominados por homens, à igreja progressista e o Estado patriarcal, capitalista e racista.

Esta visão crítica e questionadora do seu lugar perante as organizações foi um incômodo não só para as instituições oficiais, para quem o movimento era imoral, mas para os próprios companheiros dentro da esquerda, que enxergaram o movimento feminista como um desvio egoísta, um modismo imperialista. (COSTA, 2005).

Esta dificuldade pode ser vislumbrada pela própria relação das fundadoras dos grupos de reflexão com sua memória e para com a época, conforme aponta Célia Regina Jardim Pinto:

> O surgimento desses dois grupos, organizados por uma geração de mulheres que haviam vivido a década 1960 como jovens adultas, está associado, tanto na fala de suas fundadoras como no trabalho de Costa, a um vazio político. Parece haver quase um pedido de desculpas dessas mulheres por estarem tratando de seus problemas naquela época quando o país precisava tanto de ações políticas. Enquanto no resto do mundo ocidental as mulheres procuravam de discutir sua posição na sociedade, seu corpo e seu prazer, um punhado de mulheres brasileiras fazia a mesma coisa, mas pedindo desculpas. A complicada relação do feminismo no Brasil com o campo político justifica esta postura [...] (PINTO, 2003, p. 51)

O ano de 1975, entretanto, é declarado pela ONU como o Ano Internacional das Mulheres, data que passa a ser paradigmática no Brasil, e que inaugura o que se considera a chamada "Segunda Onda" do feminismo no país, por possibilitar que debates sobre a questão de gênero viessem a público em pleno período militar.

O evento oficial patrocinado pela ONU aconteceu na Cidade do México, contudo, algumas mulheres brasileiras, pertencentes a grupos privados de reflexão, conseguiram o apoio da ONU para a organização de um evento público, nomeado "O papel e o comportamento da mulher na realidade brasileira", que foi um sucesso, mesmo com a necessidade de haver certos cuidados, como a não utilização do termo "feminismo" (PINTO, 2003, p. 56-57), e a inclusão de homens na programação, tendo em vista a resistência dos poderes constituídos. Na ocasião foi criado o Centro de Desenvolvimento da Mulher Brasileira, que permaneceu ativo durante 25 anos, até o ano 2000.

Por óbvio, muitas mulheres optaram por não participar do evento por medo da repressão militar, e a intenção de institucionalizar uma organização feminista gerou grande debate entre as envolvidas, isto porque boa parte entendia que a institucionalização limitaria a área de atuação, além de atrair para as participantes a atenção do governo militar, já que em geral estas mulheres militavam na luta contra a ditadura.

Além disso, a institucionalização do movimento em período tão crítico tornava o movimento feminista ainda mais questionável para os homens militantes de esquerda, que viam nos feminismos uma luta menor e menos importante que aquela contra o regime militar e o capitalismo (PINTO, 2003).

Neste contexto, o momento político do país e a predominância de mulheres marxistas ditou as primeiras atividades do CMB, que foram voltadas para discussões a respeito da ditadura, com defesa à luta de classe e à politização de mulheres das camadas populares, de envolvimento na luta pela libertação de presos políticos, e com foco na mulher trabalhadora, buscando creches, igualdade de remuneração em relação aos homens e proteção à maternidade, ou seja, foram priorizadas agendas próprias da esquerda, que apesar de serem voltadas à saúde, educação e trabalho da mulher, não eram atividades feministas propriamente ditas (MARQUES; ZATTONI, 2014).

Apesar desta tendência, o Centro abrigava feministas de outras vertentes, algumas com olhar feminista mais amplo à problemática do gênero, que tratavam de discussões mais profundas como a rígida demarcação de práticas sociais de gênero e políticas do corpo, com discussões sobre sexualidade, tratando de aborto, prazer, contracepção, além do amplo debate sobre a mulher no ambiente público e privado. Estes dois grupos, e a dicotomia de abordagem de cada um sempre existiu e gerou atritos no CMB (MARQUES; ZATTONI, 2014).

Em 1979, a anistia permite que mulheres exiladas, em contato com os feminismos emergentes de outros países voltassem ao país, e temas propriamente feministas ganham espaço no Centro da Mulher Brasileira.

Neste ano acontece também o Encontro Nacional de Mulheres, e tensões a respeitos dos temas a serem tratados gera uma ruptura no CMB, que originou o Coletivo de Mulheres, de onde nasceria, em 1981, a SOS Mulher (MARQUES; ZATTONI, 2014, p. 65-66).

> [...] as mulheres de classe média, intelectualizadas, que estiveram nos Estados Unidos ou na Europa como exiladas, estudantes ou simples viajantes em busca de novas experiências, voltavam para o Brasil trazendo uma nova forma de pensar sua condição de mulher, em que o antigo papel de mãe, companheira, esposa não mais servia. Essas mulheres haviam descoberto os seus corpos, com suas mazelas e seus prazeres. Mas o Brasil que encontravam era um país dominado por uma ditadura militar sangrenta, na qual todas as frestas de expressão que sobraram deviam ser ocupadas pela luta pró-democratização, pelo fim da censura, pela anistia aos presos políticos e exilados. Somava-se isso a uma tradição marxista ortodoxa muito arraigada, que via esse tipo de luta como um desvio em relação à luta fundamental do proletariado contra a burguesia. Tal característica foi muito marcante na forma como se desenvolveu o Centro da Mulher Brasileira, fundado no Rio de Janeiro e que, após 1975, teve uma trajetória marada pelo afastamento das feministas radicais e pela aproximação com posições políticas partidárias e com sindicatos (PINTO, 2003, p. 65).

A concessão da Anistia em 1979 foi um dos marcos a representar uma gradual abertura política no Brasil, que viria a afetar o movimento feminista de modo incisivo.

Neste período, já havia a promessa de reestabelecimento gradual da democracia, de modo que foi iniciada a reforma política que acabaria com o bipartidarismo, decretado no AI-2, em 1965 (PINTO, 2003, p. 67-68).

Em 1982 aconteceram as primeiras eleições gerais – para o poder legislativo – no país, e as feministas que até então ligavam-se ao MDB, única possibilidade de oposição ao regime, agora dividiam-se entre o PMDB (Partido do Movimento Democrático Brasileiro, sucessor do MDB) e o PT (Partido dos Trabalhadores), o que geraria tensões dentro do movimento.

Isto porque as mulheres que permaneceram junto ao PMDB buscaram o caminho da institucionalização do movimento junto ao Estado, ante a expectativa criada em torno da "abertura" política, de criação e fortalecimento de instituições democráticas, enquanto que as ligadas ao PT possuíam um caráter mais autonomista (PINTO, 2003, p. 68).

Apesar das tensões, movimento institucionalizante e autônomo acabam trabalhando juntos, de certa forma. Na via institucional destaca-se o nascimento dos Conselhos da Condição Feminina, em especial o Conselho Nacional da Mulher (CNDM), que de 1985-1989 tratou de temas importantes ao movimento feminista, como a criação de creches, temas ligados à sexualidade e aos direitos reprodutivos, denunciando discriminações, patrocinando campanhas públicas sobre conscientização a respeito do câncer de mama, violência doméstica e sexual, racismo, dentre outras demandas.

Pautou a questão das delegacias especializadas em atendimento às mulheres vítimas de violência, que teve sua primeira unidade em 1985 e foi considerada uma das primeiras políticas públicas bem-sucedidas do país (BARSTED, 1994; PINTO, 2003).

Além disso, foi responsável por uma grande campanha de articulação política à época da Assembleia Nacional Constituinte chamada "Constituinte pra valer tem que ter direitos da mulher", realizando reuniões entre mulheres de todas as vertentes feministas com fins de apresentar demandas da sociedade civil, com foco em questões ligadas à equidade de direitos da mulher, e teve boa parte de suas reivindicações aprovadas (TEGA, 2011, p. 8).

Vinculada ao Estado, a liderança do CNDM possuía o status de ministra, contudo, foi também dirigido por representantes do movimento feminista, contando com a colaboração de movimentos autônomos, isso fez com que o Conselho não fosse política ou ideologicamente subordinado ao governo. Entretanto, sua possibilidade de atuação dependia de abertura e recursos governamentais, o que acabou por ocasionar, com o início do governo Collor em 1989, a perda de autonomia do Conselho, que enfraqueceu gradualmente sua expressividade perante a sociedade (BARSTED, 1994, p. 46).

As dificuldades impostas pelo novo governo fizeram com que lideranças, conselheiras, e boa parte do corpo técnico renunciassem a seus cargos, por entender que continuar no órgão naquelas condições representaria cooptação (PITANGUY, 2011, p. 29). Esta situação demonstra uma das problemáticas na atuação junto ao Estado, eis que exige um governo em exercício disposto a fornecer aparato para uma atuação dotada de autonomia.[10]

---

10 Um órgão como o CDMN só foi criado novamente em 2003, no governo de Luis Inácio Lula da Silva, que criou a Secretaria Especial de Políticas para Mulheres, com status de ministério, nos moldes do antigo Conselho (CAMPOS,

Assim, durante o período de gradual abertura política dos anos 80, seja pela via institucional, autônoma ou acadêmica, o movimento feminista passa a trazer a público temas que estavam reservados unicamente à esfera privada, já que seriam "essencialmente femininos", como corpo, desejo, saúde e sexualidade, procurando demonstrar como as relações da vida cotidiana, assim como instituições como família e divisão sexual do trabalho são poderosas formas de dominação (TEGA, 2011, p. 7).

A violência contra a mulher, em especial na esfera doméstica era tema também delicado à época, e que até então permanecia restrito à esfera privada. A violência doméstica, o silenciamento com relação a casos de estupro, a possibilidade de homicídio por "legítima defesa da honra", e a despreocupação com a vida de mulheres pelas autoridades fez com que grupos feministas, boa parte deles já setorizados, voltasse seus esforços para o tema, definindo basicamente duas formas de atuação: buscando a mudança na legislação e a partir da criação de instituições e serviços que dessem visibilidade à causa feminista, e tratamento específico à questão da violência (BARSTED, 1994, p. 50).

> No início de sua atuação na questão da violência, o movimento de mulheres endereçou grande parte de suas demandas ao Poder Legislativo. No processo de elaboração da nova Constituição, com perspectivas de mudanças na lei penal, foram apresentadas, pelo movimento feminista, propostas de modificação do Código Penal que colocavam o estupro e o atentado violento ao pudor como crimes contra a integridade física e não, como se apresentam atualmente, como crimes contra os costumes. Foi proposta a eliminação do qualificativo "mulher honesta" nos crimes sexuais cometidos com fraude. Esse qualificativo tem impedido que prostitutas sejam consideradas vítimas desses crimes. Foi proposta a descriminalização do aborto, exceto nos casos de tal procedimento ser cometido contra a vontade da gestante. O movimento feminista propôs que, face à complacência social nos crimes cometidos por maridos, companheiros ou familiares, a violência doméstica fosse nomeada, explicitamente, como crime (BARSTED, 1994, p. 50).

2017, p. 49). Em 2015, no governo Dilma Rousseff a secretaria foi incorporada à Secretaria de Políticas de Promoção da Igualdade Racial e à Secretaria de Direitos Humanos, vindo a tornar-se o Ministério das Mulheres, da Igualdade Racial e dos Direitos Humanos (MATOSO; ALEGRETTI; PASSARINHO, 2015). Em 2016, sob o governo interino de Michel Temer, o MMIRDH foi extinto, perdendo a posição de ministério, com suas pautas vinculadas ao Ministério da Justiça e Cidadania. (MINISTÉRIO... 2016)

Poucos dos pedidos foram aceitos à época, sendo introduzido o parágrafo 8º à Constituição Federal, em que o Estado passa a assumir a responsabilidade de criação de mecanismos para inibir a violência doméstica. Além disso, no âmbito do Código Penal, o estupro passou a ser considerado crime de natureza hedionda (BARSTED, 1994).

Na outra via, grupos feministas setorizados voltaram seus esforços para o tema criando organizações de apoio às mulheres vítimas de violência doméstica.

À primeira delas foi a SOS Mulher, criada ainda em 1981, com objetivo de desenvolver um espaço de atendimento às vítimas, em que fosse possibilitada a reflexão e mudança na condição de vida das mulheres atendidas.

Este momento, contudo, é especialmente delicado, já que as mulheres criadoras das organizações se viam, até então, como sujeito da causa feminista, entretanto, as mulheres que procuravam estes espaços acabavam por voltar a conviver com o agressor, frustrando as expectativas das militantes (PINTO, 2003).

As delegacias especializadas evidenciaram o grande número de violências que a as mulheres eram submetidas, especialmente no âmbito privado, mas enfrentaram a mesma problemática que a SOS Mulher no atendimento de mulheres vítimas de violência doméstica: a mulher, em geral, procura(va) a autoridade policial no momento da agressão, mas não deseja(va) prosseguir com os procedimentos padrões, desejando apenas um gesto de comprometimento perante uma autoridade por parte do agressor de que sua conduta agressiva não voltaria a se repetir (PINTO, 2003).

A situação delicada em que se encontra a mulher vítima de violência doméstica merece especial reflexão a respeito de referenciais e relações de poder em que são constituídas as relações. O trabalho no atendimento de vítimas, seja pela via institucional, seja através de organizações autônomas demonstra a dificuldade em encerrar com ciclos de violência, que apontam a necessidade de trabalho com vítima e agressor, com fins de desconstituir ideais e relações de poder forjados na sociedade (SARTI, 2004).

A década de 1990 passa então por uma virada ao conservadorismo, com a precarização das instituições oficiais voltadas aos direitos da mulher, motivo pelo qual as mulheres ligadas ao movimento feminista deixam a via institucional, a exemplo do ocorrido com a CNDM, e passam a integrar as chamadas "ONG's feministas", organizações cada vez mais especializadas e profissionalizada que passam a trabalhar no acolhimento de mulheres e pressionando os órgãos do Estado a fim de influenciar políticas públicas (COSTA, 2005).

Nesta época também se passa a questionar a característica no movimento feminista de ser excessivamente branco, de classe média, intelectual e heterossexual, causando reações no sentido de setorizar ainda mais as ONG's, que passaram a abordar individualmente pautas específicas de grupos excluídos.

Assim, a luta feminista através das ONG's acabaria bastante fragmentada, além disso, há críticas no sentido de que esta forma de organização, em geral financiada por fundações internacionais ou pelo próprio governo, acaba estando vinculada às vontades de seu ente financiador, o que não retira seu caráter feminista, mas acaba por vincular suas participantes a um lugar institucional, deixando de ser um agrupamento aberto e igualitário – como os grupos autônomos – para vir a estar permeado de regulamentos para entrada e permanência das participantes (PINTO, 2003).

O movimento organizado em forma de ONG'S é uma característica do período, em que pese tenha havido outras modalidades de organizações feministas, como a de mulheres de bairros pobres organizadas em associação de moradoras, departamentos femininos em sindicatos para mulheres operárias, a identificação das trabalhadoras rurais com os feminismos, e os feminismos negros que pautaram a ampliação da agenda feminista. Foi o crescimento do chamado feminismo popular, que acabou por diminuir algumas das muitas barreiras e resistências ideológicas associadas aos feminismos. (COSTA, 2005)

Este crescimento possibilitou uma forte mobilização feminista para a participação brasileira na IV Conferência das Nações Unidas sobre a Mulher, que aconteceria em Beijing, China, no Ano de 1995. Desta forma, se reacendeu um forte trabalho de discussão em fóruns, foram criadas articulações locais, grupos e entidades, que realizaram eventos em 25 dos 26 estados brasileiros.

A Conferência de Beijing contou com a participação de 300 representantes da delegação brasileira, que participaram da criação de um documento chamado Plataforma de Ação de Pequim que fez uma análise da situação da mulher em âmbito mundial e estabeleceu medidas a serem tomadas com fins de superar a discriminação de gênero. (COSTA, 2005; BANDERA, ALMEIDA, 2015)

No ano de 1994 também viria a ser promulgada, na 6ª Assembleia Geral da OEA, realizada em Belém do Pará, no Brasil, o projeto: Convenção Interamericana para Prevenir, Punir e Erradicar a Violência Contra a Mulher (Convenção de Belém do Pará), aprovada e promulgada pelo Estado Brasileiro em 1995 (BANDERA, ALMEIDA, 2015, p. 505-506).

A Convenção de Belém do Pará estabeleceu, pela primeira vez, o direito das mulheres viverem uma vida livre de violência, ao tratar a violência contra elas como uma violação aos direitos humanos. Nesse sentido, adotou um novo paradigma na luta internacional da concepção e de direitos humanos, considerando que o privado é público e, por consequência, cabe aos Estados assumirem a responsabilidade e o dever indelegável de erradicar e sancionar as situações de violência contra as mulheres (BANDERA, ALMEIDA, 2015, p. 506).

Os anos 2000 são marcados pela união de forças entre movimentos feministas e uma forte tendência de negociação junto ao poder estatal no sentido de assegurar às mulheres direitos conferidos no âmbito internacional.

Neste sentido, a Articulação de Mulheres Brasileiras[11] realizou uma avaliação a respeito dos esforços do Estado Brasileiro no sentido de efetivar os compromissos assumidos em Pequim, em 1995, verificando que as medidas tomadas até então eram frágeis, com políticas públicas bastante limitadas, com pouco orçamento, pequenos quadros de funcionários e poucos poderes dentro do Estado, o que levou à conclusão pela necessidade de manter-se forte mobilização (COSTA, 2005, p. 9).

Neste período, que antecederia as eleições de 2002, iniciou-se um movimento de mobilização entre os grupos feministas com objetivo de pressionar os futuros candidatos à Presidência da República. Os trabalhos resultaram um uma grande reunião em janeiro de 2002, no II Fórum Social Mundial, realizado em Porto Alegre/RS, com a participação de diversos grupos e organizações. Nos meses seguintes seriam realizadas 26 Conferências Estaduais, e em junho aconteceu a Conferência Nacional das Mulheres Brasileiras, que contou com a presença de 2.000 mulheres.

Nestes eventos foi elaborada a Plataforma Política Feministas:

A Plataforma Política Feminista foi entregue formalmente a todos os candidatos à presidência da República, aos governos dos estados, aos dirigentes partidários, deputados e senadores, além de amplamente divulgada através da imprensa. A partir daí a plataforma se transformou em um "... *instrumento dos movimentos de mulheres para o diálogo, crítico e provocativo, para o confronto e para a negociação com outras forças políticas e sociais no Brasil*" (ARTICULAÇÃO..., 2004) e passou a ser também o parâmetro norteador das lutas feministas. (COSTA, 2005, p.11-12)

---

11 A AMB é uma organização política feminista, antirracista, não partidária, instituída em 1994 para coordenar as ações dos movimentos de mulheres brasileiras com vistas à sua consolidação como sujeito político no processo da IV Conferência Mundial sobre a Mulher – Igualdade, Desenvolvimento e Paz (ONU, Beijing, 1995).

Do outro lado, a atuação do CLADEM/Brasil (Comitê Latino-americano e do Caribe para a Defesa dos Direitos da Mulher)[12], juntamente a outras entidades e Organizações Não Governamentais passa a desenvolver um projeto de monitoramento das Ações do Governo Brasileiro com relação a compromissos assumidos perante a ONU, quando da assinatura e ratificação do protocolo facultativo da Convenção Sobre a Eliminação de Todas as Formas de Discriminação Contra as Mulheres (CEDAW) nos anos de 2001-2002.

Passando, desta forma, a enviar relatórios ao Comitê CEDAW com fins de atualizar as informações a respeito do cenário Brasileiro, o que fez com que o Comitê realizasse uma série de recomendações ao Estado Brasileiro para que obtenha êxito nas políticas de redução da desigualdade de gênero (COSTA, 2005).

Seguindo recomendações do Comitê CEDAW, foram realizadas algumas alterações no Código Penal no ano de 2005 (BRASIL, 2005), de modo que foram eliminados conceitos como o da *mulher honesta,* a possibilidade de extinção da pena em caso de casamento da vítima nos casos de estupro, além da alteração do título que antes referia-se "Crimes contra os Costumes" e que passou a se chamar "Crimes contra a Dignidade Sexual".

Foi também através da atividade do CLADEM, junto ao CEJIL-Brasil (Centro para a Justiça e o Direito Internacional) que Maria da Penha Maia Fernandes enviou denúncia narrando seu caso à Comissão Interamericana de Direitos Humanos (CIDH) da OEA (Organização dos Estados Americanos), na qual pediu a condenação do Estado Brasileiro pela negligência na apuração e julgamento dos episódios de violência perpetrados contra si pelo ex-marido, que culminou em duas tentativas de homicídio, deixando-a paraplégica. A denúncia foi enviada no ano de 1998, e sem qualquer manifestação por parte do Estado, sobreveio a condenação pelo órgão internacional no ano de 2001 (BANDERA, ALMEIDA, 2015, p. 506).

A Comissão declarou que o país descumpriu dois acordos internacionais dos quais é signatário: a Convenção Americana de Direitos Humanos e a Convenção de Belém do Pará, que garantem às mulheres vítimas de

---

12 O CLADEM é uma organização regional que articula pessoas e organizações feministas da América Latina e do Caribe. Desde um enfoque jurídico-político, busca contribuir à transformação social e à construção de democracias radicais, a partir de uma perspectiva de interseccionalidade, que reconhece a diversidade cultural, étnico-racial, sexual e social, para o pleno exercício e desfrute dos direitos humanos das mulheres.

violência doméstica amplo direito à defesa e obrigam o Estado Brasileiro a realizar ampla e rigorosa investigação policial e judicial (BANDERA, ALMEIDA, 2015, p. 506).

Junto à condenação, a Comissão fez algumas recomendações:

> a) Medidas de capacitação e sensibilização dos funcionários judiciais e policiais especializados para que compreendam a importância de não tolerar a violência doméstica;
> b) Simplificar os procedimentos judiciais penais a fim de que possa ser reduzido o tempo processual, sem afetar os direitos e garantias de devido processo;
> c) O estabelecimento de formas alternativas às judiciais, rápidas e efetivas de solução de conflitos intrafamiliares, bem como de sensibilização com respeito à sua gravidade e às consequências penais que gera;
> d) Multiplicar o número de delegacias policiais especiais para a defesa dos direitos da mulher e dotá-las dos recursos especiais necessários à efetiva tramitação e investigação de todas as denúncias de violência doméstica, bem como prestar apoio ao Ministério Público na preparação de seus informes judiciais.
> e) Incluir em seus planos pedagógicos unidades curriculares destinadas à compreensão da importância do respeito à mulher e a seus direitos reconhecidos na Convenção de Belém do Pará, bem como ao manejo dos conflitos intrafamiliares (OEA, 2001).

A partir de então, mais precisamente no ano de 2002, é formado um consórcio de organizações (feministas e de direitos humanos) que se propõe a elaborar um anteprojeto de lei na busca de uma "política pública de enfrentamento da violência contra a mulher", que deveria alcançar, além da questão penal, órgãos governamentais da área da segurança, educação, saúde entre outros, sempre que a questão da violência contra a mulher estivesse em pauta. O consórcio apresentou seu trabalho à Câmara dos Deputados, que tratou de criar um Grupo de Trabalho de Interministerial – GTI para a elaboração de um texto definitivo que deveria ser apresentado ao Congresso Nacional (OLIVEIRA, 2017, p. 633).

Durante o desenvolvimento das propostas junto ao GTI surgem algumas tensões entre os movimentos feministas e os representantes dos poderes do Estado. Enquanto feministas buscavam primordialmente a proibição de utilização da Lei. 9.099/95 nos casos de violência doméstica, um grupo de juízes buscou, através de reuniões com a SPM e Presidente do STJ a manutenção do dispositivo legal, com algumas alterações que, ao seu entender, seriam o suficiente para dar conta das demandas de violência doméstica (OLIVEIRA, 2017, p. 633-635).

A Lei 9.099/95, que cria os Juizados Especiais, foi instrumento jurídico criado para julgamento de demandas menores e, no âmbito da justiça penal, trabalhar com o que foi designado como crimes de menor potencial ofensivo.

Da sua criação, até o ano de 2006, chegavam ao Juizado Especial Criminal as denúncias de crimes em que a pena máxima cominada não fosse superior a 01 ano, alterando-se posteriormente para os que a lei cominava pena máxima não superior a 2 anos, prevendo rito processual mais célere, buscando a composição dos litígios e possibilitando a transação penal.

A designação de crimes de menor potencial ofensivo a partir do *quantum* abstrato de pena, ao invés do bem jurídico tutelado fez com que os crimes de violência doméstica, que nesta época previam pena máxima de um ano de detenção, fez com o que os Juizados Especiais Criminais concentrassem em sua demanda nestas situações, o que se mostrou inadequado diante das especificidades dos casos. Isto porque não haviam medidas que pudessem assegurar a integridade física das vítimas, além do que a grande demanda, as formas de transação penal, e o despreparo dos magistrados e conciliadores acabou por retirar o poder de fala da vítima, mostrando-se incapaz de lidar com os conflitos decorrentes de violência de gênero (CAMPOS; CARVALHO, 2006).

A GTI acabou cedendo às vontades dos magistrados, apresentando projeto que reforçava a aplicação da lei 9.099/95 aos casos de violência doméstica, contudo houve uma forte pressão por parte dos movimentos feministas integrantes do consórcio pela realização de audiências e reuniões em todos os estados da federação, o que fez com que fosse apresentado um substituto no ano de 2005, vedando expressamente sua aplicação, determinando ainda que os casos de violência doméstica não poderiam ser tratados como de menor potencial ofensivo (OLIVEIRA, 2017, p. 635-638).

A Lei 11.340 foi aprovada no ano de 2006, batizada de Lei Maria da Penha, e tornou-se uma das grandes vitórias dos movimentos feministas.

Em que pese a trajetória do movimento feminista deste período tenha se preocupado em assegurar direitos formais de igualdade, de promoção da mulher no espaço público, e de combate à violência, e tenha alcançado sucesso em muitos aspectos neste sentido, a realidade é um pouco mais dura do que o texto legal aparenta. Segundo o Panorama da Violência Contra as Mulheres no Brasil, publicado em 2016, a violência letal contra as mulheres teve aumento geral de 10% entre 2006-2014.

A pesquisa aponta que enquanto a morte de mulheres brancas foi reduzida em 3%, a morte de mulheres negras decorrentes de violência teve aumento de 20% neste período[13] (SENADO FEDERAL, 2016, p. 14). Em 2015 houve uma sensível redução neste número, que acompanhou o quadro de mulheres brancas e negras, mas que ainda se mostra superior aos números de 2006[14] (SENADO FEDERAL, 2018, 8-9).

O avanço das tecnologias a partir dos anos 2000, possibilitou uma fonte independente de produção de conteúdo, e o crescimento das redes sociais, principalmente a partir de 2011, viabilizou o contato entre um grande número de pessoas ligadas por interesses em comum.

Esta situação afetou fortemente o movimento feminista, e a internet se tornou importante ferramenta para disseminação dos ideais feministas, além de uma das principais formas de articulação entre mulheres. Neste sentido, a militância feminista através das redes é marcada:

> [...] por um fluxo horizontal de discursos e práticas plurais que se expande em diversos setores paralelos da sociedade civil e para além dela, multiplicando os campos feministas, conduzindo a uma proliferação geométrica de atoras que com eles se identificam e a um descentramento no interior desses feminismos plurais. De acordo com Alvarez, esses campos são articulados mediante pontos nodais, através de redes político-comunicativas e de linguagens, sentidos e visões de mundo pelo menos parcialmente compartilhadas. E nessa expansão e popularização do feminismo, as chamadas "feministas jovens", extremamente heterogêneas, têm adquirido particular visibilidade e a internet tem adquirido lugar de destaque (PISCITELLI, 2017, p. 14-15).

Um grande destaque de pautas feministas passa a ter visibilidade nas redes a partir de 2013, com a campanha *Chega de Fiu Fiu* idealizada pela ONG Think Olga[15], que buscou mapear e denunciar casos de assédio sofridos por mulheres em locais públicos, e recebeu a participação de mais de 8 mil mulheres, que enviaram relatos para ONG.

---

13 Importante ressaltar que a pesquisa não especifica quais mortes são decorrentes de violência doméstica, violência sexual, feminicídio, ou decorrentes de outros conflitos, o que pode obscurecer a análise dos dados.

14 Enquanto em 2014 havia uma média geral de 4,6 mortes a cada grupo de 100mil mulheres, em 2015 este número caiu para 4,4.

15 A Olga é uma ONG feminista criada em 2013, com o objetivo de empoderar mulheres por meio da informação. O projeto é um hub de conteúdo que aborda temas importantes para o público feminino de forma acessível. Acesso através do endereço: <https://thinkolga.com/.>.

A pesquisa com o resultado da participação foi divulgada e em pouco tempo tomou os meios de comunicação (OLGA, 2018).

No ano seguinte, uma pesquisa do Instituto de Pesquisas Econômicas Aplicadas (IPEA) intitulada "Tolerância Social à Violência Contra as Mulheres" foi alvo de uma grande mobilização nacional iniciada pela jornalista Naná Queiroz, através de um *post* no *Facebook*.

A pesquisa divulgava a informação de que o percentual de 65% dos brasileiros concordava com a seguinte afirmação *"Mulheres que usam roupas que mostram o corpo merecem ser atacadas"*. A campanha *"Eu não mereço ser estuprada"* levantou a questão da culpabilização de vítimas de violência sexual, e atingiu um número imensurável de pessoas nas redes sociais. Posteriormente, o IPEA corrigiu a informação divulgada inicialmente, afirmando que 65% era o número de pessoas que discordavam de tal afirmação. O debate, no entanto, já estava posto. (DIAS; BORELLI, 2014, p. 9-11)

Os anos seguintes trazem um aumento das campanhas de grandes proporções nas redes sociais, em muito como reação a ataques políticos de forças conservadoras a direitos das mulheres e da comunidade LGBT. Neste clima de tensão, em 2015 nascem campanhas como a "meu amigo secreto", "mulheres contra cunha" e "meu primeiro assédio". (PISCITELLI, 2017, p. 17).

A mobilização nas redes teve repercussão nas ruas, em especial a mobilização denominada "mulheres contra cunha", em resposta ao projeto de lei n. 5.069 apresentado pelo então presidente da câmara dos deputados, Eduardo Cunha, que previa restrições de acesso ao aborto legal para mulheres, levou milhares de mulheres às ruas de pelas cidades do país[16].

No mesmo período aconteceu também a 1ª Marcha das Mulheres Negras, em Brasília, que reuniu cerca de 10.000 pessoas em reivindicação a políticas de combate à discriminação e violência contra a população negra[17].

A efervescência das pautas feministas, com grandes movimentações nas ruas no ano de 2015 foi chamada de "primavera feminista", que segundo Sônia Corrêa, marca nos feminismos o retorno à prática de política de resistência, política de fronteira e de rua, um rompimento com o processo de institucionalização que veio com a redemocratização (ROQUE, 2018).

---

16 Ver: https://www.revistaforum.com.br/no-rio-de-janeiro-mulheres-tomam-as-ruas-contra-eduardo-cunha/. acesso em: 16 julho, 2018.

17 Ver: https://www.revistaforum.com.br/confira-fotos-da-marcha-das-mulheres-negras-em-brasilia/. Acesso em: 16 julho de 2018.

Em que pese essa gradual ruptura com as instituições oficiais, no ano de 2015 é aprovada a lei que tipifica e criminaliza o feminicídio (Lei 13.104/2015), seguindo uma tendência latino-americana de criminalização da violência doméstica e familiar, inaugurada, no Brasil, com a Lei Maria da Penha (CAMPOS, 2015, p. 106). Referida lei tipifica o assassinato de mulheres em contexto de violência doméstica, menosprezo e/ou discriminação à condição da mulher como uma das hipóteses de homicídio qualificado, além de inclui-lo no rol dos crimes hediondos.

Sua aprovação foi considerada um grande avanço para as pautas do movimento feminista de combate à violência doméstica, sendo o Estado brasileiro parabenizado pela ONU Mulheres [PITANGUY, 2011].

A ofensiva de forças conservadoras que culminou com o impeachment da Presidenta Dilma Rousseff em 2016 simbolizou o total rompimento do movimento feminista com o diálogo pela via institucional (BIROLI, 2017), conforme já mencionado anteriormente, o MMIRDH foi extinto no governo, anda interino, de Michel Temer, com suas pautas vinculadas ao Ministério da Justiça.

A trajetória do movimento feminista até então apresenta esta característica de aproximação e afastamento das estruturas do Estado, a depender a conjuntura política vigente. De todo modo, as ONG's e associações profissionalizadas continuaram em atuação, além disso, há mulheres no congresso nacional ligadas às pautas feministas. Em contrapartida, os últimos anos colocaram os grupos autônomos em evidência, que organizados em coletivos horizontalizados, seguem diferentes vertentes feministas, e são formados por grupos plurais de mulheres.

Apesar da grande abrangência de pautas, que vão da saúde da mulher à equidade salarial, a pauta da luta contra violência é uma herança que os feminismos atuais recebem dos movimentos dos anos 80 (SANTOS, 2016b, p.1234) e continua com força. Neste sentido, a internet tem sido um dos instrumentos de conexão entre grupos autônomos, nas chamadas de atos e manifestações em todo o país.

A questão da criminalização da violência, é temática bastante delicada e controversa, embora não seja um consenso entre o movimento, é bandeira constantemente levantada, ante os recorrentes casos de violência, assédio, e constrangimentos sofridos pelas mulheres, muitas vezes resultantes em trágicas mortes, e que todos os dias vêm à tona, resultando em uma constante sensação de insegurança.

Neste sentido, em que pese segmentos do movimento feminista admitam a necessidade de questionar o sistema penal como recurso dessas demandas, há uma tendência por parte do movimento em converter a problemática das violências contra as mulheres em demandas de criminalização.

Justifica-se esta postura principalmente pelo que é chamado de "função simbólica" da criminalização/endurecimento penal, ou seja, a criminalização de condutas, neste contexto, serviria de modo a publicizar a violência contra as mulheres como um problema de caráter público e socialmente intolerável.

Além disso, busca-se através do simbolismo da reprovabilidade da conduta criminalizada a conscientização pública do caráter nocivo destas violências, objetivando mudanças na percepção pública sobre o papel da mulher na sociedade, e sobre violência contra a mulher (ANDRADE, 2003).

O próximo tópico buscará tratar da problemática em se buscar no sistema penal soluções a problemas sociais como os da violência contra a mulher, tendo em vista que este não encontra sintonia com o movimento de mulheres justamente porque, como já mencionado em capítulo anterior, é sistema de controle social seletivo e desigual que, por si só, é *"sistema de violência institucional que exerce seu poder e seu impacto também sobre as vítimas"* (ANDRADE, 2003, p. 86).

3.2. QUEM É MERECEDORA DA TUTELA PENAL? – A VÍTIMA ENTRE A CRIMINOLOGIA E O(S) FEMINISMO(S)

Como amplamente demonstrado no tópico anterior, o movimento feminista foi um dos grandes responsáveis, a partir dos anos 70, mas em especial a partir da gradual abertura pela democracia em meados de 1975, da publicização da situação de subordinação da mulher, das violências a que vinham sendo submetidas por anos, e de como as violações ficavam reservadas à chamada esfera privada, sem atenção da sociedade ou do Estado. Instituições como a SOS Mulher (1981), criada e gerida por mulheres, e as Delegacias de Mulheres (1984), foram importantes no sentido de demonstrar que a violência de gênero, materializada na violência doméstica e na violência sexual, eram muito mais comuns do que se supunha (ANDRADE, 2003, p. 82).

Um encontro entre feminismos e criminologia vinha acontecendo desde os anos 60, propiciando debates antes negligenciados pela própria Criminologia Crítica como as implicações da construção social do gênero na criminologia, questões de controle social informal como a das violências perpetradas no lar, estudos sobre masculinidade e violência e análises a respeito do tratamento dado às mulheres pela justiça penal. Esta convergência faz com que se manifeste uma demanda por minimização do sistema penal, particularmente no que diz respeito às ofensas contra a moral sexual dominante, como os crimes de adultério, sedução, casa de prostituição, etc. No entanto, novas características do movimento feministas, desenvolvidas entre os anos 70 e 80, de evidenciação da violência até então oculta no espaço privado, faz com que aconteçam alguns desencontros entre criminologia e feminismos, quando este último passa a ponderar a utilização do direito penal na defesa das mulheres vítimas de violência (ALIMENA, 2010, p. 44-47; ANDRADE, 2003, p. 82-83).

Este processo é denominado por Vera Regina Pereira de Andrade como demanda por "publicização-penalização do privado", ou seja, trata-se de um condicionamento histórico, a partir do grande número de denúncias de violência contra mulheres, boa parte perpetrada no meio familiar ou no seu convívio pessoal, o que fez com que as campanhas mobilizadas pelo movimento feminista convertessem estes problemas "privados" em problemas públicos, e alguns deles em problemas penais (ANDRADE, 2003, p. 83,112).

Assim, iniciam-se demandas pela criminalização de determinadas condutas, como o caso da violência doméstica, e maior rigor na aplicação da lei penal para os casos de violência de gênero, como a violência sexual.

Uma das justificativas de parte do movimento feminista para o apelo ao sistema penal foi a função emblemática que estas ações causariam, no sentido de a tipificação da conduta ser um meio declaratório da importância e gravidade das condutas violentas contra as mulheres, e além disso, a despeito de o direito penal trazer valores sexistas e burgueses por excelência, mais proveitoso seria que a ele fossem incorporados valores feministas, que retratem a reprovabilidade social da violência contra as mulheres (ALIMENA, 2010, p. 47-48; ANDRADE, 2003, p.83-84).

Assim, em que pese a consciência de que o direito penal reflete relações de poder hegemônicas, a defesa de sua utilização foi no sentido de encará-lo como forma de assegurar o direito à proteção das mulheres (MENDES, 2012, 236-248).

No contexto brasileiro, entretanto, para além da questão da proteção, parece existir uma função retribucionista da pena como justificativa, tendo em vista que aqui o grande debate travou-se na questão da impunidade, tratando-se, neste caso, de uma reivindicação eminentemente punitiva, acreditando contudo, que o "combate à impunidade" seria um meio de trazer a mudança de comportamento masculino em relação às mulheres (ANDRADE, 2003, p. 85).

Neste sentido LARRAURI:

> Es ciertamente difícil para el movimiento feminista sustraerse del rol asignado al derecho penal. Como ha sido repetidamente observado, en nuestras sociedades la criminalización de un problema es el indicador de su gravedad social. En esta línea todo movimiento social, y desde luego no sólo el feminista, pretende, para poner de manifiesto la importancia de su reivindicación, conseguir que ésta se incluya en el código penal. Que hay otras formas de mostrar el rechazo social es evidente, pero en nuestras sociedades el derecho penal se ha convertido en el símbolo de la jerarquía de los problemas sociales, o expresado con otros términos, la importancia de un problema social viene determinada por su nivel de castigo (LARRAURI, 2007, p. 262)

Assim, o movimento de mulheres toma uma via de mão dupla no sentido de buscar modificações no código penal brasileiro: ao mesmo tempo em que busca a abolição de tipificações sexistas e discriminatórias, como a utilização do termo "mulher honesta" na qualificação de vítima de crimes sexuais, reivindica também a criminalização e maior severidade na aplicação penal de crimes dos quais é vítima, como a violência doméstica, o assédio sexual, e o estupro.

A partir dos anos 2000 uma série de medidas começam a ser tomadas neste sentido, em muito pela pressão dos movimentos de mulheres, mas também a fim de cumprir com acordos assumidos perante a comunidade internacional. No ano de 2001, a Lei 10.224/2001 passou a criminalizar o assédio sexual no ambiente de trabalho; em 2004, a lei 10.886/04 tipificou a violência doméstica; em 2005, uma reforma no Código Penal trouxe a revogação de dispositivos considerados sexistas, como o crime de adultério, de sedução, e a terminologia "mulher honesta", incluindo previsão de aumento de pena em crimes contra a liberdade sexual praticados com relação de autoridade ou parentesco; em 2006 é aprovada a Lei 11.340/06 – Lei Maria da Penha, com previsão de mais severidade na esfera penal, além de disposições visando um tratamento diferenciado para as mulheres vítimas de violência doméstica; em 2009, a lei 12.015/09 traz alterações nos crimes contra a dignidade sexual, unificando os tipos de estupro e atentado violento ao pudor, e adicionando algumas qualificadoras; no ano de 2015, a lei 13.104/2015 tipifica e criminaliza o feminicídio, e mais recentemente, a lei 13.641/2018, tipifica como crime o descumprimento de medidas protetivas concedidas pelo juízo no âmbito da Lei Maria da Penha.

Existe, contudo, uma problemática paradoxal em vincular pautas de criminalização e repressão penal de delitos ao movimento feminista, um dos movimentos mais progressistas do país, isto porque essas demandas encontram convergência em um dos movimentos mais conservadores e reacionários do país, que é o de Lei e Ordem.

A reivindicação por criminalização, ou o endurecimento penal para algumas das formas de violência contra a mulher, é um prato cheio para estes movimentos conservadores, quando finalmente encontram um problema "de mulher" em que podem oferecer uma "solução" dentro de seus interesses, já que neste caso há um consenso ao menos social de que agressão às mulheres é errado (LARRAURI, 2007, p. 72).

Veja-se que a estes grupos não interessam pautas feministas de igualdade de direitos como acesso a planejamento familiar, aborto seguro, ou políticas de redução das desigualdades, mas tão somente a manutenção do discurso de lei e ordem. As próprias pautas dos direitos humanos, as quais o movimento feminista é vinculado, propõem instrumentalizar um projeto de igualdade de direitos, o que não pode ser obtido pelas vias do sistema de justiça criminal, este que é um sistema de gerenciamento das desigualdades (ANDRADE, 2003, p. 90, 116-117).

Inicialmente porque as consequências do apoio a projetos criminalizantes possuem um custo bastante alto. Mesmo com pequenas reformas no texto legal, o *modus operandi* do Sistema Penal se dará sempre de forma sexista, pelo machismo impregnado em sua formação, além disso, a característica da seletividade penal não será solucionada a partir da criação de mais tipos penais, mas pelo contrário, o apoio de movimentos progressistas a projetos criminalizantes só fará relegitimar a forma seletiva de operação do sistema, no mais, dispersa o esforço pela busca de vias alternativas (não-penais) mais eficazes na busca de igualdade de direitos, autonomia feminina e redução da violência (ANDRADE, 2003, p. 105). Exemplo desta última hipótese é a própria Lei Maria da Penha, que apesar de possuir dispositivos dedicados à assistência das vítimas, encontra muitos entraves na efetivação de políticas de acolhimento, proteção, e asseguração de direitos, sendo vista simbolicamente apenas como instituto mais rigoroso na punição do agressor.

Estas não são as únicas problemáticas na recorribilidade ao sistema penal. Em termos gerais, aumentos de penas não conseguem produzir a redução do que é entendido como "criminalidade", ou o número de condutas praticadas, e não teria porque ser diferente quanto aos crimes decorrentes de violência de gênero. Conforme dados já expostos anteriormente, pesquisas demonstram que, apesar de pequena redução entre os anos de 2014 e 2015, a violência letal contra mulheres cresceu de

2006 para cá, especialmente para as mulheres negras, em que o aumento beirou os 20% no índice de homicídios, em que pese a subnotificação de números específicos sobre feminicídio dificulte a análise dos dados para uma leitura mais esclarecedora (LARRAURI, 2007, p. 62; SENADO FEDERAL, 2016, p. 14; SENADO FEDERAL, 2018, p. 8-9).

Outro ponto importante é que o Direito Penal não possui capacidade para solucionar as desigualdades estruturais entre homens e mulheres, tampouco consegue lidar com as relações de poder criadas em nossa sociedade. Ademais, sua utilização transforma um problema que é social em um problema de controle de delito (LARRAURI, 2007, p.75).

> En resumen, cuando se crea y se pretende aplicar un delito, es necesario individualizar el comportamiento y el sujeto; este proceso es contrario a las perspectivas feministas, las cuales apuntan a la responsabilidad del contexto social en el mantenimiento del soporte que permite el concreto acto de violencia; por ello, en definitiva, cuando se interpone el derecho penal, éste redefine el problema en los términos impuestos por el sistema penal27. (LARRAURI, 2007, p. 75)

A questão envolta no âmbito da violência doméstica, especificamente, deve encarar alguns pressupostos que por muitas vezes passam despercebidos ou silenciados nas discussões sobre violência de gênero. Em que pese a condição de subalternidade que permeia a figura da mulher, é preciso reconhecer que como seres presentes em relações sociais também *"agem, condenam, exigem e, não raro, agridem, nos relacionamentos familiares"*. Com esta observação não se está oferecendo uma justificativa legitimadora da violência masculina, isto só faria perpetuar as relações violentas, mas levantar a questão da vitimação feminina sem excluir o polo da mulher para sua compreensão (ANDRADE, 2003, p. 116-117).

A visão excessivamente vitimizada da mulher é responsável pela preservação de um ideal de vulnerabilidade feminina, perpetuando sua imagem como a de alguém sem poder, vulnerável, frágil, e dependente de proteção, conceitos que não contribuem para sua libertação e emancipação (SWAANINGEN, 1993, p. 124).

Além disso, é errônea, para não dizer ingênua, a sustentação de uma visão protecionista por meio do sistema penal. Não somente pela sua incapacidade de proteger as vítimas de violência, considerando a competência póstuma ao cometimento da conduta violenta, ou promover mudanças estruturais necessárias para sua redução, mas mesmo que se considere que, a seu modo, pode vir a proteger algumas mulheres com a colaboração da força policial ou das ordens de proteção. Isto porque também o sistema penal é responsável pelo que Vera Regina Pereira Andrade chama de "duplicação da vitimação feminina", ou seja, as instâncias de controle do sistema atuam seletivamente não somente quanto aos autores, mas também em relação a vítimas de delitos, e, de acordo com sua reputação sexual, seu comportamento, e/ou sua vida pregressa, são consideradas honestas ou não, vítimas ou não. (ANDRADE, 2003, 116-120; LARRAURI, 2007, p. 74).

Veja-se que pela redação da lei as qualidades "vítima/agressor" são auferidas antes mesmo de se analisar se houve o chamado "fato-crime", invertendo a lógica penal (ANDRADE, 2003, 116-120; LARRAURI, 2007, p. 74).

> A passagem da vítima mulher ao longo do controle social formal acionado pelo sistema penal implica, nesta perspectiva, vivenciar toda uma cultura da discriminação, da humilhação e da estereotipia, pois, este aspecto é fundamental, não há uma ruptura entre relações familiares (pai, padrasto, marido) trabalhistas ou profissionais (chefe) e relações sociais em geral (vizinhos, amigos, estranhos, e processos de comunicação social) que violentam e discriminam a mulher e o sistema penal que a protege contra esse domínio e opressão, mas um *continuum* e uma interação entre o controle social informal exercido pelos primeiros e o controle formal exercido pelo segundo (ANDRADE, 2003, p. 120).

Seu caráter binário é também bastante limitado, o sistema penal só compreende duas situações ao ser acionado, a do castigo, e a da absolvição. Qualquer tentativa de caminho alternativo para a resolução do conflito, mesmo que a vontade da vítima seja a de buscar por uma relação familiar livre de violência, é cheio de problemas para a própria vítima, a quem são apontados estereótipos voltados à irracionalidade, como os já bem conhecidos jargões que dizem que esta "não colabora" pois "gosta de apanhar" (LARRAURI, 2007, p. 76).

A vítima, portanto, não é considerada como um sujeito atuante na resolução do conflito, mas pelo contrário, é apenas aquela a quem o grande pai judicial deve proteger – quando preenche os requisitos exigido para que lhe considere vítima – independentemente de suas vontades, reforçando ainda mais o estereótipo frágil e desprovido de autonomia da mulher vítima de violência.

Passa-se então, à problemática específica das leis 11.340/06 – Lei Maria da Penha, e 13.104/15 – Feminicídio, objetos de estudo deste trabalho.

Com relação à 13.104/15 (Feminicídio) tem-se uma situação obvia de vinculação ao sistema penal. A legislação inclui mais uma qualificadora ao crime de homicídio, previsto no art. 121 do Código Penal, e como forma de homicídio qualificado, foi recepcionada pela lei dos crimes hediondos (Lei 8.072/90). Assim, o homicídio de mulheres no contexto de violência doméstica, ou de menosprezo ou discriminação à condição da mulher é tipificado como feminicídio, com pena de 12 a 30 anos de prisão.

Além disso, há previsão de aumento de 1/3 até a metade caso praticado contra pessoa menor de 14 e maior de 60 anos, e na presença de descendente ou ascendente da vítima. Antes da referida lei, não havia tratamento específico para estas situações, de modo que eram tipificadas como homicídio simples, ou, mais comumente, enquadradas como alguma das outras qualificadoras (motivo torpe, fútil ou dificuldade de defesa da vítima) (FERNANDES, 2015, p. 132).

A tipificação do feminicídio no código penal seria justificável, segundo Carmem Hein de Campos, no sentido de tratar-se apenas de uma *"adequação típica à figura do homicídio, visando diferenciar e nominar a especificidade das mortes de mulheres"*, de modo que é dispositivo que visa conferir proteção do bem jurídico *vida* (CAMPOS, 2015, p. 109).

> Assim sendo, nominar juridicamente o feminicídio como a morte por razões de gênero foi uma demanda feminista de reconhecimento da especificidade dessas mortes. Portanto, o *nomen juris* através da tipificação penal reflete o reconhecimento político-jurídico de uma violência específica que é também uma violação dos direitos humanos das mulheres (CAMPOS, 2015, p. 110).

Como pode-se observar, a definição do feminicídio especificamente no campo penal não se trata somente de uma questão punitiva, de punir mais severamente crimes acontecidos em determinadas e específicas situações, mas uma conquista política ao movimento feminista, pois foi forma de delimitar como socialmente inaceitável o comportamento misógino, que reafirma a desigualdade de gênero, e que, neste caso, culmina com a morte de mulheres, publicizando assim a violência sofrida pelas mulheres. Em outras palavras, sua tipificação atende a funções notadamente simbólicas (FERNANDES, 2015, 138-139).

A respeito da utilização simbólica do direito penal com suposta finalidade de subverter a lógica machista do sistema, atribuindo-lhe conceitos feministas, reitera-se o já exposto anteriormente, os custos para apoio a projetos criminalizantes, ainda que as intenções sejam nobres, custam caro, inclusive para as mulheres vítimas de violência, e não deveriam ser opções consideráveis por movimentos progressistas, já que desviam o foco do problema para soluções ineficientes, oferecendo às mulheres uma falsa sensação de que estão sendo apoiadas na luta contra a violência de gênero.

O apoio a projetos criminalizantes por movimentos progressistas podem custar a reafirmação de um sistema essencialmente desigual, através de um discurso de que agora protege direitos dos vulneráveis, esquecendo-se que, na prática os selecionados pelo sistema fazem parte destes grupos vulneráveis.

> Ademais, o sistema penal não pode ser subvertido, uma vez que sua gênese encontra-se justamente na promoção da desigualdade e da discriminação. Ainda que o empoderamento feminino encontre aval do sistema punitivo com a criação de leis simbólicas e dos mecanismos repressivos no apoio ao combate à violência de gênero, é certo que o alvo sempre será, necessariamente, os grupos já em desvantagem social. Os indivíduos que, processados e condenados, são etiquetados de "criminosos" (assim cumprindo o papel do "outro", do "mau" ou do "inimigo") são e sempre serão necessária e preferencialmente selecionados dentre os mais vulneráveis, marginalizados, excluídos e desprovidos de poder (FERNANDES, 2015, p. 143).

É preciso refletir a respeito da necessidade social do sistema penal para definição de valores e bens protegíveis. Isto não significa ignorar o sofrimento de mulheres que passam diariamente pelo risco de sofrer com as violências de gênero, mas trabalhar de modo a buscar alternativas viáveis de reconhecimento da violência e de efetivação do direito a uma vida livre de violência.

Quanto à Lei 11.340/06, muito se discute a respeito de esta ter ou não um caráter voltado ao punitivismo, tendo em vista que é considerada lei integral de proteção à mulher, com ótica preventiva e multidisciplinar, que procura tratar o caso da violência doméstica sob uma perspectiva de gênero, além de estimular a criação de bancos de dados e estatísticas.

A este respeito é preciso considerar que, de fato, referida lei procurou criar um tratamento especializado para a resolução das questões decorrentes de violência doméstica, e para tanto pautou-se em conceitos que já vinham sendo adotados internacionalmente, em tratados e convenções (ALIMENA, 2010, p. 71-72).

Com isto, a Lei Maria da Penha busca, inicialmente, a inserção explícita da questão da violência doméstica na legislação, reafirmando alguns direitos já insculpidos na Constituição Federal, como o art. 2º (da lei 11.340/06), que afirma serem as mulheres portadoras de *"direitos fundamentais inerentes à pessoa humana"*, e as disposições do art. 3º que, de forma geral, reitera o compromisso do Estado e da sociedade no sentido de assegurar às mulheres o exercício a seus direitos fundamentais.

Apesar das boas intenções, estas disposições já iniciam demonstrando a carga simbólica da legislação, uma vez que já estão contidas na Constituição Federal (MELLO, 2010, p. 941).

É até possível afirmar, em contrapartida, que o caráter universal do texto constitucional não dá à mulher o devido reconhecimento destes direitos, considerando a aparente neutralidade que é, e sempre foi, atribuída ao gênero masculino (BOURDIEU, 2016, p. 22-23), o que ainda assim é problemático no sentido de que o texto constitucional teve grande contribuição das demandas feministas à época da constituinte, como descrito em tópico anterior.

> Na medida em que tais demandas dos movimentos feministas têm na sua história vinculação com a busca pela ampliação e conquista de direitos no contexto da reabertura democrática, é possível compreender a sua busca pela inserção explícita da violência contra a mulher na legislação brasileira, num intuito de afastar – ainda que simbolicamente – práticas institucionais consideradas machistas, mesmo que essas tenham se modificado consideravelmente nas últimas décadas (ALIMENA, 2010, p. 74).

Esta crença na eficácia da simbologia sustentada pelo Direito Penal leva a Legislação a priorizar o aspecto punitivo, com um discurso baseado no binômio *"vitimização x criminalização"*, – a palavra *ofendida* aparece 34 vezes no texto legal, e a *agressor,* 18 vezes – o que acaba por colocar a mulher (vítima) em posição de passividade no conflito, considerando erroneamente que todos os conflitos domésticos possuem as mesmas características, e que – mesmo que tivessem – a resolução deste conflito se daria da mesma forma, que invariavelmente deve passar pelo sistema penal.

Julgando assim, que naquele relacionamento existe apenas o homem como polo ativo, o agressor, que precisa ser contido pelo poder judiciário em defesa da vítima (ALIMENA, 2010; MELLO, 2010).

A lei ainda prevê uma maior formalização do procedimento, retornando as demandas ao Rito Ordinário, com a necessidade de realização de Inquérito Policial, fato que pode limitar o acesso das mulheres que decidem ir ao Poder Judiciário, devido às conhecidas dificuldades em se providenciar um atendimento humanizado nas instituições policiais. Além disso, não privilegia a mediação e conciliação do conflito, criando nova formalidade para a renúncia da representação criminal, que deverá ser realizada em audiência específica, na presença do juiz e membro do Ministério Público.

A medida é defendida para que a renúncia não seja resultado de pressão ou ameaças por parte do então agressor, de modo que seria uma forma de protegê-la, mas críticas apontam, mais uma vez, para a retirada de voz da vítima, que não seria capaz de decidir sozinha a este respeito (ALIMENA, 2010; MELLO, 2010).

Além disso, houve modificação no *quantum* de pena cominada no art. 129, § 9º do CP, que trata especificamente da violência doméstica. A pena mínima foi reduzida para 06 meses, enquanto a pena máxima passou de 02 para 03 anos, um esforço para descaracterizar o tipo penal como de menor potencial ofensivo (MELLO, 2010).

Há também previsão de alteração do art. 313 do Código de Processo Penal, que dispõe a respeito das possibilidades de prisão preventiva. O art. 42 da LMP passa a autorizar, desta forma, a aplicação da restrição da liberdade com a finalidade de garantir a execução das medidas protetivas de urgência. Este caso deveria ser tratado como excepcionalidade, tendo em vista que a legislação prevê medidas de caráter não penal no sentido de dar suporte e assegurar a segurança da vítima.

Na prática, o que acontece é a ausência destas políticas públicas de assistência, dependentes de ações concretas do poder executivo, e como toda possibilidade excepcional de aplicação da legislação penal, a exceção se torna regra, de modo que a privação de liberdade se torna o meio mais fácil de garantir a segurança da mulher (MELLO, 2010).

Com isto não se está afirmando que a mulher em situação de violência não mereça que sua segurança seja garantida, especialmente nos casos graves, com risco à vida, mas ao contrário, é preciso reconhecer que a opção por mecanismos penais, ainda que estes aparentem subsidiariedade na letra da lei, na prática, prevalecerão, e inconvenientemente tomarão para si a tarefa de resolver a questão da violência doméstica. Na prática, é mais cômodo ao Estado tratar a mulher como incapaz, e expedir o mandado de prisão, do que colocar em prática medidas que deem suporte ao desenvolvimento de sua autonomia, que busquem a modificação da realidade social e das visões hierarquizadas e hierarquizantes entre homens e mulheres.

Na prática, a utilização do Sistema Penal só é suficiente para melhorar a imagem do Estado para com a comunidade internacional, já que agora pode dizer que "se preocupa com/faz algo por suas mulheres", e que vem cumprindo com os acordos firmados nas últimas convenções, além de alimentar uma ideia de fornecimento de segurança que em realidade não existe, já que as intervenções penais não são suficientes para resolver as reais causas da conflitualidade.

Por fim, se faz importante ressaltar que, a partir de um olhar crítico, chega-se à conclusão de que o direito penal não pode permanecer inquestionado, como uma instituição neutra, sendo determinante reconhecer que não é aliado das mulheres (SWAANINGEN, 1993).

Neste sentido, Vera Regina Pereira de Andrade defende que, se a luta feminista deve passar pelo campo do direito, esta deveria ser deslocada para a área do Direito Constitucional, eis que este constitui um campo de positividade, único que possui condições de tratar as mulheres como sujeitos, ao contrário do direito penal, que através da repressividade vem realocando as mulheres na posição de vítimas (ANDRADE, 2003)

Assim, através da via constitutiva de direitos do Direito Constitucional, sustenta que os esforços devem ser no sentido da construção de um espaço público politizado pelas mulheres, voltado à cidadania (ANDRADE, 2003, p. 123-124).

> E enfrentar-se como sujeito implica, preliminarmente, se autopsicanalizar e decodificar os signos de uma violência relacional, questionando nossa auto-imagem de mulheres sempre violentadas, para construir *por dentro* dos universos feminino/masculino e do cotidiano da sua conflituosidade, o cotidiano da emancipação (ANDRADE, 2003, p. 124).

Se faz possível, desta forma, repensar possibilidades de adoção de uma perspectiva abolicionista, rejeitando a racionalidade punitiva e repressiva inerente ao sistema de justiça criminal e procurando desenvolver formas de apoio às mulheres, estando atentas(os) às suas demandas sem apelar a institutos que reforcem as desigualdades e relações de subalternidade. A emancipação das mulheres só poderá se dar em um contexto de liberdade (SWAANINGEN, 1993).

3.3. CRIMINALIZAÇÃO DA VIOLÊNCIA CONTRA A MULHER A PARTIR DA LEI 11.340/06

Passa-se então ao último capítulo, em que se realizará análise possível das narrativas dos representantes eleitos nas casas do Congresso Nacional à época da aprovação 11.340/06 (Maria da Penha) e 13.104/15 (Feminicídio).

Com isto objetiva-se identificar o posicionamento dos representantes do Estado no que se refere aos casos de violência contra a mulher, se possuem uma visão essencialmente punitiva, acreditando que os problemas sociais podem/devem ser solucionados pelo direito penal, se sua visão sobre a figura da mulher é excessivamente vitimizada, idealizando um persona sempre vulnerável, ou se, ao contrário, enxergam(vam), as propostas de lei como formas de contribuir para a construção de autonomia das mulheres e dissolução das relações hierárquicas entre gêneros. Em suma, o que pretendia o legislador quando da aprovação das leis, e sob qual panorama os representantes do legislativo enxergam a problemática da violência contra a mulher.

Esta reflexão se faz necessária porque, em que pese haja uma demanda criada por seguimentos do movimento de mulheres, a criação e aprovação de leis que apelam ao sistema penal não é de sua responsabilidade, mas de uma opção do legislador, de um modo de governar que passa, em seguida, a ser ratificado pelo poder judiciário. E que recorre, sistematicamente, ao direito penal para a *resolução* de seus problemas sociais (LARRAURI, 2007, p. 81).

3.3.1. A Lei 11.340/06 nas Casas Legislativas

Este tópico tratará especificamente da relação dos parlamentares com o projeto de Lei PL 4.559/04 (na Câmara) e PLC 37/06 (no Senado), que vieram a se tornar a Lei 11.340/06 (Lei Maria da Penha). Para tanto foram selecionados arquivos disponíveis na página da Câmara dos Deputados na internet[18], em que foram registrados os discursos em Plenário no período entre 07/03/2006, data em que entrou em pauta para votação em Plenário, e 22/03/2006, data em que foi aprovada. Quanto à tramitação junto ao Senado, foi realizada pesquisa de arquivos disponíveis na página do Senado Federal na internet[19] referentes às sessões entre os dias 03/04/2006, data em que foi a Plenário e 04/07/2006, data em que foi aprovada, contudo o período conta com apenas um discurso em plenário que data de 27/06/2006.

Além disso, em 09/03/2006 houve Sessão Solene do Congresso Nacional, em comemoração ao Dia Internacional da Mulher, sediado na Câmara dos Deputados, onde o tema foi abordado tanto por Deputados quando por Senadores, motivo pelo qual foi selecionado para análise.

O projeto foi elaborado pelo Grupo de Trabalho Interministerial criado pelo Dec. n° 5.030/04, formado por diversos órgãos federais ligados à Defesa dos Direitos Humanos, e apresentado à Câmara dos Deputados pela SPM (BRASÍLIA, 2004). A exposição de motivos que acompanha o projeto demonstra algumas preocupações centrais, que merecem destaque.

Há na elaboração do projeto uma preocupação clara com as desigualdades provenientes da construção sociocultural do gênero e da naturalização da violência doméstica, estes como sintoma de um sistema de dominação patriarcal, que coloca o homem em posição de poder na constituição familiar, e legitima a violência.

---

18 PORTAL DA CÂMARA DOS DEPUTADOS. Disponível em: <http://www.camara.leg.br>. Acesso em: 14 jul. 2018.

19 DIÁRIO DO SENADO. Disponível em: <http://legis.senado.leg.br/diarios/PublicacoesOficiais>. Acesso em: 14 jul. 2018.

Assim, a proposta vem no sentido de compensar as desvantagens sociais a que as mulheres são submetidas, considerando basilar cientificá-las dos seus direitos bem como dos recursos disponíveis para sua efetivação, nivelando as relações no meio familiar, e possibilitando o exercício pleno de sua cidadania. (BRASÍLIA, 2004, p. 11-14)

Neste sentido, e por reconhecer a característica cultural da problemática da violência de gênero, o texto da exposição de motivos afirma haver necessidade de criação de Políticas Públicas integradas no sentido de prestar assistências às mulheres vítimas de violência, e de que a legislação venha a ser eficaz na prevenção, coibição e erradicação da violência doméstica (BRASÍLIA, 2004, p. 11-15).

São realizadas algumas críticas ao tratamento da justiça penal nos casos de violência doméstica, e apresentando números baixos de condenações, afirmando que nem a justiça comum, nem a Lei 9.099/95 *apresentam soluções para as medidas punitivas nem para as preventivas ou de proteção integral às mulheres"* (BRASÍLIA, 2004, p. 17).

> O atual procedimento inverte o ônus da prova, não escuta as vítimas, recria estereótipos, não previne novas violências e não contribui para a transformação das relações hierárquicas de gênero. Não possibilita vislumbrar, portanto, nenhuma solução social para a vítima. A política criminal produz uma sensação generalizada de injustiça, por parte das vítimas, e de impunidade, por parte dos agressores (BRASÍLIA, 2004, p. 17).

Apesar de reconhecer que a política criminal não tem o poder de conduzir à resolução do conflito, não há uma avaliação a respeito da real necessidade de utilização do sistema penal, no que parece ser a presunção da necessidade do aspecto punitivo para prevenir violências ou proteger as mulheres, como se o problema não fosse a utilização do sistema de justiça criminal em si, mas unicamente a forma arraigada pelo machismo pelo qual é conduzido. Desta forma, há uma aparente tendência de colocar a mulher como sujeito ativo no processo, conferindo-lhe certo protagonismo, na medida do que é permitido pelo sistema penal, propondo alterações no procedimento dos juizados especiais.

Entre os procedimentos propostos, estão a audiência de apresentação, em que a mulher seria ouvida primeiramente, e em separado do acusado da agressão, sendo as audiências pautadas pelo princípio da mediação, atentando para o fato de que somente poderiam presidir a audiência juiz de direito ou mediador devidamente graduado em curso de ciências jurídicas e capacitado em questões de gênero, além do acompanhamento da vítima por advogado(a), cuidados pensados para que a mulher não fosse forçada a uma conciliação (BRASÍLIA, 2004, p. 18).

Também houve proposta de alteração do momento de oferecimento da transação penal para audiência posterior, possibilitando ao juízo o encaminhamento das partes a atendimento multidisciplinar, realização de perícia e/ou outras providencias necessárias para melhor resolução da demanda (BRASÍLIA, 2004, p. 18).

O projeto apresentado ainda previa a criação das Varas e Juizados Especiais da Violência Doméstica e Familiar contra a Mulher, com competência cível e penal, que seria responsável por um atendimento urgente e especializado. No mais, havia a possibilidade de decretação de prisão preventiva quando o crime envolvesse violência doméstica e familiar contra a mulher (BRASÍLIA, 2004, p. 18).

Na Câmara dos Deputados, as narrativas de Plenário são aparentemente homogêneas, com algumas variações mais ou menos críticas a depender da filiação do parlamentar com partidos progressistas ou conservadores.

De modo geral, a grande maioria se mostra preocupada com os dados apresentados, admitindo que a violência doméstica contra a mulher é uma realidade alarmante no país. A situação do estado de Pernambuco foi frequentemente citada, com registro de 70 mortes de mulheres em ambiente doméstico no período de 03 meses.[20] Os discursos foram proferidos em duas linhas que comumente estavam alinhadas, a das políticas públicas integradas, e a da impunidade.

Quando se fala da necessidade de Políticas Públicas, é interessante perceber a facilidade com que se falava e tratava a questão de gênero como fenômeno social, central na questão da violência doméstica, e que mudanças no quadro de violência contra as mulheres passa pela discussão de gênero nas escolas e na sociedade, diferente do momento atual na política brasileira, em que se tornou incrivelmente difícil debater gênero sem cair em uma série de ataques e preconceitos.

Veja-se algumas manifestações:

Fátima Bezzerra – PT-RN

> O combate à violência, especialmente praticada por atuais ou ex-parceiros, enquadra-se no campo da cultura, e alimenta-se das noções de posse e de submissão, reforçadas cotidianamente pelas novelas e pelo refrão de que em briga de marido com mulher ninguém põe a colher.
>
> (...)

---

20 BRASÍLIA. Câmara dos Deputados. Sessão Extraordinária n. 027.4.52.0. 22 mar. 2006 p. 291.

Mudanças nesse quadro requerem ações conjuntas dos Poderes Públicos e da sociedade. É urgente que as escolas incorporem a discussão de noções de igualdade de gêneros e de respeito e tolerância diante das diferenças. A matança de mulheres não deve ser combatida apenas no plano das políticas governamentais ou dos movimentos de mulheres, mas deve ser uma preocupação de todos e todas que queremos uma sociedade baseada na solidariedade, na paz e na justiça social.[21]

Papaléo Paes – PSDB-AP

Todavia, embora seja mister reconhecer sua importância, sabemos que a luta das mulheres por eqüidade não se esgota na dimensão legal. Ocorre que todo um mosaico social, cultural, religioso e econômico foi erigido, ao longo dos séculos, para distinguir os gêneros, sobrepondo-os, artificialmente, em uma escala de valor que, pouco a pouco, se foi "naturalizando" — de modo a esconder a sua construção arbitrária e inaceitável.[22]

Além disso, há manifestações no sentido de conferir às mulheres arcabouço legal e aparato social que possibilite o exercício de direitos e lhe proporcione condições de romper com ciclos violentos nas suas relações. Este tipo de manifestação em geral está atrelado à necessidade de endurecimento penal.

Fernando Gonçalves PTB-RJ

Aqui na Câmara tramita um grande número de projetos de lei para alterar o Código Penal e o Código de Processo Penal, definindo e tipificando melhor os crimes de violência doméstica e punindo com rigor os autores dos abusos praticados contra a mulher e os filhos.
(...)
O Parlamento precisa garantir, por meio de leis adequadas, que todas as mulheres que sofrem com a violência, o abuso e a opressão possam ter a condição de romper com essa situação que atinge a sua dignidade de cidadãs e de seres humanos.[23]

Ao mesmo tempo, em que pese a reprovabilidade conferida às condutas violentas contra as mulheres, é muito comum encontrar discursos que enalteçam ou naturalizem estereótipos de gênero. Menções ao papel da

---

21 BRASÍLIA. Câmara dos Deputados. Sessão Solene do Congresso Nacional n. 003.4.52.N. 09 mar. 2006. p. 171-172.

22 BRASÍLIA. Câmara dos Deputados. Sessão Solene do Congresso Nacional n. 003.4.52.N. 09 mar. 2006. p. 189.

23 BRASÍLIA. Câmara dos Deputados. Sessão Ordinária n. 012.4.52.O. 08 mar. 2006. p. 201.

mulher na família, referências a características supostamente inerentes à condição feminina como a sensibilidade e o amor incondicional foram encontradas, além disso, é possível perceber um certo enaltecimento a respeito da sobrecarga de obrigações a que as mulheres são responsabilizadas devido, justamente, a estes mesmo estereótipos.

Ivo José – PT-MG

> Quero ressaltar o papel da mulher como figura estabilizadora da família e, em decorrência, da própria vida social.
> Refiro-me ao papel fundamental que a mulher exerce no recesso do lar ou no interior das salas de aula, no que tange à educação dos seres humanos em formação.
> A mulher nasce com a virtude de ensinar, de preparar as pessoas para a vida em sociedade. Paciente, didática, a mulher constitui um modelo para as crianças, quando não para os próprios adultos.[24]

Oliveira Filho PL-PR

> Todos os homens sabem que uma mulher de fibra e sensata faz um lar mais feliz e bem-sucedido. Da mulher vêm o aconchego, o bom senso, o apoio, o amor incondicional, o carinho, a atenção que unem a família. É dela o papel de nutrir e de ouvir, de dar continuidade ao homem e de fazer com que a união familiar não se desfaça.
> Seja ao oferecer um conselho ou o colo, seja ao oferecer um prato de comida ou simplesmente companhia, a força da mulher e seu sentimento fazem toda a diferença na vida dos homens e na estrutura da sociedade.[25]

Renan Calheiros – Presidente do Congresso Nacional – PMDB-AL

A força, o equilíbrio, a intuição e a capacidade de trabalho da mulher, que cada vez mais precisa se desdobrar entre os cuidados com os filhos, a casa e a vida profissional, são não apenas o esteio da família, mas a base, sem dúvida alguma, que nos permite constituir as maiores conquistas no universo do trabalho e na área social.[26]

Conforme mencionado, a impunidade foi considerada por boa parte dos(as) parlamentares como a principal causa dos altos índices de violência doméstica, estes(as) consideram que melhorar as condições para

---

24 BRASÍLIA. Câmara dos Deputados. Sessão Ordinária n. 012.4.52.O. 08 mar. 2006. p. 188.

25 BRASÍLIA. Câmara dos Deputados. Sessão Ordinária n. 012.4.52.O. 08 mar. 2006. p. 219.

26 BRASÍLIA. Câmara dos Deputados. Sessão Solene do Congresso Nacional n. 003.4.52.N. 09 mar. 2006. p. 102.

a denúncia da mulher agredida, assim como o enrijecimento da pena, e sua retirada da competência dos juizados especiais contribuiria para a redução dos casos.

Jandira Feghali – PCDOB-RJ

> É preciso alterar a lei, deixando de enquadrar esse tipo de violência como de menor potencial ofensivo. Hoje, as mulheres resistem a oficializar a denúncia porque temem que o agressor seja "punido" com o pagamento de cestas básicas, por exemplo.
>
> Numa sociedade de suposta igualdade de gênero, as mulheres ainda enfrentam preconceitos e optam pelo silêncio. Das que conseguem ultrapassar essa barreira, grande parte não encontra respaldo para levar o processo até as últimas conseqüências.[27]

Zé Lima – PP-PA

A violência contra a mulher, apesar de ser um tema bastante discutido, mascara um problema latente em nossa sociedade, com muitos casos sem registro, em face da impunidade e da reação dos agressores, culminando em homicídios brutais.[28]

Antonio Carlos Mendes Thame – PSDB-SP

> No Dia da Mulher, o que a mulher pede são leis mais severas, que previnam e ajudem a diminuir a agressão familiar. Essas leis precisam ser aprovadas por nós. Essa é a nossa função, a função do Poder Legislativo. As leis têm duplo objetivo: o estático, no sentido de mostrar até onde vão nossos direitos e onde começam os direitos dos nossos semelhantes — é estático, mas fundamental para a vida da sociedade —, e o subjetivo e dinâmico, mostrando que as leis servem para inibir comportamentos criminosos, deletérios, indesejados pela sociedade, os quais muitas vezes são esquecidos nessas mesmas leis.
>
> Quando prevê punições com propriedade e com rigor, a lei dá ao criminoso a certeza de que será punido. Quando há certeza não da impunidade, mas da punibilidade, é evidente que os crimes diminuem.[29]

Ao contrário da última afirmativa, não há evidências de que leis mais rígidas, ou mais condutas criminalizadas passem a produzir redução na

---

27 BRASÍLIA. Congresso Nacional. Sessão Ordinária n. 012.4.52.O. 08 mar. 2006. p. 210.

28 BRASÍLIA. Congresso Nacional. Sessão Ordinária n. 012.4.52.O. 08 mar. 2006. p. 70.

29 BRASÍLIA. Congresso Nacional. Sessão Ordinária n. 012.4.52.O. 08 mar. 2006. p. 87.

incidência de crimes. Em verdade, mesmo que estas resultem em um maior número de encarceramentos, estes, em geral, nunca se correlacionam com os índices de delitos praticados. (LARRAURI, 2007, p.62; LARRAURI, 2009, 04).

É certo que o procedimento anterior ao da Lei Maria da Penha nos juizados especiais havia se mostrando ineficiente na resolução dos conflitos decorrentes de violência doméstica, e suas consequências vinham sendo dolorosas e muitas vezes letais para as vítimas, fato que acabou levando à rejeição da proposta apresentada inicialmente pela SPM, que previa a modificação do procedimento para os crimes de competência do juizado especial. Assim, elevou-se a pena para os crimes de violência doméstica, e a aplicação da lei 9.099/95 foi expressamente vedada, levando as demandas para o rito ordinário.

O projeto, contudo, apresentava uma alternativa diferente ao tradicional rito ordinário, oferecendo uma possibilidade de mediação por profissionais qualificados, antes do prosseguimento do processo, ao invés da conversão do conflito em uma questão de delito e punibilidade. É preciso ter consciência de que o processo de publicização da violência doméstica não retira o caráter familiar desta problemática. Não que se deva dar um passo atrás e manter a violência encerrada no poder masculino, mas sim reconhecer que sua resolução passa por compreender que as relações de afeto são complexas, e não podem ser solucionadas pelo poder punitivo.

Esta necessidade de procurar formas de *"punição aos homens violentos que nos agridem"*,[30] resulta em uma valoração do sistema penal que prejudica a própria autonomia da mulher no contexto da Lei Maria da Penha, ou seja, discursa-se no sentido de que é necessário efetivar mecanismos que permitam o exercício de direitos e condições de rompimento de situações violentas para mulheres vítimas de violência doméstica, enquanto no plano legal limita-se sua possibilidade de resolução de conflito, que só poderá ser realizada nos moldes do poder judiciário, mais especificamente, pela sistemática do sistema de justiça criminal.

Além disso, reconhecendo que a violência doméstica faz parte de um contexto social machista e misógino, enunciar os agressores como *"inimigos"*, como na fala de Maria Lucia Cardoso – PMDB-MG[31], pode dar

---

30 BRASÍLIA. Câmara dos Deputados. Sessão Solene do Congresso Nacional n. 003.4.52.N. 09 mar. 2006. p. 111.

31 BRASÍLIA. Câmara dos Deputados. Sessão Extraordinária n. 027.4.52.0. 22 mar. 2006 p. 296.

vazão a um padrão de funcionamento do sistema penal muito problemático, característico do contexto latino-americano. Segundo Zaffaroni, em razão da ideia de periculosidade, é negado ao indivíduo caracterizado como inimigo sua condição de pessoa, e este torna-se alguém sobre quem é necessária apenas a contenção. Esta ideia justifica prisões antes da condenação[32], que passam a se tornar um modo de exercício do poder punitivo, mesmo sem condenação consistente (ZAFFARONI, 2007, p. 70).

> Do ponto de vista formal isto constitui uma *inversão do sistema penal,* porém, segundo a realidade percebida e descrita pela criminologia, trata-se de um poder punitivo que há muitas décadas preferiu operar mediante a prisão preventiva ou por *medida de contenção provisória* (ZAFFARONI, 2007 p. 70).

Além disso, a visão do homem agressor na figura do inimigo é demasiada mistificada, criando ao seu entorno a concepção de este seria uma espécie de monstro, alguém que fugiria à normalidade do respeito pelas mulheres, individualizando sua conduta, entrando em contradição com o proposto pelo pensamento feminista, que entende o machismo como parte da construção social.

Assim, ainda que se anseie por medidas emergenciais de proteção, é preciso questionar sua vinculação a demandas encarceradoras. Além de toda a problemática em que o sistema penal está envolto, esta inversão, que pune antes de julgar, é contrária a qualquer noção de justiça social.

Percebe-se ainda que ao mencionar as mulheres pobres e as mulheres negras os discursos limitam-se a tratar de estatísticas, constatando que estas *"mais sofrem discriminação, têm menor escolaridade, recebem salários mais baixos e estão desempregadas em maior número."*[33] Embora seja uma realidade, não se vislumbra qualquer reflexão particular sobre os efeitos da Lei 11.340/06 para estes grupos de mulheres, mas pelo contrário, quando se trata de violência doméstica, o problema é visto de forma global, sendo anunciado que atinge todas as mulheres indiscriminadamente.

Celcita Pinheiro – PFL-MT

> Sr. Presidente, Sras. e Srs. Deputados, a violência doméstica é um problema universal que atinge indiscriminadamente crianças, adolescentes,

---

32 Segundo dados do INFOPEN, 40% da população carcerária brasileira encontra-se privada de liberdade sem condenação criminal. (INFOPEN, 2017, p. 14)

33 BRASÍLIA. Câmara dos Deputados. Sessão Extraordinária n. 014.4.52.O. 09 mar. 2006. p. 57.

mulheres e até mesmo homens. É mazela que não distingue sexo, nível social, econômico, religioso ou cultural específico.[34]

Fátima Bezerra – PT-RN

Sra. Presidenta, não é correta a suposição de que a violência se concentre nos estratos mais desprivilegiados da população: ela atravessa classes sociais, grau de escolaridade, faixa etária e localização geográfica. Poderíamos supor que a barbárie se situasse no Nordeste, como ecos do patriarcado rural. Mas ela se espraia pelas regiões mais desenvolvidas do País.[35]

Estas afirmações têm por objetivo demonstrar que a violência doméstica é prática que pode, sim, ser vislumbrada em qualquer contexto, pelo seu caráter estrutural, contudo é problemática e limitada no sentido de não evidenciar que mulheres negras e pobres se encontram em situação de maior vulnerabilidade. Não é possível ignorar os marcadores de classe e raça nas análises feministas sobre violência contra a mulher porque eles são determinantes na perpetuação das desigualdades no Brasil, assim *"da mesma maneira que a pobreza no nosso país tem cor, a violência de gênero também é construída por meio dos marcadores raciais, atingindo as mulheres negras e brancas de modo desproporcional"* (SANTOS, 2016a, p. 27).

Dados já citados neste trabalho indicam que a mortalidade das mulheres negras foi quase duas vezes maior que a de mulheres brancas (1,75) no ano de 2015. (SENADO FEDERAL, 2018, 9).

Além disso, apesar de a pobreza não ser determinante para incidência de violência, e da possibilidade de cifras ocultas nas camadas mais altas, pesquisas apontam para um maior registro de agressões nas camadas mais pobres da população, que recebem até um salário mínimo (ROMIO, 2013, 144).

Este é mais um dos motivos que torna questionável reclamar a proteção de mulheres ao sistema penal. As populações empobrecida e negra são as mais afetadas pela seletividade penal[36], possuem mais chances de sofrer

---

34 BRASÍLIA. Congresso Nacional. Sessão Ordinária n. 025.4.52.O. 21 mar. 2006. p. 35.

35 BRASÍLIA. Câmara dos Deputados. Sessão Solene do Congresso Nacional n. 003.4.52.N. 09 mar. 2006. p. 168.

36 Dados do Infopen informam que até junho de 2016 havia o registro de que, dos presos em que havia informação disponível sobre cor/raça/etnia (74%), 64% era composta por pessoas negras. (INFOPEN, 2017, p. 32)

violência estatal[37], e são quem mais sofre com a questão da violência, ou seja, ainda que a Lei 11.340/06 possua todo um rol de políticas públicas, quando se recorre ao sistema penal para buscar a proteção de mulheres, ainda que simbolicamente, legitima-se o meio pelo qual a segregação social afeta especificamente os setores mais vulneráveis da população, encerrando-os em ciclos violentos, um verdadeiro paradoxo.

Ao chegar ao Senado Federal, a defesa do projeto se dá nos mesmos moldes de argumentação vistos na Câmara dos Deputados, a Senadora Fátima Cleide (PT) reafirma a necessidade de conferir novo entendimento a respeito da cultura da violência doméstica, desnaturalizando sua prática e promovendo uma cultura de paz. Condiciona, entretanto, a proteção da mulher ao encaminhamento das demandas para a justiça comum, e não para os juizados especiais, com a justificativa de que na esfera comum as penas seriam mais rígidas. Mais uma vez, a questão da impunidade foi levantada. Há um trecho específico de sua fala que merece atenção:

Fátima Cleide – PT – RO

> Precisamos dar uma demonstração à sociedade brasileira de que esta Casa partilha do anseio de oferecer combate permanente à impunidade, entendendo que os crimes contra os direitos humanos das mulheres são crimes contra toda a sociedade e por isso merecem o rigor da lei.[38]

Não é possível deixar de observar a contradição em associar a promoção de direitos humanos através do *"rigor da lei penal"*. Este "desencontro" de perspectiva em crer que o projeto de afirmação de direitos humanos pode se dar pela via penal é contraproducente no sentido de que este é um gerenciador de desigualdades, como já mencionado (ANDRADE, 2003, p. 90,116-117).

O movimento progressista, ao menos aquele que se diz ser, precisa repensar o modo pelo qual pleiteia a afirmação de direitos humanos. Consciente do *modus operandi* do sistema penal, da seletividade com que encarcera os excluídos, da forma como seleciona quem pode ou não ser vítima, as limitações que impõe ao exercício de autonomia, e seu papel central na

---

37 "Tanto é assim que, no ano de 2011, em cada grupo de 100 mil negros 1,4 foi vítima de ação letal da polícia; enquanto que num grupo de 100 mil brancos a taxa de letalidade por ação da polícia é 0,5. Em 2012, dos presos em flagrante segundo cor/raça, em taxa de 100 mil habitantes em São Paulo, 35/100mil eram negros e 14/100mil eram branco [1]". (ZAPATER, 2016)

38 Brasília. Senado Federal. Diário do Senado, ano LXI, n. 105. 27 mar. 2006. p. 21626-21628.

manutenção das estruturas do poder – inclusive patriarcal – e das desigualdades sociais, é imprescindível que se busque alternativas não penais.

Em outras palavras, de nada adianta denunciar a desigualdade social, as estruturas capitalistas, racistas e machistas do Estado pedindo por maior rigor penal, isto é, legitimando o uso de um dos motores deste sistema.

3.3.2. A Lei 13.104/15 nas Casas Legislativas

Este tópico tratará especificamente da relação dos parlamentares com o projeto de Lei do Senado (PLS) 292/2013 e PL 8.305/2014 (na Câmara dos Deputados) que vieram a se tornar a Lei 13.104/06 (Feminicídio).

Para tanto foram selecionados arquivos disponíveis na página do Senado Federal na Internet[39], em que foram registrados os discursos em Plenário no Período, registrados no Diário do Senado entre 15/07/2013 e 17/12/2014, data em que o projeto foi aprovado, e pareceres das comissões pelas quais o projeto tramitou.

Quanto à tramitação junto à Câmara dos Deputados, foi realizada consulta dos arquivos disponíveis em sua página na internet[40], em que foram registrados discursos em Plenário no período entre 17/12/2014 e 03/03/2015.

O projeto foi proposto pela Comissão Parlamentar Mista de Inquérito (CPMI) de Violência Contra a Mulher, no Senado Federal no ano de 2013, após relatório produzido pela comissão no sentido de investigar a situação das mulheres no país, bem como os esforços do poder público em garantir suporte às vítimas.

O projeto original propunha a tipificação do Feminicídio, como *forma extrema de violência de gênero que resulta na morte da mulher, a partir de três circunstâncias: I) relação íntima de afeto ou parentesco, por afinidade ou consanguinidade entre a vítima e o agressor no presente ou no passado; II) prática de qualquer tipo de violência sexual contra a vítima antes ou após a morte; III) mutilação ou desfiguração da vítima, antes ou após a morte* (BRASILIA, 2013, p. 1).

A justificativa apresentada configura o feminicídio como um crime de ódio contra as mulheres, perpetuado por todo o histórico de dominação a qual as mulheres foram submetidas, e pela indiferença da sociedade e

---

39 SENADO FEDERAL. Disponível em: <https://www12.senado.leg.br/hpsenado>.

40 PORTAL DA CÂMARA DOS DEPUTADOS. Disponível em: <http://www.camara.leg.br>.

Estado. Segundo o documento redigido pela Comissão, o avanço inicial na luta pela igualdade de gênero foi materializado na Lei Maria da Penha, que deveria ser visto como ponto de partida, sendo a tipificação do feminicídio sua continuidade lógica (BRASÍLIA, 2013, p. 1).

Esta afirmação demonstra, de certa forma, a concepção punitiva que o legislador possui não somente sobre os dispositivos legais das leis 11.340/06, e 13.104/15, mas sobre as formas de se alcançar justiça social no que concerne à igualdade de gênero.

Aparentemente, o rigor penal é prioritário para o Estado quando deseja demonstrar a reprovabilidade das condutas, entendendo que a não tipificação penal equivale a um estimulo para sua prática, eis que resultaria em impunidade.

> A importância de tipificar o feminicídio é reconhecer, na forma da lei, que mulheres estão sendo mortas pela razão de serem mulheres, expondo a fratura da desigualdade de gênero que persiste em nossa sociedade, e é social, por combater a impunidade, evitando que feminicidas sejam beneficiados por interpretações jurídicas anacrônicas e moralmente inaceitáveis, como o de terem cometido "crime passional". Envia, outrossim, mensagem positiva à sociedade de que o direito à vida é universal e de que não haverá impunidade. Protege, ainda, a dignidade da vítima, ao obstar de antemão as estratégias de se desqualificarem, midiaticamente, a condição de mulheres brutalmente assassinadas, atribuindo a elas a responsabilidade pelo crime de que foram vítimas (BRASÍLIA, 2013, p. 4).

Percebe-se que os argumentos utilizados orbitam sempre na questão do reconhecimento da violência contra a mulher. Mesmo quando trata do combate à impunidade, sua intenção é demonstrar à sociedade que tais condutas não serão mais toleradas passivamente, mas resolvidas através da punição. Ocorre que o sistema penal não possui condições de cumprir com estas promessas.

Em parecer da Comissão de Constituição Justiça e Cidadania (CCJC), datado de 18/09/2013, relatado pela Senadora Ana Rita, afirma-se que o projeto de criação da qualificadora do feminicídio objetiva *dar visibilidade ao crime cometido contra a mulher.*[41]

---

41 BRASÍLIA, Senado Federal. PARECER DA COMISSÃO DE CONSTITUIÇÃO JUSTIÇA E CIDADANIA SOBRE O PROJEOT DE LEI DO SENADO Nº 292, DE 2013, QUE ALTERA O CÓDIGO PENAL, PARA INSRIR O FEMINICÍDIO COMO CRISCUNSTÂNCIA QUALIFICADORA DO CRIME DE HOMICÍDIO. p. 2, set. 2013.

Neste sentido, é preciso reconhecer, como já foi exaustivamente afirmado, que o reconhecimento do feminicídio como realidade prescinde de tipificação penal, podendo ser realizado por outras vias, dentro ou fora do campo do direito. Conforme já mencionado, Vera Regina Pereira de Andrade defende que acaso se considere o campo do direito uma alternativa, esta deveria ser deslocada para o campo do Direito Constitucional, onde é possível construir um projeto de positividade de direitos humanos (ANDRADE, 2003, p. 123-124).

Quando diz buscar proteger a dignidade da vítima, ao obstar a possibilidade de transferir à vítima a responsabilidade pela sua morte, o projeto beira à ingenuidade. Isto porque demonstra não conhecer – ou não reconhecer – que é do *modus operandi* do próprio sistema de justiça criminal questionar a integridade da vítima – especialmente quando mulher – antes de julgar se o réu merece ou não sofrer as consequências da repressividade penal. Isto porque não há uma ruptura entre as relações sociais, concebida de modo a autorizar a violência e discriminação sobre a mulher, e o controle social formal, que viria a proteger sua integridade e dignidade (conforme afirmado), mas são instâncias de controle contínuas, formadas pelas mesmas pessoas, com as mesmas concepções, que interagem entre si (ANDRADE, 2003, p. 120).

A questão da impunidade é frequentemente colocada em evidência, retratando dois grandes equívocos ao se pensar o direito penal. O primeiro é o de supor que a simples tipificação é suficiente para punir todos os casos de feminicídios praticados.

Nos anos 90, Zaffaroni já afirmava o que os pensadores da Criminologia da Reação Social já demonstravam desde os anos 60, pelo menos, que *a realidade operacional de nossos sistemas penais jamais poderá adequar-se à planificação do discurso jurídico-penal* (ZAFFARONI, 1991, p. 15) ou seja, não há possibilidades razoáveis de se proceder com a criminalização de todos os que cometem os atos tipificados no código penal, seja porque os órgãos responsáveis por sua efetivação não possuem capacidade operacional, seja porque ainda que fosse possível operacionalizar este sistema, desencadearia um verdadeiro caos social (ZAFFARONI, 1991, p; 25-26).

Em outras palavras, não se pode tentar combater a impunidade através do sistema penal, tendo em vista que a seletividade, expressa na não criminalização de pessoas que cometeram tipos penais, é parte importante do funcionamento do sistema, que do contrário entraria em colapso.

> A seletividade, a reprodução da violência, a criação de condições para maiores condutas lesivas, a corrupção institucionalizada, a concentração

de poder, a verticalização social e a destruição das relações horizontais ou comunitárias *não são características conjunturais, mas estruturais do exercício de poder de todos os sistemas penais* (ZAFFARONI, 1991, p. 15).

O segundo equívoco diz respeito à noção de que a criminalização de condutas é suficiente para alterar o comportamento social. Não há qualquer evidencia que comprove a redução do cometimento de crimes após a tipificação ou o endurecimento penal, mas pelo contrário, lidar com problemas a partir da ótica repressiva tende a agrava-los, a exemplo do que acontece com a questão do aborto e das drogas.

É curioso perceber que o legislador tem plena consciência de que a tipificação penal não tem o poder de prevenir o cometimento de feminicídios, tanto que efetivamente o afirma em parecer da CCJC citado anteriormente[42], assegurando que a qualificadora não visaria a prevenção do cometimento de crimes, mas tão somente a nominação expressa das circunstâncias que caracterizam o feminicídio, baseado em recomendações internacionais.

No entanto, em 17/12/2013, data da discussão em segundo turno do projeto, seguida de votação para aprovação em Plenário, foi apresentada a emenda nº 2, prevendo causas de aumento de pena para o crime de feminicídio, nos casos em fosse praticado *I) durante a gestação ou nos três meses posteriores ao parto; II) contra pessoa menores de 14 (quatorze anos), maior de 60 (sessenta) anos ou com deficiência; III) na presença de descendente ou de ascendente da vítima.*[43]

A justificativa para sua inclusão, no entanto, é de *ora proteger a vítima que se encontra em situação de flagrante vulnerabilidade, ora preservar a integridade psicológica da família da vítima, principalmente das crianças, que, nessas situações, sofrem danos psicológicos irreparáveis.*[44]

Existe uma incoerência clara ao tratar da matéria, ora afirmando que a tipificação visa exclusivamente caracterizar o feminicídio, ora que o rigor penal é necessário para proteção das vítimas. Obviamente o direito penal

---

42 BRASÍLIA, Senado Federal. PARECER DA COMISSÃO DE CONSTITUIÇÃO JUSTIÇA E CIDADANIA SOBRE O PROJEOT DE LEI DO SENADO Nº 292, DE 2013, QUE ALTERA O CÓDIGO PENAL, PARA INSERIR O FEMINICÍDIO COMO CRISCUNSTÂNCIA QUALIFICADORA DO CRIME DE HOMICÍDIO. p. 3-4, set. 2013.

43 BRASÍLIA, Senado Federal. Diário do Senado Federal ano LXIX, nº 207, 18 dez. 2014. p. 540-549.

44 BRASÍLIA, Senado Federal. Diário do Senado Federal ano LXIX, nº 207, 18 dez. 2014. p. 4.

não tem capacidade protetiva, sua competência e alcance é posterior à prática da conduta, além disso, não é possível concluir que a partir da tipificação mais rígida de condutas mais graves, estas situações não irão ocorrer, ou seja, o desejo é meramente punitivo.

Esse desejo por punição é explicitado durante a tramitação do projeto, algumas vezes representado na expectativa de conter a impunidade, em outros manifestado de forma bastante aberta:

> O anseio pelo agravamento da punição penal nessas situações decorre do aumento de homicídio praticados contra mulheres.[45]
> O Governo Federal também tem reforçado parcerias com os Estados, Municípios e o sistema de Justiça para garantir a efetividade das ações. Paralelamente, conclama a sociedade a combater a impunidade dos agressores, assumindo uma atitude de tolerância zero frente à violência contra a mulher.[46]

Um ponto importante que demonstra como o legislador possui maior interesse em projetos de cunho punitivo é que o relatório final da CPMI que sugere a necessidade da tipificação do feminicídio sugere também a criação de um benefício social transitório para que mulheres vítimas de violência doméstica possuam condições financeiras de deixarem relações violentas.[47] Foi então criado o PLS 109/2012, que cria o Fundo Nacional de Amparo à Mulheres Agredidas, visando destinar benefício pecuniário e treinamento profissional a mulheres em situação de violência doméstica. Tal projeto tem grande importância inclusive no contexto da Lei Maria da Penha, tendo em vista que a autonomia financeira é fundamental para que mulheres se sintam seguras ao deixar o lar.

O projeto foi criado em abril de 2012, aprovado no Senado Federal, e encontra-se desde 20/02/2013 na Câmara dos Deputados, onde a última movimentação se deu em 27/04/2017, mais de um ano atrás. Aparentemente não há perspectiva de aprovação.

Quanto ao projeto que trata do feminicídio, a tramitação na Câmara dos Deputados se deu de forma mais rápida, sendo discutido somente no

---

45 Brasília. Senado Federal. PARECER DA COMISSÃO DE CONSTITUIÇÃO, JUSTIÇA E CIDADANIA, SOBRE O PROJETO DE LEI DO SENADO N° 292 DE 2013, QUE ALTERA O CÓDIGO PENAL, PARA INSERIR O FEMINICÍDIO COMO CIRCUNSTÂNCIA QUALIFICADORA DO CRIME DE HOMICÍDIO. p. 3, mar. 2014.

46 BRASÍLIA. Senado Federal. Diário do Senado Federal ano LXIX, n° 190, 20 nov. 2014. p. 190-192.

47 BRASÍLIA. Senado Federal. Diário do Senado Federal ano LXIX, n° 190, 20 nov. 2014. p. 191.

Plenário da Câmara, quando esteve em pauta para aprovação, sem prejuízo a algumas manifestações de apoio no período em que tramitou naquela casa.

De modo geral o projeto recebeu amplo apoio, exceto por uma manifestação do Deputado Evandro Gussi (PV-SP)[48] com uma preocupação sobre a possibilidade de o projeto desrespeitar o princípio da igualdade, penalizando mais severamente os responsáveis pela morte de mulheres do que de homens. Outros parlamentares rapidamente observaram que a inclusão do feminicídio como qualificadora atende alguns requisitos, visando tipificar a questão da morte de mulheres por questão especificamente de gênero, o que aparentemente não gerou maiores debates.

Um fato a ser percebido é que o sentido simbólico da tipificação do feminicídio foi constantemente colocado em evidência nas duas casas. Enquanto no Senado a matéria foi debatida em torno da questão da impunidade, é possível perceber que na Câmara dos Deputados se deu grande importância à inclusão do feminicídio no rol dos crimes hediondos, como se extrai dos discursos a seguir:

Erika Kokay – PT-DF

[...] aprovando na próxima semana o projeto do feminicídio, que significa transformar em hediondo aqueles crimes que acometem as mulheres e que são sempre precedidos por uma desumanização simbólica, mas que desumanizam e que têm na sua origem o ódio e a violência contra o gênero feminino.

(...)

Esta Casa responde ao clamor e à dor de milhões de mulheres do nosso País, milhões de mulheres que têm medo de voltar para casa e dizem que a violência de gênero e o homicídio ao gênero feminino é, sim, um crime hediondo.[49]

Moema Gramacho – PT-BA

Quero também dizer que estou feliz porque nesta tarde ou nesta noite poderemos ver aprovado o projeto que trata do feminicídio. Crimes contra as mulheres deverão ser considerados crimes hediondos, com a pena aumentada, para que isso sirva como punição, intimidação e prevenção à violência contra as mulheres.[50]

---

48 BRASÍLIA. Câmara dos Deputados. Sessão Ordinária n. 019.1.55.O. 03 mar. 2015. p. 282-283.

49 BRASÍLIA. Câmara dos Deputados. Sessão Ordinária n. 016.1.55.O. 26 fev. 2015. p. 272-273

50 BRASÍLIA. Câmara dos Deputados. Sessão Ordinária n 019.1.55.O. 03 mar. 2015. p. 116-117.

Mesmo que o caráter hediondo da figura típica do feminicídio seja apenas uma consequência da sua inclusão como qualificadora o homicídio, este foi anunciado como objetivo primário. Não houve, neste sentido, debate a respeito do impacto material da medida, a não ser as falas genéricas de que seria necessário combater a violência contra as mulheres, o que demonstra uma vontade de efetivamente conferir significado grave, ainda que abstratamente, à morte de mulheres. A utilização simbólica do direito penal é latente, não havendo explicação para a forma com que o uso do sistema penal contribuiria para impedir a morte de mulheres.

Assim, passa-se a reivindicar a utilização do sistema penal como meio legítimo para a defesa dos direitos humanos, como justa forma de enfrentamento da violência.

Maria do Rosário – PT-RS

> Aprovemos, porque estamos atualizando a nossa legislação penal. Aprovemos porque isso defende os direitos fundamentais, a humanidade, a vida em paz, a dignidade humana, porque isso, sim, é enfrentarmos a violência e construirmos um Brasil mais justo e digno para as mulheres.[51]

Que não é possível defender os direitos humanos através do sistema penal não é novidade, e em geral as personalidades do campo progressista são completamente cientes da sua ineficácia e de seu modo de funcionamento. Mas porque, então, se insiste em um discurso dúplice, onde em alguns casos denuncia o sistema penal, e em outros recorre a ele?

Conforme mencionado em capítulo anterior, em nossa sociedade, a criminalização de condutas indesejadas traz consigo seu grau de gravidade (LARRAURI, 2007, p. 69).

Além disso, existe uma grande dificuldade de substituição do discurso punitivo por outro não punitivo, porque o primeiro ainda figura como o único instrumento acessível para a defesa de direitos (ZAFFARONI, 1991, p. 14).

Assim, na ânsia de enviar alguma resposta à sociedade, acaba-se recorrendo a um discurso penal que nada mais é do que falso, pois não cumpre com o que promete, não é capaz de obstar a morte de mulheres, além de acirrar as desigualdades sociais, servindo à manutenção das estruturas de poder que inclusive submetem as mulheres a situações violentas.

> Os órgãos legislativos, inflacionando as tipificações, não fazem mais do que aumentar o arbítrio seletivo dos órgãos executivos do sistema penal e seus pretextos para o exercício de um maior poder controlador (ZAFFARONI, 1991, p. 27).

---

51 BRASÍLIA. Câmara dos Deputados. Sessão Ordinária n 019.1.55.O. 03 mar. 2015. p. 284-285.

Neste sentido, Eugenio Raúl Zaffaroni, ao se deparar com a encruzilhada entre o pessimismo apocalítico que não vê saída a não ser manter o sistema violento em que nos encontramos, ou a possibilidade de percorrer o difícil caminho alternativo ao punitivismo, apresenta uma perspectiva otimista e determinada a construir uma sociedade menos violenta:

> Acreditamos ser possível reduzir os níveis de violência, salvar muitas vidas humanas, evitar muita dor inútil, e, finalmente, fazer o sistema penal desaparecer um dia, substituindo-o por mecanismos reais e efetivos de solução de conflitos (ZAFFARONI, 1991, p; 159).

Para tanto, se faz necessária a difícil tarefa de negar os impulsos punitivistas, tão arraigados na cultura jurídica ensinada tradicionalmente nas universidades e reproduzida pelos meios de comunicação como fórmula da paz, iniciando processos alternativos de resolução de conflitos, e no caso específico da violência de gênero, propondo transformações na realidade social e valorizando a autonomia da mulher ao invés de lhe conferir uma posição sempre vitimizada que necessita da tutela judicial.

A partir dos estudos e dados trazidos ao longo deste capitulo, verifica-se que o processo de utilização do sistema penal para satisfação das demandas de proteção à mulher não é iniciado pela 11.340/06 (Lei Maria da Penha), tendo havido reformas no texto do Código Penal em praticamente todo o período dos anos 2000.

A lei Maria da Penha, entretanto, representa a grande conquista do movimento de mulheres no sentido de conferir novo significado à violência doméstica e a morte de mulheres, e a partir dela nascem demandas criminalizantes, sempre como uma continuidade ao propósito da proteção que se propôs com a aprovação deste projeto.

O encaminhamento dos projetos nas casas legislativas conferiu forte ênfase ao caráter penal dos projetos, creditando a este o papel de solucionar os conflitos decorrentes de violência doméstica.

No âmbito da Lei Maria da Penha, em que pese a preocupação com as políticas integradas de atendimento à mulher em situação de violência, houveram muitas manifestações a respeito da significativa importância do endurecimento penal. Foram realizadas críticas às políticas criminais anteriores, creditando a responsabilidade pelo cenário de violência doméstica a um aspecto conjuntural, no sentido de que a legislação não era suficientemente rígida nestes casos, sem atentar para a questão estrutural e todas as problemáticas encontradas na utilização do sistema penal.

Assim, a impunidade foi considerada como a principal causa dos altos índices de violência doméstica, e as soluções encontradas foram: a melhora nas condições para denúncia da mulher violentada, o enrijecimento da pena, e a retirada da competência dos juizados especiais.

No âmbito da Lei que tipifica o feminicídio, o projeto é apontado como uma continuidade lógica da Lei Maria da Penha no enfrentamento à violência contra as mulheres.

Neste caso o reconhecimento simbólico que a tipificação penal garantiria à morte de mulheres teve grande relevância, especialmente na caracterização do feminicídio como crime hediondo, que passaria a atribuir maior sensação de gravidade à conduta.

Além disso, a defesa do projeto se deu, novamente, baseado na narrativa do combate à impunidade.

Assim, é possível afirmar que as demandas dos movimentos feministas vêm sendo utilizadas pelo poder legislativo em favor do endurecimento penal. A dificuldade em articular formas não penais de resolução de conflitos, e modificação das estruturas sociais, além da carga simbólica que pode ser conferida com a tipificação penal, fazem com que mesmo o movimento progressista encontre dificuldades em resistir ao impulso punitivo.

É possível ainda afirmar que estas medidas enquadram-se em um modelo punitivistas, segundo indicadores propostos por Elena Larrauri: o ideal retributivo da prisão; o ressurgimento de sanções punitivas, baseadas na ideia de que as penas devem ser expressivas; a dificuldade da população em identificar-se com o então agressor, enxergando-o como o "outro", ou até mesmo como o "inimigo", que precisa ser neutralizado; a necessidade de maior atenção à vítima sendo interpretada como limitação dos direitos do agressor; e a subversão do direito penal como limitador do poder de punir do Estado, pela ideia instrumento de proteção à vítima e ao Estado (LARRAURI, 2006, p. 15-16).

Podendo-se apontar que o sistema penal não pode mais seguir sendo considerado como uma instituição neutra, que poderia vir a ser ressignificado para a proteção das mulheres ou de qualquer grupo vulnerável, isto porque é estruturalmente seletivo, desigual, corruptível e violento, atendendo à concentração de poder, ao gerenciamento da desigualdade e da verticalização social.

É necessário, assim, repensar as formas de atuação buscando soluções não penais, que sejam efetivas no encerramento de ciclos violentos sem legitimar a violência institucional, para que a proposta de afirmação de direitos humanos a que o movimento feminista se compromete seja compatível com as soluções encontradas para deter a violência de gênero.

CAPÍTULO 4
A ESPIRITUALIZAÇÃO DO PODER PUNITIVO: A RELIGIÃO COMO PALANQUE POLÍTICO

Neste último capítulo a investigação se voltou para o recente processo de crescimento substancial da bancada parlamentar evangélica, em um verdadeiro processo de politização da religiosidade, ainda que o discurso do mesmo segmento seja o inverso, pautado no caráter apolítico de suas posições, arrogando-se uma neutralidade em termos de valores que são justificados desde uma compreensão eminentemente neocristã, ou mesmo ortodoxa enquanto moralidade social.

E, consoante a isso se faz seu potencial e rigoroso julgamento, que se transmuta em uma percepção extremamente tradicional acerca das condutas criminais, arrogando-se uma função de paladinos da moral e dos bons costumes, que se reafirmaria com a certeza da punição, se não pelos homens e seu direito penal, com certeza por um julgamento divino supra-humano.

Inclusive atribuindo a finalidade de cumprimento de supostos mandamentos bíblicos/religiosos a se efetivarem mediante a cobrança por meio da ameaça penal e punitiva do direito penal e suas instituições penais. A isso que se denominou de espiritualização do poder punitivo, na medida em que o populismo punitivo, que já se trabalhou acima, nesse momento ganha contornos próprios, e o reforço da ordenação religiosa, assim como a justificativa para as ações de política criminal se justificam.

Nesse capítulo portanto, visa-se demonstrar o crescimento dessa concepção e vertente religiosa em consonância a perspectiva de avanço do poder punitivo e da percepção social de rigor no julgamento criminal, o que se verifica desde sua base teórica e doutrinaria, e se materializa nos discursos políticos-parlamentares que se verificou na pesquisa junto aos sítios oficiais do congresso nacional utilizando-se da ferramenta da análise de discurso.

Assim como também uma análise quantitativa, a partir dos dados oficiais acerca do crescimento dessa corrente político-religiosa nos últimos quinze anos no Congresso Nacional (especialmente tomando por base o processo eleitoral de 2014) e a formação de legendas e coligações alinhadas desde pautas religiosas e sua base de valores sociais.

Iniciando-se com um resgate de uma base teórica eminentemente teológica, que em grande medida esta fora da pauta de leitura das ciências sociais, de maneira geral, e que, portanto, importa para a presente discussão o balizamento de alguns de seus elementos teóricos e contexto de formação.

4.1. PENTECOSTAIS E NEOPENTECOSTAIS NO BRASIL

Para compreender a complicada divisão entre pentecostais e neopentecostais, sinteticamente e apenas com fins de situar o leitor, é preciso remeter ao termo que fazem referência: o pentecostes como marco da doutrina Católica do Espírito Santo, suas manifestações – na revelação de Jesus e no dia da Efusão -, que constituem data celebrada no fim das sete semanas pascais. Como parte da trindade católica, o Espírito Santo *"faz o mundo entrar no* último *dos tempos, o tempo da igreja, do Reino"* (VATICANA, 2000, p. 211).

Diferenciando-se da doutrina católica, a reforma protestante procede principalmente por uma desvaloração dos sacramentos e descentralização da igreja, atribuindo o princípio da interpretação individual das escrituras como chave da espiritualidade, sendo essa hermenêutica da palavra iluminada pelo Espirito Santo e o pentecostes (WEBER, 2016, p. 170).

Como bem frisou Weber, as denominações protestantes desenvolvem uma forte doutrina ascética, uma prática voltada ao labor e pratica sobre si em busca da retidão, o que bem disciplina os indivíduos e promove um espírito de comunidade coeso, por meio dum controle endógeno voltado ao distanciamento do mundo não religioso, dito como secular (2016, p. 240-260).

Similar em alguns pontos das protestantes tradicionais, ou de primeira onda, tais como a Metodista e Batista, a Assembleia de Deus (segunda onda) desenvolve-se no Brasil no início do Sec. XX importada do modelo protestante norte americano (BAPTISTA, 2007, p. 191). Todavia, o isolamento político da doutrina ascética protestante, a fuga do mundo secular, modifica-se quando face a massiva população católica brasileira a população protestante precisa se organizar garantir espaço de profissão de fé, desencadeando essa mecânica característica das protestantes na sociedade: uma articulação interna no sentido de formar uma comunidade rígida e bem definida para assim então implicar na disputa no espaço público (FOUCAULT, 2015, p. 99).

Já no terceiro quarto do séc. XX, em uma dissidência das pentecostais tradicionais, originou-se o que se toma hoje como *neopentecostal protestante* e atrela-se principalmente ao compilado teológico e construído pela Igreja Universal do Reino de Deus (IURD). No mesmo lapso temporal, a teologia desenvolvida pela Renovação Carismática Católica (RCC), constitui uma identidade *neopentecostal católica* diferente da afirmada pela Universal, ou seja, a polissemia do termo reflete as variações encontradas dentro das igrejas.

Na concepção Iurdiana do termo, tem-se a origem do mesmo marcada pela fundação da Igreja Universal do Reino de Deus em 1977 por Edir Macedo. Distanciando-se dos pentecostais tradicionais acerca da conduta e modo de ser, toma como pauta a libertação do demônio e a materialização da graça divina na realização bens materiais; uma confusão entre a *teologia da prosperidade* para uma nova *confissão positiva*, em que se evoca constantemente o espirito santo para que atue no exorcismo constante. (CAMPOS, 2000, p. 405)

Essa mudança radial do neopentecostalismo protestante passa pelo que Edir Macedo defende enquanto *"Libertação da Teologia"*, título de obra homônima, que dá o tom do que busca construir. Para essa vertente religiosa modificam-se completamente as identificações com o divino, as formas mundanas de realização passam a se dar no mundo material, conforme bem explica Ricardo Mariano:

> Manter uma boa relação com Deus passou a Significar o mesmo que se dar bem nessa vida. Ter um encontro com Cristo, portanto, corresponde, na visão dos líderes neopentecostais, a gozar de uma vida próspera e feliz, ou a certeza de poder contar com a efetiva participação divina em toda e qualquer circunstância, mesmo que seja para satisfazer interesses e ambições materiais. De sorte que o crente neopentecostal, às expensas da tradicional doutrina sectária, ascética e contracultural do pentecostalismo, passou a estabelecer sólido compromisso com o mundo, com seus valores hedonistas, com seus interesses materialistas e seus prazeres. (2005, p. 226-227)

Contribuindo também para o entendimento desse movimento, Leonardo Campos define a Universal como espaço de "Teatro, Templo e Mercado", onde seus ritos são teatralizados, marcados pela expulsão constante de demônios como forma de hipnotizar os fiéis, além de uma total mercantilização do sagrado, com vendas de objetos abençoados e um assustador dever do dízimo (2000, p. 145-173).

Aqui, o dízimo não se limita aos 10% comumente praticado em outras igrejas, mas é ilimitado, como uma promessa de retribuição imediata e proporcional, a exemplo da "Fogueira Santa", em que você deve dar "Seu tudo", e ao dizer tudo, é absolutamente tudo de material, agravando a pobreza do seu público já vulnerável socialmente.

Além do mais, essa prática não constitui uma renúncia do mundo, a exemplo do franciscanismo católico, mas sim, é uma espécie de investimento: o quanto você der para a igreja, assim será retribuído monetariamente.

Contrária a essas práticas da IURD, a Igreja Presbiteriana do Brasil publicou um estudo em 1996 com atualizações em 2007 onde tece severas críticas a igreja de Edir Macedo e as suas contradições, em que ora condenam o falar em línguas ora não, vendas de curas milagrosas, e uma exegese bíblica distorcida e manipulada pelo pastor (contrária a interpretação protestante).

A essas contradições, o documento analisa a IURD enquanto igreja cristã, protestante e neopentecostal, mas aponta para seu descaminho e a possibilidade de ser apenas uma seita, por conter elementos estranhos ao Cristianismo histórico (2007, p. 9-30).

Essas diferenças são endossadas também pelo teólogo Augusto Nicodemos da Assembleia de Deus, num esforço de diferenciar os dois seguimentos protestantes, frequentemente tomados num todo[52]. A cosmovisão Iurdiana, assim como outros elementos já expostos acima, não é compartilhada pela Assembleia de Deus que mantem uma teologia rígida e ascética.

Insistiu-se na caracterização do neopentecostalismo protestante, no intuito de demonstrar a condição sui generis do nicho, criticado pelo próprio protestantismo pentecostal. A partir disso, situa-se a Renovação Carismática Católica enquanto movimento neopentecostal que comunga de elementos do pentecostalismo protestante e também neopentecostalismo protestante, o que coincide com a sua própria história, oriunda do pentecostalismo norte americano (NOVA, 2018).

---

52 Confira o vídeo: https://www.youtube.com/watch?v=nkjjTUprbFQ&feature=youtu.be>. Acesso em: 06 set. 2018

Nas características comuns, o neopentecostalismo católico comparti-lha de práticas do movimento homônimo protestante, como o falar em línguas e a importância do batismo no Espírito Santo, mas difere-se por ser extremamente dogmática e obediente a hierarquia católica. A reto-mada do espirito santo trinitário e o seguimento de seus dons pautam também as práticas da RCC, que procuram a retidão da conduta e uma ascese purificadora contra as tentações do pecado. (NOVA, 2018). Não sendo este um estudo teológico, buscou-se brevemente caracterizar as duas vertentes em questão para compreender como exercem diferentes formas de influência e dominação nos seus fiéis, para, em seguida, en-tender a influência política.

4.2. FORMAS DE DOMINAÇÃO: IURD E RCC

O cristianismo institucionalizado no Estado durante grande parte da história, principalmente durante a idade média, legou à atualidade larga supressão de outras formas de cultura, de espiritualidade, restando um cristianismo generalizado na sociedade que mais comunga dos valores he-gemônicos da sociedade que propriamente fundamentalista (NIETZSCHE, 2010, p. 80-90; 2013, p. 360-370).

Para demonstrar essa interessante situação do cristianismo, toma-se primeiro a conclusão de Feuerbach acerca dessa religião:

> No Cristianismo, as leis morais são apreendidas como mandamentos de Deus, a própria moralidade é transformada em critério de religiosi-dade, e a ética tem um significado subordinado, não tem por si mesma o significado de religião. Este significado é atribuído apenas pela fé. (2002, p. 329)

Essa fusão alienante entre a moral e a religiosidade, numa sociedade genericamente católica, torna difícil distinguir que valores são religio-sos e que valores são desassociados destes, num sincretismo genérico entre cristianismo e os valores hegemônicos da sociedade, que permite compreender o que Michel Foucault se refere ao dizer *"Não existe moral Judaico-Cristã"* (2008, p. 253).

Esse caráter abstrato do que se denomina "moral cristã" permite uma série de condutas eventualmente contrárias a própria dogmática das igrejas, mas que são justificadas pelo termo "moral cristã".

Face a isto, este trabalho toma a IURD e a RCC como foco de aná-lise por verificar que suas relações com os fiéis vão além da abstração genérica valorativa de uma moral cristã, exercendo forte influência no comportamento e na composição ética de seus adeptos além de exigir dos mesmo uma série de práticas vinculadas a seus preceitos. Entender a mecânica entre os fiéis e os líderes religiosos é pista para verificar a relação entre eleitores e representantes levados ao legislativo, entre governantes e governados na atualidade brasileira, e que tem tido forte impacto sobre a configuração do poder político e a representatividade nas câmaras legislativas.

Compreender os modos de subjetivação operados em cada uma delas, a identidade que desenvolve no sujeito a partir de suas obrigações, e visualizar a vinculação de um comportamento a uma moral (FOUCAULT, 2006b p. 28), é fundamental para entender a projeção e representação da sua moral no líder eleito, que será exigido igualmente em termos de posicionamentos.

Assim, um marco maior desenvolvido por Foucault acerca do *Poder Pastoral* servirá como espaço de análise das formas de *governo das almas,* essa relação entre o pastor e os guiados, o líder e seus fiéis. Em seguida, dentro desse marco, tomam-se os conceitos de Weber sobre as formas de dominação que se ligam com cada um dos movimentos.

Primeiro, acerca do poder pastoral: *"(...)é que, se de fato há nas sociedades ocidentais modernas uma relação entre religião e política, essa relação talvez não passe essencialmente pelo jogo entre Igreja e Estado, mas entre o pastorado e o governo"* (FOUCAULT, 2008, p.253). Essa forma de governo das almas o autor descreve como modo de controle populacional, a partir do cuidado do pastoral para com todas as ovelhas, individual e coletivamente, marcado pela *dependência* entre o governante e o governado, lembrando-nos a alienação de Feuerbach (FOUCAULT, 2008, p. 490).

O pastor conduz as ovelhas, dá suas identidades, exige comportamentos, e as guia para a salvação. Longe de constituir apenas uma metáfora, a situação do pastor remete tanto às "Pastorais Católicas" quanto a própria figura do Pastor Evangélico, líder de sua igreja. Esse modo de relação, de dependência e representação, para o autor, diz sobre não só a ligação religiosa entre os crentes como também a própria prática democrática das sociedades modernas, sendo esse o problema central do que se chama de governo (FOUCAULT, 2008, p. 150-207).

Desdobram-se formas de governo variadas nas dissidências religiosas, embora se encontrem abrigadas num marco maior. Assim, embora comuniquem-se entre as formas, visualiza-se com certas nitidez as diferentes formas de dominação e subjetivação em cada uma das duas instituições tomadas acima, dentro das categorias Weberianas:

- *RCC e a Dominação Tradicional: esta forma de dominação destaca-se pela vinculação a obediência aos dogmas, a história, a obediência em virtude do espaço e título que o dominante ocupa. Aqui, o padre assume a autoridade legítima simplesmente derivada do hábito, do status, e garante-se pela fidelidade dos fiéis as normas padrão. Sendo assim, a dogmática religiosa coloca os seguidores em uma posição extremamente conservadora, fiel as leis religiosas e sua autoridade, fundamentadas não pela discricionariedade do líder, mas sim pela tradição, a conservação do status quo, no caso da igreja católica, codificada e centrada em valores que supostamente representariam a sociedade e a ética dos eleitos. Surgem assim, por esses motivos, a defesa contra as pautas de aborto e em geral pelas minorias. (WEBER, 2000, p.141-155)*

- *IURD e a Dominação Carismática: aqui a devoção a pessoa, seus dons sobrenaturais, revelações, ou características que a marquem, são as principais formas de dominação da Universal. O líder supremo Edir Macedo, os bispos e pastores tem autoridade a partir da crença na sua elevação. Para eles, sua autoridade não deriva da crença do crente, mas o crente está obrigado a crer. Aqui, os fiéis não são conservadores por excelência, ou seja, tradicionalismo e fundamentalismo, mas sim estão extremamente sujeitos as determinações de seu lideres, que, como forma de manutenção da alienação (e o consequente lucro com os dinheiros dos fiéis), insistem em isolar o crente de todas as outras formas de vida, condenando a diferença. Assim compreende-se porque as práticas de condenação às minorias e ao mundo secular são tão frequentes, não por irem contra o dogmatismo teológico, sendo esse tipo de argumentação residual e descontextualizado por parte do líder, que aliena para manutenção de seu poder e não por um credo radical (WEBER, 2000, p. 156-161)*

O poder pastoral auxilia na compreensão da relação religião-estado a partir da conexão entre pastor e ovelha, governo e governado. A constituição do sujeito, a forma como se governa, é condicionada aquele que o governa e exerce influência sobre seu comportamento moral. Essa é fundamentalmente a exigência do cristianismo, acerca do monopólio da verdade e da condição do devir de cada um de seus membros (FOUCAULT, 2014, p. 13, 148).

Já as categorias de Weber facilitam compreender como, por motivos diferentes, o cristianismo presente no legislativo apresenta-se como conservador num todo. O radicalismo de ambas se dão por motivos diferentes, que são a essência de cada uma das instituições, a tradição católica e alienação-exploração financeira da IURD. Ambas compõem em grande parte o que Boaventura chama de "Nova Direita Cristã".

Para o autor, esse movimento apresenta-se como fundamentalismo cristão e *"tem papel no reforço da hegemonia neoliberal e sua expansão a escala global.* "(SOUSA SANTOS, 2014, p. 74). Isto, devido a seus posicionamentos contra a perspectiva do Estado de Bem Social, por considerarem tais medidas *"coisa de gente preguiçosa"* (principalmente nas católicas), assim como também pregam o enriquecimento individual e o sucesso como forma de benção divina, uma contradição redundante no individualismo (SOUSA SANTOS, 2014, p. 73-78).

Destaca ainda Boaventura que esse é um movimento das massas e não um movimento popular, sendo o último característico da teologia da libertação, representada no Brasil pela Pastoral da Juventude (PJ), movimento de forte impacto no final do sec. XX e início do XXI, mas que vem de largo sendo suplantado pela Renovação Carismática na última década. (2014, p. 76)

É interessante destacar a importância da teologia da libertação e seu decréscimo em influência no Brasil, visto que ela repolitiza a valoração da mensagem bíblica, destacando o aspecto social do comprometimento individual com o coletivo e o processo de transformação da sociedade (LEAL, 2017, p. 244).

Neste sentido, o combate da RCC à PJ assim como os ataques da IURD às denominações católicas e religiões de matriz africana[53], são extremamente significativos na medida que representam a adesão das entidades a uma nova concepção Divina de sociedade e do indivíduo, em consonância com os valores do neoliberalismo. A ênfase política desses grupos, a radicalidade com que chamam seus fiéis a participarem da vida pública, caracteriza bem o movimento num todo, conforme Boaventura:

Não estamos, pois, perante movimentos que rejeitam a participação nas estruturas econômicas e políticas, em nome de uma nostalgia teocrática pura e simples, mas sim perante estratégias de envolvimento nessas mesmas estruturas, utilizando mecanismos que lhe são próprios, com o objetivo de influenciar a sua agenda (SOUSA SANTOS 2014, p. 77).

Com isto compreende-se o crescimento desses movimentos tanto a nível quantitativo de adeptos como também a participação no cenário político. Marcadas pela dominação e alienação, ambos movimentos têm força suficiente para no âmbito legislativo elegerem seus representantes, alinhados a uma série de valores sincréticos ao plano de reorganização societária promovida pela racionalidade neoliberal.

---

53 Conferir em "Intolerância religiosa no Brasil", 2018, dos Santos; O. Nascimento; B. Cavalcante; M. Gino; V. Almeida (orgs.).

4.3. REPRESENTAÇÃO EVANGÉLICA NA CÂMARA DOS DEPUTADOS: 2002 – 2010

Preliminarmente, cumpre destacar que a oficialização da Frente Parlamentar Evangélica do Congresso Nacional, mediante ato da mesa número 69/2005, era condicionada e exigência de 1/3 dos deputados para seu registro, o que veio a ocorrer apenas em 2015[54]. Porém, embora não registrada, a frente apenas carecia dessa formalidade jurídica, visto que suas atividades e reuniões ocorriam normalmente. Essa informalidade prejudicou a captação de dados e gerou uma distorção nos números, que foi balizada através de uma média entre a divergência das fontes.

Rastreando então o movimento, viu-se que a crescente influência dos evangélicos no campo legislativo data o final do século XX, das décadas de 80 e 90, com o protagonismo da Igreja Assemblei de Deus em lançar candidatos logo após a redemocratização, na esteira da participação da Constituinte de 1986 – em que 16 dos 32 parlamentares evangélicos eram pentecostais. Ainda nesse período, a Assembleia de Deus (AD) rapidamente passa a dividir espaço com a IURD que cresce vertiginosamente sob a liderança do dissidente pentecostal Edir Macedo (TREVISAN, 2013, p. 33-40).

Sob a égide do movimento pentecostal, as igrejas evangélicas seguem crescendo tanto em participação legislativa quanto em número de fiéis no país. Em 2002, compreendendo a legislatura até 2006, 71 deputados evangélicos foram eleitos a nível federal sendo 24 pertencentes a Assembleia de Deus e 17 a IURD, representando no total protestante aproximadamente 13,8% dos deputados federais (BAPTISTA, 2007, p. 513).

Já em 2007-2010 reduz-se o número de evangélicos componentes do legislativo, passando a 64 parlamentares subdivididos em 23 Assembleianos e 10 da IURD – seguidos de outras manifestações (BAPTISTA, 2007, p. 221).

Cabe destacar, novamente, que devido a não oficialização da frente, visto o mínimo legislativo exigido, distorções na pesquisa ocorreram. A exemplo da 53ª legislatura (2007-2010) em que outras fontes apontam 56 parlamentares evangélicos, diferentemente dos 64 sinalizados por Baptista (DUARTE, 2012, p.55). Ou ainda, outros autores apontam um número ainda menor para essa legislatura, que, segundo Lopes, seria composta por 32 parlamentares evangélicos. O mesmo autor aponta o número de 68 evangélicos eleitos em 2002, este, mais aproximado de outras fontes (LOPES, 2013, p.59).

---

54 Confira na lista oficial da câmara e o ato de sua instituição: https://www.camara.leg.br/internet/deputado/frenteDetalhe.asp?id=53658

Destaca-se ainda, seguindo os dados de Baptista, a larga diferença proporcional de representatividade entre o número de fiéis de cada igreja (em milhões) e de deputados eleitos, sendo a AD com 2,7 de representação enquanto a IURD alcança expressivos 8,1 (BAPTISTA, 2007, p. 221).

Em termos de representatividade a IURD alavanca o número de eleitos face ao número de fiéis. A expressiva quantidade de eleitos demonstra o efeito de uma organização interna voltada pela expansão do poder, que será vista adiante no trabalho. De todo modo, cabe entrelaçar a participação evangélica no congresso com a adesão da população brasileira ao protestantismo evangélico para dar nitidez ao cenário.

Em 2010, o último censo do Instituto Brasileiro de Geografia e Estatística (IBGE) trouxe dados apontando a continuidade na redução do percentual de católicos no país, que passaram de 73,6% (2000) para 64,4% (2010), enquanto no mesmo período aqueles que se autodenominam evangélicos cresceram de 15,4% para 22,2%. Já tomando o período de 30 anos, o seguimento tem salto ainda maior passa de 6,6% para o referido 22,2% (BRASIL, 2010, p 90).

Dentro dos evangélicos o censo faz a tripartição em "pentecostais, em missão, e sem denominação", não havendo diferenciação entre as pentecostais e as neopentecostais, sendo essa última inclusa na denominação pentecostal (BRASIL, 2010, p. 173). Esse dado uno reflete a dificuldade de definição teológica ainda existente acerca do que seria uma igreja ou movimento "neopentecostal", devido em grande parte aos motivos expostos anteriormente.

4.4. ATIVIDADE LEGISLATIVA EM 2002-2010: DA INÉRCIA AO DESPERTAR EVANGÉLICO

O período compreendido entre as duas legislaturas de 2002 a 2010 apresenta uma série de reformas no âmbito penal, no total de 37. Como objetivo desse trabalho não é a análise dos dispositivos legais em espécie, apenas a título de demarcar a relação punitiva, são observados os itens a seguir.

Das modificações penais, mostraram-se pertinentes, no que tange a punitividade, as leis 10886/04, 11340/06 (maria da penha), que versam acerca da violência doméstica. Nessa ceara, cabe destacar que ambos projetos, na prática, não fogem do uso exclusivo da violência e prisão como resposta, embora tenham sido uma das exceções legislativas quanto a produção de pesquisas e debates fundamentados (FERREIRA, 2016, p. 82-83).

Outro conjunto de leis, relativo a execução penal, apresenta em geral medidas de recrudescimento penal quanto as faltas do penitente, (lei 10792/03) alterando o regime disciplinar, permitindo o enquadramento em solitária inclusive para presos provisórios mediante "suspeita de participação em organização criminosa" ou quando incorrer em "subversão da ordem. No mesmo âmbito a lei 11466/07 torna o uso de celular falta grave.

A esse conjunto de leis referentes ao regime disciplinar diferenciado e a falta grava para uso de telefone celular, os estudos de Carolina Ferreira demonstram que tais leis são simbólicas e responsivas a situações por vezes regionais, mas apelativas ao público, como a prisão de Fernandinho Beira-Mar ou as atividades do PCC em São Paulo que ensejaram as medidas acima e pautaram os discursos parlamentares (FERREIRA, 2016, p. 70-80); como pode ser verificado na fala dos legisladores Deputado Givaldo Garimbão e Pompeo de Mattos:

> **O SR. GIVALDO CARIMBÃO** (PSB – AL. Sem revisão do orador) (...). Não podemos faltar com o sentimento nacional, porque esses bandidos estão atormentando a Nação brasileira. Temos de inovar o Código Penal *[as alterações do PL se referem à LEP e ao CPP, e não ao CP]* para dar aos juízes e aos poderes constituídos condições para que possam barrar o avanço da violência em nosso País. (BRASIL, 2003, DCD, 2/4/03, p. 11.631-11.632 apud FERREIRA, 2016, p. 75)

E também:

> **O SR. POMPEO DE MATTOS** (PDT – RS. Sem revisão do orador) [...]. Em função do citado artigo [o Deputado tinha lido a proposta de redação do art. 52, I da LEP, nos termos do substitutivo], por exemplo, Fernandinho Beira-Mar só poderá, se condenado a doze ou quinze anos, ficar dois ou três anos em regime diferenciado, não mais do que isso. No caso de esse bandido ser transferido para um presídio federal, de isolamento, construído na Amazônia, por exemplo, se ele ficar preso lá somente um ou dois anos, quando voltar para o Rio de Janeiro, continuará tudo como era antes, nada se modificará. É essa preocupação que levo ao Relator. [...]
>
> Queremos garantir um projeto o mais amplo possível, a fim de não termos de fazer outra sessão para discutir a ação de um Fernandinho Beira-Mar desses da vida, ou ter de ouvir esse bandido perguntar: "Ora, por que a Governadora do Rio de Janeiro não veio falar comigo que eu terminava com os incêndios?" Daqui a pouco, o Fernandinho Beira-Mar estará determinando quando o Congresso Nacional deverá se reunir para discutir suas ações. (BRASIL, 2003, DCD, 2/4/03, p. 11.629 – 11.630 apud FERREIRA, p.74)

Já outro dispositivo foi a lei de Drogas 11.343/06. Acerca deste item é fundamental a análise de Salo de Carvalho sobre, em seu livro "A Política Criminal no Brasil", que marca a adesão do Brasil ao plano transnacional do proibicionismo e do controle social através da criminalização de entorpecentes (2007, p.14). A criação do Sistema Nacional de Políticas sobre Drogas (SISNAD) e toda problemática jurisprudencial acerca da equiparação do delito a crime hediondo marcam a problemática de tal dispositivo que deixou a discricionariedade do controle policial a diferenciação entre usuário e traficante, e, em linhas gerais, a adesão pela pauta do problema como ponto de segurança pública e não de saúde (2007, p. 193).

Consequência disso Orlando Zaccone discorre sobre a violência de tal lei e seu desenrolar na prática policial. Pautada pela "Guerra as Drogas", a prática policial (atestadas pelos juízes) serviu apenas para elevar os índices de encarceramento e mortes dos ambos os lados. (2017, p.129)

Em síntese, o deputado Luiz Sérgio resume bem a atuação do congresso dessa década:

> O SR. LUIZ SÉRGIO (Bloco/PT-RJ. Pela ordem, sem revisão do orador) – Sr. Presidente, acerca da grande polêmica, da comoção e da justa pressão social sobre esta Casa, num determinado momento, passou-se a impressão de que, nos últimos anos, esta Casa não teria legislado sobre temas que tenham como base a preocupação pela segurança no País. É preciso saber que, ainda na Legislatura passada, esta casa votou a Lei do Desarmamento, enorme reivindicação da sociedade brasileira, infelizmente, com a decisão da consulta popular, continua legalizada a comercialização de armas no brasil, o que tem reflexo sobre o grande número de crimes cometidos no País. Esta Casa também votou o Regime Disciplinar Diferenciado, que permite a alguns presos o isolamento por até 1 ano. A respeito dele, afirmou-se que nem a ditadura havia feito uma lei tão dura. *E mais. Com a aprovação da Lei Maria da Penha, em 2006 – reivindicada principalmente pela bancada feminina -, atendendo ao clamor de milhares de mulheres vítimas da violência doméstica, essa violência passou a ser considerada crime.* E, em 2006, esta Casa votou a chamada Lei das Drogas, que aumenta a pena mínima para traficantes. Nesta noite, estamos votando 2 projetos importantes. O que tratava da prorrogação da pena para crimes hediondos, que já havíamos votado, foi considerado inconstitucional pelo Supremo Tribunal Federal, numa votação polêmica que resultou em 6 votos a 5. Hoje estamos restabelecendo aquilo que a sociedade vem reivindicando: os presos que forem pegos dentro dos presídios com telefones celulares terão o ato classificado como falta grave, o que evidentemente irá complicar sua ficha no presídio. Essa punição irá

influenciar quando do pedido de prisão em regime semi-aberto, com que muitos são beneficiados. Se o porte do telefone celular em presídios for considerado falta grave, isso evidentemente dificultará que esses presos retornem mais facilmente ao convívio com a sociedade. *Longe da crítica de que esta Casa não tem legislado sobre o tema da segurança, essas leis que acabei de relacionar expressam que temos atendido às reivindicações populares.* Esta noite, em sintonia com essas pressões e reivindicações, esta Casa vota 2 projetos de lei importantíssimos para a sociedade brasileira. Muito obrigado, Sr. Presidente (BRASIL, 2007b, DCD, 15/2/2007, p. 4.715-4.716 apud. FERREIRA, 2016, p 87).

Embora tais medidas sejam significativas no endurecimento das leis penais em nosso território e principalmente no encarceramento, tão importante quanto é a grande ausência de participação legislativa da frente parlamentar evangélica na tomada de qualquer posição. *Não encontrou esta pesquisa nenhum sinal de manifestação veemente da FPE, seja no apoio ou na contradição as leis apresentadas.* Além do mais, nenhum dos deputados citados por Carolina Ferreira foi signatário da FPE, com exceção ao Dep. Givaldo Carimbão, signatário da Frente Parlamentar Católica.

Surpreendente resultado demonstra a indiferença aos temas. Podendo-se valer de uma série de elementos teológicos que resistissem ao movimento punitivo, não apresentaram resistência alguma acerca dos mesmos. Assim, contribuíram também genericamente no apoio a essas leis, na sua aprovação, utilizando-se no máximo abstratamente de uma aproximação entre o direito e a religião no sentido da onipotência do poder punitivo, certa fé que tais medidas simplistas dariam conta das complexas relações abrangidas pelo sistema penal (ZAFFARONI, 2018, p. 153).

O despertar evangélico se deu, em verdade, a partir do projeto de lei complementar 122/2006 que altera a Lei nº 7.716/89, o Decreto-Lei nº 2.848/40 e o Decreto-Lei nº 5.452/43 para definir os crimes resultantes de discriminação ou preconceito de gênero, sexo, orientação sexual e identidade de gênero. Além disso, estabelece as tipificações e delimita as responsabilidades do ato e dos agentes.

É justamente esse estranho movimento contra a criminalização de uma conduta que irá despertar nos evangélicos um fundamentalismo e uma participação política sem precedentes no cenário brasileiro. Todavia, para compreender esse movimento aparentemente paradoxal, exploraremos o decorrer do Projeto de Lei Complementar 122/06.

De acordo com o disponível no ambiente virtual do senado a matéria teve seis movimentações até seu arquivamento em 2010. (Desarquivamento em 2011 será abordado em outro tópico) Aprovado o texto na Comissão de Direitos Humanos, recebe manifestações de apoio e repúdio, sendo esta última oriunda da "Frente da Família", que contribui para volta de apreciação da matéria a Comissão de Assuntos Sociais (CAS) e seu posterior arquivamento em 2011 (DEPUTADOS, 2018).

Desde sua propositura a lei de criminalização da homofobia levantou os evangélicos e os mobilizou no combate a essa lei. Em 2008, o senador Magno Malta, da Igreja Batista, dá protagonismo ao movimento contra a aprovação da lei, protocolando junto a CAS voto em separado entendendo que o projeto tolhe a liberdade de expressão, ferindo preceito constitucional da liberdade de expressão no que tange aqueles favoráveis ao comportamento heterossexual. Ainda nos disparates, afirma o líder evangélico que o projeto é um "Império *Homossexual no Brasil*" (MALTA, 2008).

Entre 2008 e 2010, mais de 40 manifestações do senador (MALTA, 2008-2010), conforme disponível em seu próprio site, constroem a base argumentativa do legislador. Evidente que não um único individuo foi responsável por toda oposição, mas devido ao seu destaque nos noticiários e na produção de material, tomou-se sua argumentação como exemplificativa do rol de argumentos apregoados pelos evangélicos desde então, sendo ele mesmo um dos seis senadores signatários da frente evangélica (BAPTISTA, 2007, p. 485).

Outro importante representante da frente evangélica e que se envolveu profundamente com a PLC 122/06 é o bispo da igreja Universal Marcelo Crivella. Crivella é filiado ao PRB – Partido Republicano Brasileiro –, entidade que mais cresceu em 2007, e que reconhece as suas origens na IURD, muito embora alegue sofrer de intolerância por parte da sociedade (ERON, 2018).

Acerca da intervenção do bispo em voto apartado, a agência do senado expõe:

> Uma das principais alterações propostas é a supressão do artigo que penaliza quem pretenda "impedir ou restringir a expressão e a manifestação de afetividade em locais públicos ou privados abertos ao público" ou "proibir a livre expressão e manifestação de afetividade do cidadão homossexual, bissexual ou transgênero, sendo estas expressões e manifestações permitidas aos demais cidadãos ou cidadãs". Em seu voto em separado, Crivella considera que "os referidos dispositivos ferem os princípios da moralidade e do pudor público; violam a liberdade de expressão do pensamento; permitem o exagero na demonstração de afetividade homossexual, por exemplo, dentro de organizações religiosas e hospitais, nas vias públicas, inclusive na presença de crianças e adoles-

centes". O senador considera inadmissível que se pretenda obrigar todos a compartilharem da mesma visão do homossexualismo, considerado para muitos um "modo antinatural de viver a sexualidade, afastado dos preceitos cristãos e de outras tradições religiosas". O parlamentar afirma ainda que a proposição colide com o princípio da liberdade de consciência e crença e com o livre exercício de cultos religiosos porque pode impedir a ação daqueles que, por ofício de fé ou convicção pessoal, dedicam-se a transmitir mensagens religiosas em desacordo com os princípios ali defendidos. Marcelo Crivella avalia ainda ser um erro grosseiro o nivelamento de diferentes formas de discriminação (racismo, discriminação de gênero, homofobia), "como, se num raciocínio matemático, estivéssemos tratando do mesmo tipo de fenômeno social". Ele demonstra temor pelo rigor extremado na aplicação das penas, já que quem atenta contra, por exemplo, a "livre expressão e manifestação de afetividade", descrição que ele considera genérica no projeto, poderá receber pena maior (de dois a cinco anos de reclusão) do que quem cometeu homicídio culposo praticado na direção de veículo automotor (de dois a quatro). "Estamos certos de que o caminho da criminalização, nos termos propostos pelo PLC 122/06, não é a melhor forma de resolver os problemas nele identificados. Receamos que um grave equívoco esteja em curso. Entretanto, reconhecemos a necessidade de criar elementos de dissuasão contra práticas discriminatórias em virtude da condição sexual do ofendido, razão que nos motiva a apresentar emendas tendentes a estabelecer o equilíbrio entre as garantias constitucionais", justificou Crivella (SENADO, 2018).

As negociações de Crivella com a relatora Fátima Cleide envolviam a aprovação da PLC 122 sem edições, para não ter de retornar à Câmara dos Deputados e passar novamente por uma série de comissões. Todavia, a aprovação do projeto estaria condicionada ao veto presidencial dos dez itens exigidos pela frente evangélica (representada pelos apontamentos de Crivella), que suprimiam artigos da proposta original e em grande medida descaracterizavam a proposta. Acerca de tais conflitos, o projeto acabou arquivado no início de 2011.

4.5. ATIVIDADE LEGISLATIVA CATÓLICA ENTRE 2002-2010

Acerca dos empreendimentos católicos no legislativo novamente se alerta sobre o registro apenas em 2015[55], devido ao requisito do 1/3 dos deputados para registro. Rastrear a atividade católica mostrou-se

---

55 Conforme ato de registro constante no site oficial: https://www.camara.leg. br/internet/deputado/frenteDetalhe.asp?id=53496. Acesso 11/09/2018

significativamente mais custosa, os dados são rarefeitos e poucos estudos foram feitos sobre, diferentemente da atenção que é destinada aos evangélicos. No mesmo sentido, carecem de pesquisas que especifiquem a denominação, visto que sempre é incluída como católica, simplesmente.

Cumpre destacar ainda em caráter preliminar a forte ambivalência presente nas ações da igreja e de seus representantes no legislativo, alternando entre movimentos adeptos da teologia da libertação, considerados progressistas, e outros voltados a face tradicional da igreja, embasados por dogmas e posicionamentos considerados conservadores.

Em termos históricos, o material de maior significância sobre o movimento católico encontrou-se num discurso do Deputado José Linhares de 2014[56]. Nele, o parlamentar representante da frente desde 2000 remonta um histórico da Pastoral Parlamentar Católica a 1991, data em que supostamente foi fundada sob a liderança do Dep. Osmânio Pereira e que desde então tem suas reuniões sediadas na Conferência Nacional dos Bispos (CNBB).

Assim como os evangélicos, os católicos mostraram grande inércia durante a primeira década dos anos 2000, despertando apenas em 2007, data em que se acirram as discussões sobre o aborto e que resultaram na rejeição da descriminalização do aborto pela Conferência Nacional da Saúde, contribuindo para originar a Frente Parlamentar Contra o Aborto.

A descriminalização do aborto é pauta já a algum tempo no Brasil, com o primeiro projeto de lei protocolado pelo ex-deputado Eduardo Jorge na PL 1135/91. Com o tempo, outros projetos como o PL 660/07(Cida Diogo) e o 4834/05 (Luciana Genro) buscaram medidas que descriminalizavam em caso de aborto com nascituros anômalos e/ou com anencefalia, respectivamente. (SAMPAIO, 2008, p.35)

A movimentação não passou em branco e gerou a PL478/07, buscando estabelecer o estatuto do nascituro (SAMPAIO, 2008, p.35). Ensejadas pelo movimento, a fundação da Frente Parlamentar contra o aborto conta com 175 deputados que tiveram a assinatura confirmada para fundação da frente no documento oficial (DEPUTADOS, 2007, p. 213-214). O documento mostra sua importância ao observar-se que dos 38 deputa-

---

56 Texto na íntegra: http://www.camara.leg.br/internet/sitaqweb/TextoHTML.asp?etapa=3&nuSessao=004.4.54.O&nuQuarto=34&nuOrador=1&nuInsercao=0&dtHorarioQuarto=15:08&sgFaseSessao=PE%20%20%20%20%20%20%20&Data=05/02/2014&txApelido=JOS%C3%89%20LINHARES&txEtapa=Sem%20reda%C3%A7%C3%A3o%20final. Acesso 08/09/2018

dos presentes no ato de fundação, 30 identificaram-se como oriundos de alguma Paróquia e 3 da RCC, 1 do Lyons Club e 4 sem denominação (DEPUTADOS, 2007, p. 207-208).

Embora o movimento também tenha contado com o apoio dos evangélicos[57], foi eminentemente protagonizado por católicos, visto problemática histórica dessa pauta para os religiosos católicos e pela identificação dos próprios legisladores com a frente.

Os números referentes a Renovação Carismática devem ser lidos sob a orientação do Ministério de Fé e Política, órgão da RCC que visa organizar o tema. Nele, a orientação oficial é consonante aos documentos da vertente católica que afirma *"não formar partidos políticos ou realizar companhas eleitorais, mas apenas conscientizar os cristãos a votarem de forma justa"*, embora também *"apoia a participação política daqueles que se sentem chamados a este serviço. "*(RCC, 2011).

Além de não formar oficialmente partido político, à exemplo do PRB e da IURD, a RCC dispersa sua influência oficialmente e torna ainda mais difícil verifica-la, o que sugere olhar os 3 alistados a RC e não excluir sua influência sobre os demais. Voltada para o âmbito espiritual, seus líderes afirmam que a Renovação *"antes e acima de tudo, o projeto da RCC será um projeto religioso, jamais político e nem mesmo social. O objetivo único e principal é evangelizar"* (PORTELA, 2011, p. 650).

Essa perspectiva adotada pela organização remonta o distanciamento da teologia da libertação e enaltece as características neopentecostais da vertente, preocupada com as batalhas espirituais cotidianamente travadas na tentação de resistir ao demônio e novamente a questão do batismo no Espírito Santo, seguida pela prática de falar em línguas e de "repousar no espírito".

Em síntese, as práticas políticas da RCC de fato não visam a participação direta na política, mas tem influência ímpar entre as vertentes da igreja católica sobre a própria instituição e também sobre os católicos em geral, dando um novo tom ao movimento. Portela sintetiza bem o posicionamento da Renovação:

> De certa forma, não enfatizando temas adotados pela vertente mais à esquerda na Igreja, a RCC produziria um discurso político inócuo quanto à transformação de estruturas sociais, focando ele, o discurso, temas

---

57 A notícia da câmara destaca o apoio do líder da frente evangélica Pastor Manoel Ferreira aos católicos. http://www2.camara.leg.br/camaranoticias/noticias/103204.html. Acesso 10/09/2018

pontuais que não influem – em grandeza – nas relações socioeconômicas. Aliás, a produção da relação fé/política focada na reflexão e intervenção sobre o campo socioeconômico é sentida, por muitos na RCC, como aliada ou perigosamente vizinha de concepções marxistas, e talvez por isso mesmo pouco acentuada. Contudo, talvez a RCC, de forma institucional ou em muitos de seus grupos e indivíduos, não reflita – ou prefira não refletir – que a falta de intervenção ou de oferta de modelos alternativos para o campo socioeconômico possa ser a sustentação, por omissão ou de forma consciente, de um modelo econômico, capitalista e neoliberal, que foi e é, reiteradas vezes, criticado pela CNBB e mesmo pelo Vaticano. (2011, p. 651)

Essa divisão interna da Igreja é criticada até mesmo pelo Papa Francisco que aponta para os efeitos nocivos das ideologias, que abdicam das exigências do evangelho e *"tornam a igreja uma ONG"*, sem qualquer espiritualidade – referência aos movimentos da TL. Todavia, em seguida, o Papa também aponta a nocividade de quem *"vive suspeitando do compromisso social dos outros, considerando-o algo superficial"* e afirma que tão importante quanto a vida do nascituro é a vida dos pobres que já nasceram e se debatem na miséria – acerca da RCC (FRANCISCO, 2018, p. 63-64).

Essa ressaltada ambivalência aparece visivelmente na adoção dos temas da Campanha da Fraternidade (CF). Acerca delas, despeito as interessantes campanhas já feitas pela igreja, progressistas, observa-se que em 2008, consonante ao momento vivido no Brasil, a CNBB desenvolve a CF com o tema *"Fraternidade e Defesa da Vida"* e o lema *"Escolhe, pois, a Vida"* (Dt 30,19). No documento, a conferência faz severas críticas acerca do aborto e da utilização de células tronco, referente a ADIN 3.510, num chamamento a todos se unirem "em defesa da vida". (CNBB,2008).

Retomando a Frente Contra o Aborto, no ano de sua fundação, o líder Deputado Leonardo Sampaio elabora uma cartilha *"Porque somos Contra o Aborto"*. Nela consta o posicionamento veemente contra o aborto, contra a realização de plebiscitos, associa o aborto a elevação de taxas de uso de *Crack*, além de apontar "esclarecimentos" ao leitor sobre as "táticas" utilizadas pelos pró-aborto para dissuadi-los, como o uso de pesquisas falsas, ou como os conceitos de liberdade da mulher que *"as feministas deveriam rever. "*(SAMPAIO, 2007, p. 33-44).

Finda provisoriamente a saga, dentro desse marco temporal, destaca-se o repúdio da RCC ao ponto específico do Terceiro Plano Nacional de Direitos Humanos, onde consta a recomendação ao Congresso de descriminalizar a prática de aborto. Nas palavras do Bispo Dom José Luis Azcona o documento: *"quer outorgar legitimidade jurídica a um crime infamante, estabelecer como um direito democraticamente exigível o mais abominável dos delitos e o financiamento do mesmo beneficiando os carrascos com dinheiro público"* (AZCONA, 2018).

Na levada, a Frente Parlamentar Contra o Aborto – aqui com 200 signatários- lança campanha às eleições com o lema *"a vida depende de seu voto"*, buscando forte apelo ao público religioso, aproveitando-se das agitações que movimentavam a sociedade nos últimos três anos (BRASIL, 2010).

4.6. REPRESENTATIVIDADE EVANGÉLICA ENTRE 2010-2015

Os dados apresentados nesse capítulo foram elaborados com base nas fontes do Departamento Intersindical de Assessoria Parlamentar (DIAP), para as eleições de 2010, e a própria oficialização da FPE em 2015 em documento constante no site da Câmara, relativo então a 55ª legislatura.

O resultado eleitoral das representações evangélicas em 2010 retoma o crescimento desde a redemocratização que fora abalado pelos envolvimentos de religiosos nos esquemas de mensalão e demais casos de corrupção que provocaram a queda no desempenho nas eleições de 2006. (BAPTISTA, 2007)

Em 2010, 14 partidos (22 o total que elegeram parlamentares) continham membros signatários da FPE, totalizando 66, na seguinte proporção entre número de eleitos face a quantidade dos membros da frente evangélica:

Ano 20102010		
Partidos	Total Eleitos no Partido	Porcentagem Evangélica sobre o total
PRB	8	100%
PTC	1	100%
PSC	17	64%
DEM	43	33%
PR	40	26%
PMN	4	25%

PSB	34	22%
PV	14	21%
PDT	26	15%
PTB	22	14%
PSDB	53	12%
PMDB	78	8%
PT	88	3%
PP	44	2%

Fonte: DIAP 2010[58]/tabelas do autor

A retomada do crescimento entende-se alavancada pelo destaque conseguido por parte dos parlamentares religiosos na última legislatura, principalmente relacionados as leis analisadas anteriormente e o protagonismo que tiveram na "defesa dos valores cristãos".

O PRB manifesta sua origem Iurdiana tendo 100% de seus parlamentares signatários da FPE pertencentes a IURD. O PTC também obtém o 100%, embora quantitativamente tenha pouca expressão. Já na proporção quantitativa sobre o percentual o PSC apresenta forte crescimento. Oposto a isso, os partidos que lideram em termos de menor representatividade evangélica são o PP e o PT com 2% e 3%, respectivamente.

A 54ª legislatura foi marcada por uma série de polêmicas relacionadas aos pastores e as pautas legislativas – que serão analisadas no próximo capítulo – , principalmente na figura de Silas Malafaia e o combate aos homossexuais, assim como a continuidade das pautas inacabadas da última legislatura, o que impulsionou crescimento ainda maior da banca na legislatura seguinte, conforme tabela:

---

58 Confira a relação individualizada em: http://www.diap.org.br/index.php/noticias/agencia-diap/14637-evangelicos-crescem-no-congresso-psc-tem-mais-representantes. Aqui, embora apresente o total de 70 parlamentares, 3 não puderam assumir ou assumiram outras funções, o que fez com que não fossem contabilizados na presente pesquisa.

Ano 2014		
Partidos	Total Eleitos no Partido	Porcentagem Evangélica sobre o total
avante	1	100%
PEN	2	100%
PSL	6	100%
PRB	21	85%
PSC	13	75%
PHS	5	66%
PODE	4	57%
PP	38	55%
SD	15	53%
Dem	21	45%
PSB	34	44%
PSD	37	40%
PDT	19	36%
PR	34	35%
PCdoB	10	33%
PMDB	66	33%
PPS	10	33%
PSDB	54	33%
REDE		30%
PTB	25	28%
PROS	11	27%
PV	8	25%
PT	69	11%

Fonte: Câmara dos Deputados 2015/Tabela do Autor[59]

59 Listagem original e oficial: http://www.camara.leg.br/internet/deputado/
frenteDetalhe.asp?id=53658

Totalizando assim 199 assinaturas, dessas, 185 relativas a parlamentares em mandato (181 Dep. e 4 Senadores), número que demonstra um crescimento e um número total nunca antes visto de protestantes no congresso (DEPUTADOS, 2015).

Nesse cenário o PEN e o e AVANTE apresentam 100% embora com baixa representação, junto ao PSL que também tem sua totalidade evangélica. O destaque se dá no elevado índice do /PSC (75%) e do crescimento dos legisladores eleitos pelo PRB (85% evangélicos da Universal do Reino de Deus).

Além disso, observa-se que em geral a proporção que os parlamentares signatários da FPE aumentaram na maioria dos partidos, o que, dentre outras coisas, possibilitou finalmente a oficialização da frente que agora passa a atender os requerimentos para.

Os dados ficam ainda mais interessantes quando se contrasta o número de eleitos na última eleição, por partido, e a proporcionalidade evangélica em cada um deles:

PARTIDODO	20102010	PARTIDO	2014	DIFERENÇA
PT	88	PT	69	-19
PMDB	78	PMDB	66	-12
PSDB	53	PSDB	54	1
PP	44	PP	38	-6
PSD		PSD	36	36
PR	40	PR	34	-6
PSB	34	PSB	34	0
PTB	22	PTB	25	3
DEM	43	DEM	21	-22
PRB	8	PRB	21	13
PDT	26	PDT	19	-7
SD		SD	15	15
PSC	17	PSC	13	-4
		PROS	11	11

PPS	12	PPS	10	-2
PCdoB	15	PCdoB	10	-5
PV	14	PV	8	-6
PSOL	3	PSOL	5	2
PHS	2	PHS	5	3
		PODE	4	4
PRP	2	PRP	3	1
PMN	4	PMN	3	-1
PTC	1	PTC	2	1
		PATRI	2	2
		DC	2	2
PSL	1	PSL	1	0
PRTB	2	PRTB	1	-1
AVANTE	4	AVANTE	1	-3

Fonte: G1[60] /Tabela do autor

Esses cruzamentos permitem observar algumas construções: (**a**) dez dos partidos que aumentaram número de eleitos (dentre os 12 que aumentam), tem como membros um ou mais deputados evangélicos, assim como em todos os partidos a porcentagem de deputados evangélicos componentes do partido aumentou comparados com a última eleição.

Assim como também (**b**) dez partidos diminuíram o número de eleitos. Desses, quatro já eram signatários da bancada, dentre os 6 restantes, 4 passaram a ser. Ainda assim, constata-se um aumento no número de evangélicos nesses partidos, ou seja, *não por ter aderido aos evangélicos que perderam eleitores, mas sim justamente por terem aderido aos evangélicos conseguiram manter um núcleo de eleitores.*

---

60 https://g1.globo.com/politica/eleicoes/2018/eleicao-em-numeros/noti-cia/2018/10/08/pt-perde-deputados-mas-ainda-tem-maior-bancada-da-cama-ra-psl-de-bolsonaro-ganha-52-representantes.ghtml

Desenhado o cenário em que se desenrolaram as cenas do teatro legislativo, pode-se retomar a análise das pautas que movimentaram a sociedade nesses anos, seus avanços, retrocessos e participações.

4.7. CRUZADA CRISTÃ: CATÓLICOS E EVANGÉLICOS "EM DEFESA DA FAMÍLIA"

Não obstante a dificuldade de conseguir dados e estudos acerca da presença da igreja católica no congresso, especialmente da RCC, no sentido de conter ali parlamentares praticantes e ativistas pela denominação, a partir de 2010, vê-se certa mescla dos movimentos, uma espécie de união provisória para combater as pautas progressistas que estavam em voga.

Por isso, neste capítulo, reúne-se as duas denominações e busca se trabalhar a articulação de ambas nas pautas. Ainda que não fiquem tão divididas quanto na última década, acerca do protagonismo católico no aborto e evangélico na lei da homofobia, essa união ocorre não em termos formais, mas sim na atividade prática de ambas que passam a apoiar mutuamente os pontos defendidos.

Retornando o ano de 2011, logo após o arquivamento da PL 122/06 em janeiro, menos de um mês depois o mesmo é desarquivado por iniciativa da senadora Marta Suplicy e dá início a segunda parte dessa trama, com primeiro capítulo sendo o revide imediato vindo da Marcha para Jesus.

O tradicional evento, na sua 19ª edição, insere-se num contexto de recém aprovação da união homoafetivas pelo STF, desarquivamento da lei da homofobia e a pressão sobre a descriminalização do aborto. Sentindo-se ameaçados, os religiosos dão tom radical as suas pautas, com destaque a atuação e falas do Pastor Silas Malafaia.

O pastor, após protestos indignados sobre a decisão recente do STF, discorre sobre a PLC 122 *"Ninguém aqui vai pagar de otário, de crente, não. Se for contra a família não vai ter o nosso voto"*[61]. Em seguida, aconselha os pastores a não cumprirem caso seja aprovada:

> Eles querem aprovar uma lei para dizer que a Bíblia é um livro homofóbico e botar uma mordaça em nossa boca. Se aprovarem o PL 122 no mesmo dia, na mesma hora, tudo quando é pastor vai pregar contra a prática homossexual. Quero ver onde vai ter cadeia para botar tanto pastor[62].

---

61 https://ultimosegundo.ig.com.br/brasil/marcha-para-jesus-vira-ato-contra-uniao-homoafetiva/n1597044443203.html

62 https://ultimosegundo.ig.com.br/brasil/marcha-para-jesus-vira-ato-contra-uniao-homoafetiva/n1597044443203.html

De sorte que argumentos não conferem novidade, sendo os mesmos já arguidos na época da propositura e orbitando garantias fundamentais de liberdade de expressão e liberdade religiosa. Todavia o que surpreende é massiva mobilização, com números que divergem entre as estimativas de 1 milhão (Política Militar) e 5 milhões (organizadores do evento), mas que sobretudo são expressivos[63].

Dentre outras figuras parlamentares, Crivella participa e qualifica o evento *"não deixa de ser um ato político"*, adotando um tom ameno e desdobrando-se em argumentos jurídicos, acerca da liberdade de expressão ou do ativismo do STF[64].

Novamente Malafaia aparece e apresenta-se como porta voz do grupo que entrega um abaixo assinado com mais de um milhão de assinaturas contra o projeto de lei 122/06, em ato com cerca de 25 mil participantes, enaltecendo os mesmos argumentos já vistos e destacando que isso seria um *"privilégio das minorias"* (CASTRO, 2011).

Observa-se que o tema, certa maneira, passa a ser comum às igrejas cristãs a partir de 2010. O referido documento entregue pelo pastor da Assembleia de Deus remonta a arguições anteriores da própria RCC, ainda em 2007, documento intitulado *"Evangélicos e Católicos contra a PL 122/06"*, em que repetem os monótonos argumentos sobre a inconstitucionalidade da proposta e enaltecem a separação entre igreja estado, observando suas arguições estritamente jurídicas (RCC, 2007).

Em caso muito parecido, a RCC também organiza um abaixo assinado a ser entregue ao Congresso, mas dessa vez com outra proposta, manifestando-se contra a descriminalização do aborto, através do bispo Dom Azcona e do repúdio a descriminalização (2010).

Acerca do tema, nas eleições de 2010, a CNBB orienta seus fiéis a não votarem no PT e votarem apenas em candidatos que são contra as propostas acerca da descriminalização. A orientação é confrontada pelas *"Católicas pelo Direito de Decidir"* que são respondidas com duras críticas da CNBB, fato não inédito, caracterizando o movimento como não vinculado a Igreja Católica (DIAP, 2010a).

---

63 https://ultimosegundo.ig.com.br/brasil/marcha-para-jesus-vira-ato-contra-uniao-homoafetiva/n1597044443203.html

64 https://ultimosegundo.ig.com.br/brasil/marcha-para-jesus-vira-ato-contra-uniao-homoafetiva/n1597044443203.html

Como resposta padrão legislativa, pautando-se pelo momento, registra-se no Congresso a Frente Parlamentar Mista em Defesa da Vida – Contra o Aborto, com 164 parlamentares em atuação, entre evangélicos e católicos[65].

A 54ª legislatura ainda compreende discussões sobre o "kit-gay", o que não será estudado neste trabalho, visto recorte que se propunha. Em síntese, observa-se um acirramento dos movimentos religiosos no combate a pautas específicas sob o discurso da "Família e dos Valores", que dão o tom conservador que tem ascendido na sociedade.

Ao fim, a PL 122/06 foi arquivada em 2015 e assim segue na disputa com as frentes conservadoras. Já a legislação referente ao aborto encontra-se hoje na Ação de Descumprimento de Preceito Fundamental 442, no STF, que deverá decidir sobre o tema, até a data presente, sem definição.

Fugindo brevemente ao lapso demarcado, a PEC 181/2015 – relatoria do Dep. Tadeu Mudalen, membro da FPE – busca redefinir o texto constitucional para marcar a vida desde a concepção, consequentemente, inviabilizando as hoje possíveis formas de aborto legal. Este é o cenário.

Também em 2015, é relançada a Frente Parlamentar Mista em Defesa da Família e Apoio à Vida, sob a liderança do senador evangélico Magno Malta. Dentre as pautas, destaca o projeto do Estatuto da Família, que, segundo ele, significaria *"manter valores, violados com campanhas pelo reconhecimento do aborto, casamento homossexual e legalização do aborto e das drogas"*. Ainda segundo o representante, a redução da maioridade penal será uma das bandeiras da frente (BRASIL, 2015).

É interessante perceber como a partir de pautas e pontos bem específicos foi possível alimentar um reativar conservador no Brasil. Não se trata de um renascer, visto que o conservadorismo já habita o país há anos, mas sim de um movimento de ativação protagonizado pelas neopentecostais, de ambas denominações, que evocam uma remoralização da sociedade, em defesa da preservação de direitos tradicionais.

Nesse sentido, compreende-se que embora leis não tão gravosas tenham sido aceitas nesse período – face a enxurrada de reformas na LEP da última década -, nunca antes foi tão forte um movimento de resistência a medidas progressista, o que é tão significativo quanto.

---

65 A relação completa se encontra no site da câmara, sendo 151 deputados federais e 13 senadores: http://www.camara.leg.br/internet/deputado/frenteDetalhe.asp?id=384

4.8. NEOPENTECOSTAIS: POPULISMO E CONSERVADORISMO

O trabalho de Carolina assinala três vertentes legislativas: minimalismos, abolicionismos e eficientíssimo penal. A autora sinaliza o congresso enquanto um espaço de disputa entre as correntes, mas que tem visto prevalecer uma inflação em leis penais pautadas pelo eficientíssimo, sendo este populista e despreocupado com uma análise mais técnica das consequências, enfim, ausente um estudo de impacto legislativo (FERREIRA, 2016, p.37).

Cabe frisar que dentre as vertentes religiosas também há muita dissidência, movimentos contrários como as Católicas pelo direito de decidir, ou pastores favoráveis separação entre igreja e Estado. Contudo, este trabalho verificou a dominância das vertentes religiosas mais conservadoras, como a Assembleia de Deus (pentecostal) e as que dedicou mais atenção, as neopentecostais: Renovação Carismática e Igreja Universal do Reino de Deus.

Sua caracterização como neopentecostais se dá num terreno teológico ainda em discussão. Entretanto, acredita-se que sua cosmovisão, a demonologia, as características de culto e a centralidade do espirito santo em ambas, são suficientemente diferentes e caracterizam um movimento novo que tem crescido tanto em número de adeptos quanto em influência na sociedade.

Verificou-se também que as formas de dominação aplicadas em cada uma das vertentes são diferentes e estão diretamente vinculadas ao funcionamento de cada uma das igrejas. A dominação carismática e tradicional, (protestante e católica, respectivamente), possuem discursos específicos que articulam o Poder Pastoral em diferentes formas de governo, mas que, ao fim, apresentam uma imagem geral de conservadorismo.

Se pautou-se esse estudo sob o campo das formas de governo é justamente por compreender que o crescimento no número de eleitos vinculados a alguma manifestação religiosa, especialmente as duas focadas, se deu por uma relação anterior ao campo político institucional, passando pela formação dos sujeitos, na coerção a uma ética cristã rígida e conservadora, que se articula no crescimento dos grupos de jovens das paróquias, na expansão dos canais, rádios e demais veículos de comunicação religiosos.

Nesse momento do trabalho resgatou-se a técnica de poder pastoral como forma de governo, de direcionamento de condutas. A hipótese deste trabalho é que tal técnica não tenha caído em desuso, mas sim, tenha se incorporado as instituições, tenha se laicizado, moldado e ao mesmo tempo tomado forma daquilo que se chama de Estado moderno.

De fatos os movimentos religiosos no congresso não ofereceram resistência ao crescimento do encarceramento em massa e nem ao recrudescimento das medidas penais, mas tampouco demonstraram especial interesse no tema durante muito tempo. Apenas por volta de 2006, 2007, a partir de pautas específicas, ganham força e destaque, passando a apoiarem-se num discurso de remoralização da sociedade que se alastrou a toda legislatura.

A defesa da vida, ou da família, tomou um sentido abstrato que serviu de substrato a outras pautas e grupos do congresso – a princípio não religiosos- como o combate a descriminalização das drogas e em suma a qualquer movimento progressista, a exemplo das censuras as exposições artísticas.

No que tange a RCC, nada surpreendentemente novo apareceu na pesquisa. O neoclassicismo toma forma clara, marcada pelas posições tradicionalistas, certa noção histórica a ser reconstituída, em termos de valores perdidos pela sociedade moderna, todo isso aparece muito bem.

Todavia, a posição absolutamente nova dos neopentecostais protestantes apresentou-se como um desafio. A compreensão de tal fenômeno só pode dar-se quando observada a fundo a estrita ligação entre capitalismo e religião. Suas características comuns, seus efeitos sobre os indivíduos. Em suma, seus interesses. Na medida que visualizados assim, permite entender que a atividade legislativa dos congressistas religiosos não se distingue se religiosa ou política.

Sobretudo, este trabalho entende que os vieses neopentecostais têm contribuições diferentes ao neoliberalismo. O católico apresenta-se como neoliberal ao enaltecer uma purificação espiritual individual, de valores essencialmente conservadores, tudo isso em detrimento direto *do outro*. Esse discurso individualizante e que suplanta o viés social é representado perfeitamente pela história de ascensão da RCC e queda da PJ, da teologia da libertação, e do apoio da igreja aos movimentos sociais.

É movimento simétrico as políticas ditas como neoliberais: o abandono a medidas assistenciais e o aparecimento do braço penal do estado modificam o conceito divino do *"providencial"*, da salvação, e restringem o reino dos céus apenas aos purificados, a cesura e desigualdade no Brasil.

Já o movimento neopentecostal protestante, representado pela IURD, são a cristalização dos escritos de Beijamin, Agambem e Byung-Chul-Han: o capitalismo enquanto religião. Para o autor alemão o capitalismo não é só um movimento secularizado do protestantismo, mas, ele próprio, um fenômeno religioso autônomo conectado ao cristianismo (Benjamin, 2013).

A teologia da prosperidade é levada a outro nível nas igrejas desse seguimento, a ponto de manifestar uma troca direta com Deus: o quanto você der você receberá, sem restrições. A salvação deixa de pertencer a um campo extraterreno e passa ao campo das realizações materiais terrenos, um paralelo direto a promessa de salvação pelo empreendedorismo neoliberal, onde "todos podem ser ricos" e basta trabalhar, em síntese, o Deus dinheiro e a promessa da riqueza.

O neoliberalismo é o culto ao Deus-dinheiro e as neopentecostais em grande medida são religiões do capitalismo. Sobretudo, destacam-se por serem improfanáveis, não admitirem opção diferente. Segundo Agambem:

> Se os dispositivos do culto capitalista são tão eficazes é porque agem não apenas e nem sobretudo sobre os comportamentos primários, mas sobre os meios puros, ou seja, sobre comportamentos que foram separados de si mesmos e, assim, separados da sua relação com uma finalidade. Na sua fase extrema, o capitalismo não é senão um gigantesco dispositivo de captura dos meios puros, ou seja, dos comportamentos profanatórios. Os meios puros, que representam a desativação e a ruptura de qualquer separação, acabam por sua vez sendo separados em uma esfera especial. (AGAMBEM, 2007, p. 68)

A hegemonia do capital não pode ser abalada por outras formas de existência, por isso, todo o trabalho das religiões neopentecostais em barrar leis das ditas "minorias", de apoiar medidas penais, entre outras práticas, que restam ao fundo apenas a função da alienação e da manutenção do caráter improfanável do neoliberalismo.

CONCLUSÃO GERAL

O presente livro se conclui como síntese do difícil exercício e esforço de pesquisa conjunta e enquanto coletivo, desde um mesmo marco teórico e tendo como fio condutor o populismo punitivo e o tema tomado como reformas legislativas penais, no marco do pano de fundo do contexto sociopolítico de análise situado na realidade brasileira neoliberal.

Nesse sentido, esse trabalho não buscou apresentar respostas, ou tampouco sínteses definitivas acerca do tema objeto, mas sim apresentar uma agenda de pesquisa e sobretudo contribuir com elementos de materialidade extraídos de pesquisa empírica acerca de fontes primárias, que permitem aportar uma compreensão acerca da nossa realidade contemporânea e por conseguinte uma compreensão mais alargada e complexa do processo de transformação pela qual estão passando a estrutura de pensamento e compreensão acerca da problemática da violência e também transformações no nível da operacionalidade do combate a mesma violência.

E nessa medida que verificam significativas modificações nas funções atribuídas a penalidade na modernidade neoliberal, que nos provoca a resgatar o estudo da pena e suas justificações, a fim de compreender as transformações em curso, e quem sabe contribuir aportando novos elementos de analise para a relação entre penalidade e estrutura social nas práticas jurídico-penais.

Nesse sentido a primeira parte desse trabalho de investigação buscou resgatar e privilegiadamente atualizar as definições de economia política da pena uma vez que se entende que a compreensão tradicional da economia política da penalidade não dá conta da aplicação da pena na era neoliberal. Tendo em vista que historicamente a teoria econômica da pena acabava por demonstrar a finalidade fundamental da punição dentro da estrutura social; e, atualmente, pode se identificar uma multiplicidade de finalidades para as penas, todas integradas a organização socioeconômica neoliberal e demonstrando um processo de complexificação das relações punitivas.

Ou seja, não mais transitando apenas entre a assistência e a punição, ou mesmo entre a produção de mão-de-obra ou reabilitação; mas constituindo-se o próprio ato de punir em mercadoria integrado ao mercado capitalista neoliberal, assim como todo seu aparato tecnológico de controle.

E obviamente que a pena, a punição, e o controle social tomado em sentido mais amplo e difuso, tornando-se uma mercadoria inserida na dinâmica de circulação de capitais, necessita de todo um contexto de adesão ao ideário punitivo. O que permite dizer que a onda punitiva se apresenta como fenômeno complexo ou como um todo integrado.

E é nesse sentido que contribuem os capítulos de investigação concreta e material. O primeiro momento de pesquisa demonstra a adoção parlamentar desse punitivismo no processo de constituição da criminalização primária (construção/alteração da norma) e como se dá a aplicação normativa do discurso difuso e. facilitado – e de fácil aceitação – do *every days theories*.

Ou seja, como aderem fácil o approach da impunidade, do aumento da violência, da endemia e criminalidade e de como a resposta para a problemática criminal é simples de ser obtida, bastam criar novas definições penais, e recrudescer o tratamento penal. Mais ainda, como se verifica o encarceramento como uma preocupação de problema social, mas o recurso para as demandas relativas a violência é sempre de retorno/ utilização de práticas encarceradoras.

Claramente que esse é um dos fatores que tem contribuído enormemente com o que se tem denominado de encarceramento em massa. Da mesma forma como a adesão irrestrita de distintos segmentos intelectuais de contestação e conservadores.

Como se pode verificar na segunda pesquisa acerca da questão de gênero no processo de aprovação das leis que criminalizam e proporcionam um tratamento especial em relação a violência contra a mulher. Pôde-se identificar que, não obstante a demanda de proteção especial da questão gênero se revista de uma proposta mais ampla, ainda assim assume-se o caráter punitivo como sendo um deles.

E, a partir do momento em que essa demanda ingressa no processo de formulação legal, é usurpada e reordenada pela pauta imediatista e populista do discurso parlamentar banhado no ideário do populismo punitivo.

Novamente retomando Angela Davis (2018), que como militante mulher, negra e marxista se faz extremamente significativo quando aponta que a pauta feminista não pode ser encaminhada de maneira fragmentária, descolada da questão de raça e classe, pois esse triplo vértice constitui o processo de violência e dominação nas sociedades modernas, e que o sistema penal se apresenta como sua síntese melhor acabada; não podendo se constituir em resposta a esses contingentes, sob pena de reforçar as lógicas de dominação.

Por fim, no último momento dessa investigação, a atenção dirigiu-se para o processo de refluxo de uma perspectiva política de caráter religiosa conservadora (neocristã, neopentecostal); o avanço de uma determinada e específica racionalidade/compreensão que avançou em menos de duas décadas, chegando ao início do século XXI como uma abordagem eminentemente preponderante dentro da discussão político-partidária-parlamentar no contexto da realidade brasileira; tendo diversos efeitos sobre a questão criminal.

O primeiro elemento que chama a atenção é integração dessa abordagem e apreensão da realidade desde uma perspectiva religiosa com os interesses econômicos hegemônicos (ligados aos interesses das elites nacionais) dando um caráter sacro à racionalidade neoliberal voltada para o individualismo e restrito à realização econômico-financeira como sinônimo de salvação divina (predestinação).

O que é uma estratégia de atuação imensamente útil, na medida em que serve como explicação metafísica do sucesso (que é sempre heterônomo), bem como se satisfaz com a condenação terrena da pobreza, da imoralidade, da conduta definida como condenável. Constituindo em um julgador vendido como omnisciente, omnipresente, e, portanto, com grande poderio de controle, que é veiculado pelas estruturas e instituição estatal de repressão penal, ainda que justificado teológica e metafisicamente.

O segundo ponto que se pode identificar é o discurso teologicamente moralizador, e seu caráter de normalidade (natural, ontológica) em oposição ao seu caráter político e reconstruído, permitindo que se arrogue (paradoxalmente) um caráter de apoliticidade (neutralidade), o que associado a espiritualidade tem uma grande capacidade de aderência/aceitação.

Por essa via se difundem/introjetam discursos e práticas eminentemente voltadas para a acumulação (salvação) ou para a repressão (danação), que são discursos que se alimentam mutuamente dentro do contexto neoliberal, que requer pouco ou nenhuma racionalidade/comprovação, mas sim a dogmática fidelidade de seu séquito.

Por derradeiro, esse trabalho amplo de investigação se propôs a analisar como o século XXI brasileiro começa com ampla aceitação e implantação do ideário neoliberal, e como esse receituário se apresenta na dinâmica das reformas legislativas e seus discursos subjacentes. Podendo chegar ao fim identificando que o controle penal (em sentido amplo, desde a prisão até as dinâmicas tecnológicas de controle *aberto*) se inserem em uma totalidade em que a religiosidade, o sistema político e a lógica jurídica tem produzido em conjunto, constituindo-se material e inarredavelmente no que Malaguti Batista (2012) chamou de adesão subjetiva à barbárie.

REFERÊNCIAS BIBLIOGRÁFICAS

ALIMENA, Carla Marrone. **A Tentativa do (Im)Possível: Feminismos e Criminologias.** Rio de Janeiro: Editora Lumen Juris, 2010.

AGAMBEM, Giorgio. **O Reino e a Glória.** São Paulo: Boitempo Editorial, 2011.

————, **Profanações.** São Paulo: Boitempo Editorial, 2007.

AZEVEDO, Rodrigo. G. As Reformas Penais no Brasil e na Argentina nos anos 90. **Centro de Estudos Sociais,** 2003, Coimbra. Oficina do CES n. 196. Disponível em: <https://www.ces.uc.pt/publicacoes/oficina/ficheiros/196.pdf>. Acesso em ago. 2018.

ANDRADE, Vera Regina Pereira de. **A Ilusão da Segurança Jurídica:** do controle da violência à violência do controle penal. Porto Alegre: Livraria do Advogado, 1997.

————. Sistema penal e violência sexual contra a mulher: proteção ou duplicação da vitimação feminina? **Sistema Penal Máximo x Cidadania Mínima:** Códigos da violência na era da globalização. Porto Alegre: Livraria do Advogado Editora, 2003a, p. 81-108.

————. Sistema penal e cidadania feminina: da mulher como vítima à mulher como sujeito de construção da cidadania. **Sistema Penal Máximo x Cidadania Mínima:** Códigos da violência na era da globalização. Porto Alegre: Livraria do Advogado Editora, 2003b, p. 109-124.

————. Do paradigma etiológico ao paradigma da reação social: mudança e permanência de paradigmas criminológicos na ciência e no senso comum. **Seqüência:** Estudos Jurídicos e Políticos, Florianópolis, p. 24-36, jan. 1995. ISSN 2177-7055. Disponível em: <https://periodicos.ufsc.br/index.php/sequencia/article/view/15819>. Acesso em: 09 nov. 2017. doi: http://dx.doi.org/10.5007/%x.

ANITUA, Gabriel Inácio. **História dos Pensamentos Criminológicos.** Rio de Janeiro: Revan: Instituto Carioca de Criminologia, 2008.

AZCONA, Dom José Luis. **Os Direitos Humanos e o Aborto.** 2010. Disponível em: <https://www.rccbrasil.org.br/espiritualidade-e-formacao/mais-lidas-artigos/521-os-direitos-humanos-e-o-aborto.html>. Acesso em: 04 ago. 2018.

BANDEIRA, Lourdes Maria; ALMEIDA, Tânia Mara Campos de. Vinte anos da Convenção de Belém do Pará e a Lei Maria da Penha. **Rev.**

Estudos Femistas, Florianópolis, v. 23, n. 2, p. 501-517, Ago. 2015. Disponível em <http://www.scielo.br/scielo.php?script=sci_arttext&pid=S0104-026X2015000200501&lng=en&nrm=iso>. Acesso em 16 abr. 2018.

BANDEIRA, Lourdes. Três décadas de resistência feministas contra o sexismo e a violência feminina no Brasil: 1976 a 2006. **Sociedade e Estado.**, Brasília, v. 24, n. 2, p. 401-438, Ago. 2009. Disponível em: <http://www.scielo.br/scielo.php?script=sci_arttext&pid=S0102-69922009000200004&lng=en&nrm=iso>. Acesso em: 21 abr. 2018.

BARATTA, Alessandro. **Criminologia Crítica e Crítica do Direito Penal.** Rio de Janeiro: Revan: Instituto Carioca de Criminologia, 2002.

BARROS, N. V; MOREIRA, C. A; DUARTE, K.M. Juventude e Criminalização da Pobreza. **Revista da Educação.** vol. 3, n. 5, pp. 141-148, jan-jun 2008.

BARSTED, Leila de Andrade Linhares. Em Busca do Tempo Perdido Mulher e políticas públicas no Brasil 1983-1993. **Revista Estudos Feministas**, Florianópolis, p. 38, jan. 1994. ISSN 1806-9584. Disponível em: <https://periodicos.ufsc.br/index.php/ref/article/view/16092>. Acesso em: 09 abr. 2018.

BATISTA, Nilo. **Introdução Crítica ao Direito Penal Brasileiro.** Rio de Janeiro: Revan, 11ª edição, 2007.

BATISTA, Vera Malaguti. Criminologia e Política Criminal. In: **Passagens. Revista Internacional de História Política e Cultura Jurídica.** Rio de Janeiro: vol. 1. n°. 2, julho/dezembro 2009, p. 20-39.

BATISTA, V. M. **Difíceis Ganhos Fáceis:** drogas e juventude pobre no Rio de Janeiro. Rio de Janeiro: Revan, 2003.

BAPTISTA, Saulo de Tarso Cerqueira. **Cultura política brasileira, práticas pentecostais e neopentecostais**: A presença da Assembleia de Deus e da Igreja Universal do Reino de Deus no Congresso Nacional (1999-2006). 2007. 562 f. Tese (Doutorado) – Curso de Ciências da Religião, Universidade Metodista de São Paulo Faculdade de Filosofia e Ciências da Religião, São Bernardo do Campo, 2007.

BENJAMIN, Walter. **O capitalismo como religião**. São Paulo: Boitempo editorial. 1013.

BECCARIA, Cesare. **Dos delitos e das penas**. São Paulo: Ed. Revista dos Tribunais, 2013.

BEHRING, E. R.; BOSCHETTI, I. **Política Social** – Fundamentos e História. 3ed. São Paulo: Cortez, 2008.

BOBBIO, N. **Dicionário de Política**. Brasília: Universidade de Brasília, 1998.

BOURDIEU, Pierre. **O Poder Simbólico**. Rio de Janeiro: Bertrand Brasil, 1989.

BRASIL. LEI Nº 8.072/90, DE 25 DE JULHO DE 1990. Brasília, DF, mai 2018. Disponível em: <http://www.planalto.gov.br/ccivil_03/LEIS/L8072.htm>. Acesso em: 14 mai. 2018.

BRASIL. LEI Nº 10.224, DE 15 DE MAIO DE 2001. Brasília, DF, mai 2018. Disponível em: <http://www.planalto.gov.br/ccivil_03/leis/leis_2001/l10224.htm>. Acesso em: 08 mai. 2018.

BRASIL. Constituição (1988). **Constituição da República Federativa do Brasil.** Disponível em: <http://www.planalto.gov.br/ccivil_03/constituicao/constituicaocompilado.htm. Acesso em abr. 2018.

———. Câmara dos Deputados: **Frente parlamentar contra o aborto lança campanha para as eleições,** 2010. Disponível em: <http://www2.camara.leg.br/camaranoticias/noticias/DIREITOS-HUMANOS/147159-FRENTE-PARLAMENTAR-CONTRA-O-ABORTO-LANCA-CAMPANHA-PARA-AS-ELEICOES.html>. Acesso em: 11 set. 2018.

———. Senado Federal: **Relançada Frente Parlamentar Mista em Defesa da Família e Apoio à Vida,** 2015. Disponível em: <https://www12.senado.leg.br/noticias/materias/2015/05/20/relancada-frente-parlamentar-mista-em-defesa-da-familia-e-apoio-a-vida>. Acesso em: 11 ago. 2018.

———. Câmara dos Deputados. Projeto de lei 3/2003. Disponível em: <http://www.camara.gov.br/proposicoesWeb/fichadetramitacao?idProposicao=104325>. Acesso em 23 ago. 2018.

———. Câmara dos Deputados. Projeto de lei 117/2003. Disponível em: <http://www.camara.gov.br/proposicoesWeb/fichadetramitacao?idProposicao=104744>. Acesso em 23 ago. 2018.

———. Câmara dos Deputados. Projeto de lei 370/2007. Disponível em: <http://www.camara.gov.br/proposicoesWeb/fichadetramitacao?idProposicao=344218>. Acesso em 23 ago. 2018.

———. Câmara dos Deputados. Projeto de lei 643/2011. Disponível em: <http://www.camara.gov.br/proposicoesWeb/fichadetramitacao?idProposicao=494004>. Acesso em 23 ago. 2018.

———. Câmara dos Deputados. Projeto de lei 1383/2003. Disponível em: <http://www.camara.gov.br/proposicoesWeb/fichadetramitacao?idProposicao=122756>. Acesso em 23 ago. 2018.

———. Câmara dos Deputados. Projeto de lei 2793/2007. Disponível em: <http://www.camara.gov.br/proposicoesWeb/fichadetramitacao?idProposicao=529011>. Acesso em 23 ago. 2018.

———. Câmara dos Deputados. Projeto de lei 3763/2004. Disponível em: <http://www.camara.gov.br/proposicoesWeb/fichadetramitacao?idProposicao=257610>. Acesso em 23 ago. 2018.

————. Câmara dos Deputados. Projeto de lei 6920/2010. Disponível em: <http://www.camara.gov.br/proposicoesWeb/fichadetramitacao?idProposicao=468486>. Acesso em 23 ago. 2018.

————. Câmara dos Deputados. Projeto de lei 6999/2013. Disponível em: <http://www.camara.gov.br/proposicoesWeb/fichadetramitacao?idProposicao=604844>. Acesso em 23 ago. 2018.

————. Câmara dos Deputados. Projeto de lei 7024/2006. Disponível em: <http://www.camara.gov.br/proposicoesWeb/fichadetramitacao?idProposicao=324302>. Acesso em 23 ago. 2018.

————. Ministério da Justiça. **Departamento Penitenciário Nacional.** Levantamento Nacional de Informações Penitenciárias – Infopen. 2014.

————. Senado Federal. Projeto de Lei do Senado 54/2004. Disponível em: <https://www25.senado.leg.br/web/atividade/materias/-/materia/66792>. Acesso em 23 ago. 2018.

————. Senado Federal. Projeto de Lei do Senado 136/2006. Disponível em: <https://www25.senado.leg.br/web/atividade/materias/-/materia/77771>. Acesso em 23 ago. 2018.

————. Senado Federal. Projeto de Lei do Senado 150/2006. Disponível em: <https://www25.senado.leg.br/web/atividade/materias/-/materia/77859>. Acesso em 23 ago. 2018.

————. Senado Federal. Projeto de Lei do Senado 234/2009. Disponível em: <https://www25.senado.leg.br/web/atividade/materias/-/materia/91402>. Acesso em 23 ago. 2018.

————. Senado Federal. Projeto de Lei do Senado 243/2010. Disponível em: <https://www25.senado.leg.br/web/atividade/materias/-/materia/98112>. Acesso em 23 ago. 2018.

————. Senado Federal. Projeto de Lei do Senado 253/2004. Disponível em: <https://www25.senado.leg.br/web/atividade/materias/-/materia/70034>. Acesso em 23 ago. 2018.

————. Senado Federal. Projeto de Lei do Senado 292/2013. Disponível em: <https://www25.senado.leg.br/web/atividade/materias/-/materia/113728>. Acesso em 23 ago. 2018.

————. Senado Federal. Projeto de Lei do Senado 401/2003. Disponível em: <https://www25.senado.leg.br/web/atividade/materias/-/materia/62046>. Acesso em 23 ago. 2018.

————. Senado Federal. Projeto de Lei do Senado 479/2012. Disponível em: <https://www25.senado.leg.br/web/atividade/materias/-/materia/110044>. Acesso em 23 ago. 2018

————. LEI N° 10.886, DE 17 DE JUNHO DE 2004. Brasília, DF, mai 2018. Disponível em: <http://www.planalto.gov.br/ccivil_03/_ato2004-2006/2004/lei/l10.886.htm>. Acesso em: 08 mai. 2018.

————. LEI N° 11.106, DE 28 DE MARÇO DE 2005. Brasília, DF, mai 2018. Disponível em: <http://www.planalto.gov.br/ccivil_03/_ato2004-2006/2005/lei/l11106.htm>. Acesso em: 08 mai. 2018.

————. LEI N° 11.340, DE 7 DE AGOSTO DE 2006. Brasília, DF, mai 2018. Disponível em: <http://www.planalto.gov.br/ccivil_03/_ato2004-2006/2006/lei/l11340.htm>. Acesso em: 08 mai. 2018.

————. LEI N° 12.015 DE 7 DE AGOSTO DE 2009. Brasília, DF, mai 2018. Disponível em: <http://www.planalto.gov.br/ccivil_03/_ato2007-2010/2009/lei/l12015.htm>. Acesso em: 08 mai. 2018.

————. LEI N° 13.104, DE 9 DE MARÇO DE 2015. Brasília, DF, mai 2018. Disponível em: <http://www.planalto.gov.br/ccivil_03/_ato2015-2018/2015/lei/L13104.htm>. Acesso em: 08 mai. 2018.

————. LEI N° 13.641, DE 3 DE ABRIL DE 2018. Brasília, DF, mai. 2018. Disponível em: <http://www.planalto.gov.br/ccivil_03/_ato2015-2018/2018/lei/L13641.htm>. Acesso em: 08 mai. 2018.

————. CÂMARA DOS DEPUTADOS. PROJETO DE LEI 4.559/2004. Brasília, DF, dez. 2004b. Disponível em: <http://www.camara.gov.br/proposicoesWeb/prop_mostrarintegra?codteor=256085&filename=Tramitacao-PL+4559/2004>. Acesso em: 11 jun. 2018.

————. Ministério da Justiça e Segurança Pública. **Levantamento Nacional de Informações Penitenciárias: INFOPEN Atualização – junho de 2016.** Departamento Penitenciário Nacioanl. Org: Thandara Santos. Brasília, DF, 2017. Disponível em: <http://depen.gov.br/DEPEN/noticias-1/noticias/infopen-levantamento-nacional-de-informacoes-penitenciarias-2016/relatorio_2016_22111.pdf>. Acesso em: 17 jun. 2018.

BRASÍLIA, Senado Federal, PROJETO DE LEI DO SENADO N° 292, DE 2013. p. 1. Set. 2013. Disponível em: <http://legis.senado.leg.br/sdleg-getter/documento?dm=4153090&disposition=inline>. Acesso em: 21 mai. 2018.

————. Politica Criminal: entre la política de seguridade y la politica social. **In: Colección: Memoria Criminológica, N° 1, Criminología y Sistema Penal,** p. 152-198, 2004.

BRASIL. Ministério do Planejamento, Orçamento e Gestão. Instituto Brasileiro de Geografia e Estatística. **Características gerais de população, religião e pessoas com deficiência. 2010.** Disponível em: https://biblioteca.ibge.gov.br/visualizacao/periodicos/94/cd_2010_religiao_deficiencia.pdf. Acesso em: out. 2018

BRASIL, Igreja Presbiteriana do. **Julgai todas as coisas**: Uma Avaliação das Principais Crenças e Práticas da Igreja Universal do Reino de Deus. São Paulo: Igreja Presbiteriana do Brasil, 2007. Disponível em: <http://www.executivaipb. com.br/site/decisoes_importantes/IURD-2007.pdf>. Acesso em: 06 set. 2018.

CAMPOS, Carmen Hein de. Feminicídio no Brasil: Uma análise crítico-feminista. **Sistema Penal e Violência.**, v. 7, n.1, (2015). e-ISSN: 2177-6784. Disponível em: <http://revistaseletronicas.pucrs.br/ojs/index.php/sistemapenaleviolencia/article/view/20275>. Acesso em: 28 abr. 2018. DOI: http://dx.doi.org/10.15448/2177-6784.2015.1.20275

CAMPOS, Mariana de Lima. Feminismo e Movimentos de Mulheres no Contexto Brasileiro: A Constituição de Identidades Coletivas e a Busca de Incidência nas Políticas Políticas Públicas. **Revista Sociais e Humanas**, [S.l.], v. 30, n. 2, out. 2017. ISSN 2317-1758. Disponível em: <https://periodicos.ufsm.br/sociaisehumanas/article/view/27310>. Acesso em: 12 abr. 2018. doi: http://dx.doi.org/10.5902/2317175827310.

CAMPOS, Carmen Hein de; CARVALHO, Salo de. Violência doméstica e Juizados Especiais Criminais: análise a partir do feminismo e do garantismo. **Revista Estudos Feministas**, Florianópolis, v. 14, n. 2, p. 409-422, Set. 2006. Disponível em: <http://www.scielo.br/scielo.php?script=sci_arttext&pid=S0104-026X2006000200005&lng=en&nrm=iso>. Acesso em 23 Abr. 2018. http://dx.doi.org/10.1590/S0104-026X2006000200005.

CAMPOS, Alisson Tiago de Assis. O Populismo Penal e as Tentativas de Mitigação dos Princípios Relativos à Presunção de Inocência e ao Direito de não Produzir Provas Contra si no Direito Brasileiro. **Athenas**. Ano II, vol. I, 2013. Disponível em: <http://www.fdcl.com.br/revista/site/download/fdcl_athenas_ano2_vol1_2013_artigo3.pdf>. Acesso em abr. 2018.

CAMPOS, Leonildo Silveira. **Teatro, templo y mercado**: Comunicación y marketing de los nuevos pentecostales en la américa latina. Quito-ecuador: Abyala-yala, 2000.

CASTRO, Gabriel. **Religiosos entregam 1 milhão de assinaturas contra projeto que criminaliza homofobia. 2011.** Disponível em: <https://veja.abril.com.br/brasil/religiosos-entregam-1-milhao-de-assinaturas-contra-projeto-que-criminaliza-homofobia/>. Acesso em: 07 ago. 2018

CARVALHO, Salo de. DUARTE, Evandro Pisa. **Criminologia do Preconceito – Racismo e Homofobia Nas Ciências Criminais**. Saraiva, 2017.

CARVALHO, Salo. **A Política Criminal de Drogas no Brasil**. Rio de Janeiro: Lumen Iuris, 2007.

CARVALHO, Salo de. **O Papel dos Atores do Sistema Penal na Era do Punitivismo (o Exemplo Privilegiado da Aplicação da Pena)**. Rio de Janeiro: Lumen Juris, 2010.

CASARA, Rubens. **Estado Pós-Democrático**: neo obscurantismo e gestão dos indesejáveis. Rio de Janeiro: Civilização Brasileira, 2017.

CASTRO, Lola Aniyar de. **Criminologia da Libertação**. Trad. Sylvia Moretzsohn. Rio de Janeiro: Revan, 2005.

CHRISTIE, Nils. **Los Limites del Dolor**. Ciudad de Mexico: Fondo de Cultura Económica, 1988.

COHEN, Stanley. **Visiones de control social**: delitos, castigos y clasificaciones. Barcelona: PPU, 1988.

CNBB. **Nota em Defesa da Vida Humana**. 2008. Disponível em: <http://www.cnbb.org.br/nota-em-defesa-da-vida-humana/>. Acesso em: 07 set. 2018.

CONSELHO NACIONAL DE JUSTIÇA. **Informativo Rede Justiça Criminal n° 08 – Os Números da Justiça Criminal no Brasil.** Janeiro de 2016. Disponível em: <http://www.cnj.jus.br/files/conteudo/arquivo/2016/02/b948337bc7690673a-39cb5cdb10994f8.pdf>. Acesso em: 16/11/2017.

COSTA, Ana Alice Alcantara. **O Movimento Feminista no Brasil: Dinâmicas de uma Intervenção Política**. In: Revista Gênero. v. 07, n. 01, 2005. Disponível em <http://www.revistagenero.uff.br/index.php/revistagenero/article/viewFile/380/285>. Acesso em: 31/03/2018.

DARDOT, Pierre; LAVAL, Christian. **A nova Razão do Mundo**: ensaio sobre a sociedade neoliberal. São Paulo: Boitempo, 2016.

DAVIS, Angela. **Estarão as prisões obsoletas?** Rio de Janeiro: Difel, 2018.

DEL OLMO, Rosa. **Ruptura Criminológica**. Caracas: Universidade Central de Venezuela, 1979.

DUMÉNIL, Gerard; LÉVY, Dominique. **A crise do Neoliberalismo**. São Paulo: Boitempo, 2014.

DUARTE, Tatiane dos Santos. A participação da frente parlamentar evangélica no legislativo brasileiro: ação política e (in) vocação religiosa. **Ciências Sociais e Religião**, Porto Alegre, v. 14, n. 14, p.53-78, jun. 2012.

DEPUTADOS, Câmara dos. **Frente Parlamentar Evangélica do Congresso Nacional**. 2015. Disponível em: <http://www.camara.leg.br/internet/deputado/frenteDetalhe.asp?id=53658>. Acesso em: 13 ago. 2018.

DEPUTADOS, Câmara dos. **Diário da câmara dos deputados**. 2007. Disponível em: <http://imagem.camara.gov.br/Imagem/d/pdf/DCD04MAI2007.pdf#page=247>. Acesso em: 11 set. 2018.

SANTOS, Boaventura de Sousa. **Se Deus fosse um ativista dos Direitos Humanos**. São Paulo: Cortez editora, 2014.

DIAS, Marlon Santa Maria; BORELLI, Viviane. A midiatização de uma companha social: uma aproximação ao caso "Eu não mereço ser estuprada". Anais do

III Colóquio Semiótica das Mídias. vol. 3, nº 1. Japaratinga, AL: UFAL, 2014. Disponível em: <http://www.ciseco.org.br/anaisdocoloquio/images/csm3/CSM3_MarlonDiasVivianeBorelli.pdf> Acesso em: 26/04/2018.

DIAP, Agência. **Evangélicos crescem no Congresso; PSC tem mais representantes.** 2010. Disponível em: <http://www.diap.org.br/index.php/noticias/agencia-diap/14637-evangelicos-crescem-no-congresso-psc-tem-mais-representantes>. Acesso em: 12 ago. 2018.

————, **Eleições 2010: CNBB de SP recomenda não votar em PT, católicas rebatem.** 2010a. Disponível em: <http://www.diap.org.br/index.php/noticias/agencia-diap/14371-eleicoes-2010-cnbb-de-sp-recomenda-nao-votar-em-pt-catolicas-rebatem>. Acesso em: 14 ago. 2018

ERON, Tia. **PRB 12 anos: é hora de comemorar, mas também de esclarecer.** 2017. Disponível em: <https://www.prb10.org.br/noticias/opiniao/prb-12-anos-e-hora-de-comemorar-mas-tambem-de-esclarecer/>. Acesso em: 11 set. 2018.

EVERS, Tilman. **El Estado en la periferia capitalista.** Ciudad de Mexico/Madrid/Buenos Aires/Bogota: Siglo XXI edito res, 1979.

FARIA, Thaís Dumêt. A mulher e a criminologia: Relações e paralelos entre a história da criminologia e a história da mulher no Brasil. In: **Anais do XIX Encontro Nacional do CONPEDI.** p. 6067-6076. Florianópolis: Fundação Boiteux, 2010.

FERNANDES, Maíra Cristina Corrêa. A Tutela Penal Patriarcal: Por que a criminalização do feminicídio não é uma conquista para o feminismo?. **Revista Transgressões – Ciências Criminais em Debate.** v.3, n.1. Natal, RN: UFRN, 2015. Disponível em: <https://periodicos.ufrn.br/transgressoes/article/view/7198>. ISSN: 2318-0277. Acesso em 14 mai. 2018.

FELETTI, Vanessa Maria. **Vende-se Segurança**: a relação entre o controle penal da força de trabalho e a transformação do direito social à segurança em mercadoria. Rio de Janeiro: Revan, 2014.

FEUERBACH, Ludwig. **A essência do Cristianismo.** Lisboa: Fundação Calouste Gulbenkian, 2002.

FERREIRA, Carolina Costa. **O estudo de impacto legislativo como estratégia de enfrentamento a discursos punitivos na execução penal.** Tese de Doutorado em Direito. Universidade de Brasília, Brasília, 2016.

FOUCAULT, Michel. **Vigiar e Punir.** Petrópolis, RJ: Vozes, 2013.

————, **História da Sexualidade II.** São Paulo: Editora Graal, 2006.

————, **Segurança, Território e População.** São Paulo: Editora Martins Fontes, 2008.

FRANCISCO, PAPA. **Gaudete et exsultate.** São Paulo: Paulinas, 2018.

GARLAND, David. **A Cultura do Controle**: crime e ordem social na sociedade contemporânea. Rio de Janeiro: Revan, 2008.

————. **Castigo y Sociedad Moderna**: un estudio de teoria social. Ciudad de Mexico: Siglo XXI, 2010.

GALHARDO, Ricardo. **Marcha para Jesus vira ato contra união homoafetiva**. 2011. Disponível em: <http://ultimosegundo.ig.com.br/brasil/marcha-para-jesus-vira-ato-contra-uniao-homoafetiva/n1597044443203.html>. Acesso em: 14 ago. 2018.

GAZOTO, Luís Wanderley. **Justificativas do Congresso Nacional Brasileiro ao Rigor Penal Legislativo**: o estabelecimento do populismo penal no Brasil contemporâneo. Tese de Doutorado em Sociologia – Instituto de Ciências Sociais, Universidade de Brasília, Brasília, 2010.

GEBIN, Marcus Paulo. **Corrupção, pânico moral e populismo penal**: estudo qualitativo dos projetos de lei propostos no Senado Federal e na Câmara dos Deputados entre os anos de 2002 e 2012. Dissertação (Mestrado em Direito) – FGV – Fundação Getúlio Vargas, São Paulo, 2014.

GOMES, J. P. L; MELO, S. D. M. O Poder Midiático na Esfera do Direito Penal: repercussões de uma sociedade punitiva. **Revista Transgressões**. vol. 1, n. 2, pp. 66-84, 2013. Disponível em: <https://periodicos.ufrn.br/transgressoes/article/view/6577/5090>. Acesso em abr. 2018.

GOMES, Luís Flávio. **A mídia acredita no populismo penal**. 2009. Disponível em: <http://www.cartaforense.com.br/conteudo/artigos/a-midia-acredita-no-populismopenal/6083>. Acesso em: 01 abr. 2018.

HARVEY, David. **O Neoliberalismo**: história e implicações. São Paulo: Edições Loyola, 2014.

HARVEY, David. **A Loucura da Razão Econômica**: Marx e o capital no século XXI. São Paulo: Boitempo, 2018.

IFANGER, F.C. ARAUJO; POGGETTO, J. P. G. D. As finalidades ocultas do sistema penal. **Revista Brasileira de Ciências Criminais**, v. 24, p. 259, 2016.

LARRAURI, Elena. **Criminologia Crítica y violência de gênero**. Madri: Editorial Trotta, S.A., 2007.

————. La Economia Política del Castigo. In **Revista Electrónica de Ciência Penal y Criminologia (RECPC)**. v. 11, n. 06, 2009. Disponível em: <http://criminet.ugr.es/recpc/11/recpc11-06.pdf>. Acesso em: 16 jun 2018.

————. Populismo Punitivo... y cómo resistirlo. In: **Jueces para la Democracia – Informacion y Debate**. p. 15-22. Março de 2006. Disponível em: <https://www.academia.edu/9812655/Populismo_Punitivo>. Acesso em 16/11/2017.

LEAL, JACKSON DA SILVA. **A mulher e o sistema penal: De vítima à infratora e a manutenção da condição de subalternidade.** In: Revista de Estudos Jurídicos da Unesp. v. 18, n. 27, 2014.

————; MELLO, E. G. As Manifestações da Cidadania Negada: pânico Social e Política Criminal – o caso de Santa Catarina. **Revista Direito e Práxis**, v. 7, p. 161-197, 2016.

LOSURDO, Domenico. **Contra-História do Liberalismo.** Aparecida/SP: Ideias & Letras, 2006.

MANZANERA, Luís Rodrigues. **Criminologia.** 2. ed. Cidade do México: Porrúa, 1981.

MALAGUTI BATISTA, Vera. Adesão subjetiva à barbárie. In: MALAGUTI BATISTA, Vera. **Loic Wacquant e a questão penal no capitalismo neoliberal.** Rio de Janeiro: Revan, 2012. pp. 307-318.

MALTA, Magno. **Magno Malta vê cerceamento da liberdade de expressão em projeto que trata da homofobia.** 2008. Disponível em: <http://magnomalta.com/index.php/pl-122-mainmenu-52/68-magno-malta-verceamento-da-liberdade-de-expressem-projeto-que-trata-da-homofobia>. Acesso em: 11 set. 2018.

MARIANO, Ricardo. **Neopentecostais: sociologia do novo pentecostalismo no brasil.** São Paulo: Loyola, 2005.

MARQUES, Ana Maria; ZATTONI, Andreia Marcia. Feminismo e Resistência: 1975- O Centro da Mulher Brasileira e a Revista Veja. **História Revista**, [S.l.], v. 19, n. 2, p. 55-76, dez. 2014. ISSN 1984-4530. Disponível em: <https://www.revistas.ufg.br/historia/article/view/31223>. Acesso em: 09 abr. 2018.

MELOSSI, D.; PAVARINI, M. **Cárcere e Fábrica:** as origens do sistema penitenciário (séculos XVI-XIX). Rio de Janeiro: Revan, 2006.

————. **Controlar el Delito, controlar la Sociedad:** teorías y debates sobre la cuestión criminal, del siglo XVIII al XXI. Buenos Aires: Siglo XXI editores, 2018.

MENDES, Gilmar. Questões fundamentais de técnica legislativa. **Revista Eletrônica sobre a Reforma do Estado.** Salvador, n. 11. set-out.nov. 2007.

MENDES, Soraia da Rosa. **(Re)Pensando A Criminologia:** Reflexões Sobre Um Novo Paradigma Desde A Epistemologia Feminista. Tese de Doutorado. Programa de Pós-graduação em Direito, Universidade de Brasília, Brasília, 2012.

MENDES, Soraia da Rosa. **Criminologia feminista:** novos paradigmas. São Paulo: Saraiva, 2014.

MIAILLE, M. **Introdução Crítica do Direito.** Lisboa: Editorial Estampa, 2005.

NACARINI, Rosa Maria dos Santos. Atividade Legislativa. **Revista Jurídica 9 de Julho,** São Paulo, n. 2, p. 108-118, 2003.

OEA. Organização dos Estados Americanos. Relatório nº. 54/01. Caso 12.051. Maria da Penha Maia Fernandes. Brasil. Disponível em: <http://www.cidh.org/annualrep/2000port/12051.htm>. Acesso em: 23 abr. 2018

NASH, Silvio Cuneo. **El Encarcelamiento Masivo:** la imposicion de los modelos hegemónicos – de Estados Unidos a América Latina. Buenos Aires: Didot, 2017.

NIETZSCHE, Friedrich. **Humano, demasiado humano**. São Paulo: Editora escala, 2013.

————. **O Anticristo**, São Paulo: Editora Centauro, 2010.

NOVA, Canção. **Renovação Carismática Católica**. 2018. Disponível em: <https://formacao.cancaonova.com/igreja/doutrina/renovacao-carismatica-catolica/>. Acesso em: 06 set. 2018.

OLIVEIRA. Tatyane Guimarães. Feministas ressignificando o direito: desafios para a aprovação da Lei Maria da Penha. **Rev. Direito e Práx.**, Rio de Janeiro, v. 08, n. 1, p. 616-650, Mar. 2017. Disponível em: <http://www.scielo.br/scielo.php?script=sci_arttext&pid=S2179-89662017000100616&lng=en&nrm=iso>. Acesso em: 23 abr. 2018

PEREIRA, Potyara. **Política Social:** Temas e Questões. São Paulo: Cortez, 2009.

PINTO, Céli Regina Jardim. **Uma História do Feminismo no Brasil**. São Paulo: Editora Fundação Perseu Abramo, 2003.

————. Feminismo, História e Poder. **Revista de Sociologia e Política**, [S.l.], v. 18, n. 36, jun. 2010. ISSN 1678-9873. Disponível em: <http://revistas.ufpr.br/rsp/article/view/31624>. Acesso em: 11 abr. 2018.

PISCITELLI, Adriana. "#queroviajarsozinhasemmedo": novos registros das articulações entre gênero, sexualidade e violência no Brasil. **Cad. Pagu**, Campinas, n. 50, 175008, 2017. Disponível em: <http://www.scielo.br/scielo.php?script=sci_arttext&pid=S0104-83332017000200309&lng=en&nrm=iso>. Acesso em: 26 Abr. 2018.

PITANGUY, Jacqueline. Mulheres Constituinte e Constituição. In: **Redistribuição, Reconhecimento e Representação: diálogos sobre igualdade de gênero**. Organização: Maria Aparecida Abreu. Brasília: Ipea, 2011.

————. Advocacy e Direitos Humanos. In: **O Progresso das Mulheres no Brasil 2003-2010**. Org. Leila Linhares Barsted, Jacqueline Pitanguy. Rio de Janeiro: CEPIA; Brasília: ONU Mulheres, p. 20-57, 2011. Disponível em: <http://onu-mulheres.org.br/wp-content/themes/vibecom_onu/pdfs/progresso.pdf>. Acesso em: 23/04/2018.

POLANYI, Karl. **A Grande Transformação**: as origens de nossa época. São Paulo: Campus, 2000.

PORTO, M. S. G. Mídia, Segurança Pública e Representações Sociais. **Tempo Social** (USP. Impresso), v. 21, p. 211-233, 2009.

PORTELA, Rodrigo. Renovação Carismática Católica e Política: Relações, interferências e tensões. **Atualidade Teológica**, Rio de Janeiro, v. 39, n., p.644-667, nov. 2011. Disponível em: <https://www.maxwell.vrac.puc-rio.br/20417/20417. PDF>. Acesso em: 11 ago. 2018.

PRADO, Luiz Regis. **Bem jurídico-penal e Constituição**. São Paulo: Revista dos Tribunais, 2003.

PRATT, John. **Penal Populism**. Ney York: Routledge, 2007.

PRATT, John; MIAO, Michelle. Populismo Penal: el fin de la razón. **Nova Criminis**. vol. 9, n. 13, jun. p. 33-105, 2017.

RCC. **Ministério Fé e Política**. 2011. Disponível em: <https://rccbrasil.org.br/institucional/fe-e-politica.html>. Acesso em: 07 set. 2018.

RCC. **Evangélicos e católicos unidos para evitar aprovação de projeto de homofobia**. 2007. Disponível em: <http://www.rccbrasil.org.br/noticia.php?noticia=2063>. Acesso em: 11 ago. 2018.

RIBEIRO, Djamila. **O que é lugar de fala?** Belo Horizonte (MG): Letramento; Justificando, 2017.

ROMIO, Jackeline Aparecida Ferreira. A vitimação de mulheres por agressão física, segundo Raça/Cor no Brasil. In: **Dossiê Mulheres Negras: retrato das condições de vida das mulheres negras no Brasil**. Org: Mariana Mazzini Marcondes. Brasília: Ipea, p. 133-158, 2013. Disponível em: <http://www.ipea.gov.br/portal/images/stories/PDFs/livros/livros/livro_dossie_mulheres_negras.pdf>. Acesso em 15 jun. 2018.

RUSCHE, Georg; KIRCHHEIMER, Otto. **Punição e Estrutura Social**. Rio de Janeiro: Revan, 2008.

SANTOS, Giselle Cristina dos Anjos Santos. Os estudos feministas e o racismo epistêmico. Dossiê Mulheres Negras – Experiências Vivências e Ativismos. **Revista Gênero**, Niterói, v. 16, n. 2, p.7-32, set. 2016. ISSN: 23161108. Disponível em: <http://www.revistagenero.uff.br/index.php/revistagenero/article/view/812/437>. Acesso em 15 jun. 2018.

SANTOS, Maria da Conceição dos. Movimentos Feministas e Novas Estratégias de Ação no Combate a Violência de Gênero. **Anais do I Seminário Nacional de Sociologia da UFS**, Aracaju, p. 1221-1239, abr. 2016. ISSN 2526-3013. Disponível em: <https://seer.ufs.br/index.php/snsufs/article/view/6105/5117>. Acesso em 01 mai. 2018.

SARTI, Cynthia Andersen. O feminismo brasileiro desde os anos 1970: revisitando uma trajetória. **Revista Estudos Feministas**, Florianópolis, v. 12, n. 2, p. 35-50, jan. 2004. ISSN 1806-9584. Disponível em: <https://periodicos.ufsc.br/index.php/ref/article/view/S0104-026X2004000200003/7860>. Acesso em: 09 abr. 2018.

SENADO FEDERAL. **Panorama da violência contra as mulheres no Brasil [recurso eletrônico]: indicadores nacionais e estaduais.** N. 1 (2016). Brasília: Senado Federal, Observatório da Mulher contra a Violência, 2016. Disponível em: <www.senado.gov.br/institucional/datasenado/omv/indicadores/relatorios/BR.pdf >.

———. **Panorama da violência contra as mulheres no Brasil [recurso eletrônico]: indicadores nacionais e estaduais.** N. 2 Brasília: Senado Federal, Observatório da Mulher contra a Violência, 2018. Disponível em: <http://www.senado.gov.br/institucional/datasenado/omv/indicadores/relatorios/BR-2018.pdf>.

———. **Crivella apresenta voto em separado com mudanças ao PLC 122/06.** 2008. Disponível em: <http://legis.senado.leg.br/sicon/index.html;jsessionid=6E36DC63DD9E021BFDBCBDD4D504C483#/pesquisa/lista/documentos>. Acesso em: 11 set. 2018.

TEGA, Danielle. Reflexões Sobre o Feminismo Brasileiro: Paradoxos e Elaboração da Experiência. In: **Anais do II Simpósio Gênero e Políticas Públicas,** 2011. Disponível em <http://www.uel.br/eventos/gpp/pages/arquivos/Danielle.pdf> . Acesso em: 09 abr. 2018.

SAMPAIO, Leonardo. **Porque somos contra o aborto.** Brasília: Câmara dos Deputados, 2007. Disponível em: <https://issuu.com/leandrosampaio/docs/porque_somos_contra_o_aborto>. Acesso em: 05 set. 2018.

SCHMITT, Carl. **Teologia Política.** Madri: TROTTA, 2009.

SIMON, Jonathan. **Governando através do crime.** In: CARLEN, Pat; et al. Criminologias Alternativas. Porto Alegre: Canal Ciências Criminais, 2017.

SYKES, Gresham. **La sociedade de los cautivos:** estúdio de una cárcel de máxima seguridade. Buenos Aires: Siglo XXI, 2017.

SOUZA, Guilherme Augusto Dornelles de; AZEVEDO, Rodrigo Ghiringhelli de. Analisar alternativas à prisão: proposta para superar uma dicotomia. **O público e o privado,** v. 26, p. 115-138, 2016.

SOZZO, Maximo. Entrevista a Maximo Sozzo: "Que es el populismo penal?" In: **Revista Urvio,** Quito, Equador: Flacso, p. 117-122, mar. 2012.

———. **Pós-neoliberalismo e penalidade na América do Sul.** São Paulo: Fundação Perseu Abramo, 2017.

SWAANINGEN, René Van. **Feminismo y Derecho Penal: ¿Hacia una politica de abolicionismo o garantia penal?.** In: Criminologia Critica y Control Social: 1. El Poder Punitivo del Estado. Editorial Juris. Argentina. p. 119-150, 1993.

TREVISAN, Janine. **A Frente Parlamentar Evangélica: Força política no estado laico brasileiro**. Numen: Revista de Estudos e Pesquisa da Religião, Juiz de Fora, v. 1, n. 16, p.581-609, jul. 2013

VATICANA, Libraria Editrice. **Catecismo da igreja católica**. São Paulo: Editora Paulinas, 2000.

VIOLANTE, V. L. **O Dilema do Decente Malandro:** a questão da identidade do menor. São Paulo: Cortez, 1989.

WACQUANT, L. **Punir os Pobres:** a nova gestão da miséria nos Estados Unidos. Rio de Janeiro: Revan, 2007.

————. **As Duas Faces do Gueto**. São Paulo: Boitempo, 2008.

————. **Os Condenados da Cidade**. Rio de Janeiro: Revan, 2005.

————. Forjando o Estado neoliberal: trabalho social, regime prisional e insegurança social. In: BATISTA, V. M (org.). **Loïc Wacquant e a questão penal no capitalismo neoliberal**. Rio de Janeiro: Revan, 2012. pp. 11-42

————. **As prisões da Miséria**. Rio de Janeiro: Zahar, 2001.

WEBER, Max. **A ética protestaste e o espírito do capitalismo**. São Paulo: Editora Martin Claret, 2016.

————. **Economia e Sociedade:** fundamentos da sociologia compreensiva. Brasília: Universidade de Brasília, 2000.

ZAFFARONI, Eugenio Raúl. **Em busca das penas perdidas: A perda da legitimidade do sistema penal**. Rio de Janeiro: Revan, 1991, Ed. 2001.

ZAFFARONI, Eugenio Raúl. **O inimigo no Direito Penal**. Rio de Janeiro: Revan, 2007.

ZACCONE, Orlando. **Acionistas do Nada**. Rio de Janeiro: Revan, 2017.

editoraletramento
editoraletramento
grupoletramento

editoraletramento.com.br
company/grupoeditorialletramento
contato@editoraletramento.com.br

casadodireito.com
casadodireitoed
casadodireito